디지털 교육

AI 시대 예비 교사를 위한

디지털 교육

김선미 · 박성숙 · 박주희 · 반형걸 · 백송이
오승준 · 이수화 · 전수경 · 전신영 · 조명희

KNOWLEDGE COMMUNITY 공동체

머리말

교육은 미래 인재를 양성하는 일입니다. 우리는 지금 극심한 변동의 시대를 살고 있습니다. '미래가 변화할 것이다'라는 사실 외에 변하지 않을 것이 무엇이 있겠습니까?

그것은 바로 상호작용성입니다. 우리의 선조가 나무에서 내려와 직립보행을 하고, 불을 피워 도구를 정복하여 찬란한 문명을 발전시키는 전 과정에서, 사람끼리의 상호작용은 삶 그 자체였습니다. 더 나아가서 언어와 문자의 발명, 숫자와 기호의 발명으로 공생에서 시대를 흐르는 통시적 상호작용이 가능하게 되었습니다.

이 불변의 원칙인 상호작용성은 디지털 기술의 시대에 이르러 더 급속도로 발전하고 있습니다. 문자, 이미지, 동영상, 음성의 기록과 전송, 공유가 고속 네트워크를 통해 폭발적으로 증가하고 있습니다. 특히 인간 지성의 핵심인 언어 처리 기술은 수많은 어려움을 극복하고 이제 '인공지능'과 '인간지능'의 상호작용이라는 새로운 국면으로 우리를 이끌고 있습니다.

디지털 교육은 바로 이 상호작용성의 극대화를 바탕에 두고, 인간과 사회, 개인의 발전과 문명의 진보를 다룰 수 있는 시대정신입니다. 이는 단순한 엔지니어링이나 기술 활용법을 넘어섭니다. 앞으로 더 발전될 디지털 상호작용성을 인간-인간, 인간-기계, 기계-기계 간의 양상으로 펼쳐놓아야 합니다.

이에 이 책은 디지털 시대를 이끌어 갈 교사와 학생들에게 필요한 원리와 실천을 체계적으로 담고자 했습니다.

먼저, 제1장과 제2장에서는 AI와 디지털 대전환이라는 시대적 배경을 이해하고, 이 시대가 요구하는 핵심 역량인 'AI · 디지털 리터러시'의 개념을 정립했습니다.

기술의 발전은 인간-인간, 인간-기계 간의 새로운 관계를 설정합니다. 이것이 사회, 국가, 세계로 확장될 때 필요한 리더십의 근간이 바로 '디지털 시민성'(제3장)과 'AI · 디지털 윤리'(제4장)입니다. 본문에서는 각국의 윤리 가이드라인과 법제도, 그리고 피할 수 없는 저작권 문제를 심도 있게 다루어 기술적 토대 위에 인문학적 성찰을 더했습니다.

이러한 이해를 바탕으로, 제5장과 제6장에서는 학습관리시스템(LMS), 교육용 앱, 에듀테크 도구 등 교육 현장에서 즉시 활용 가능한 실천적 도구들을 소개했습니다. 나아가 제7장의 '교육데이터와 학습분석', 제8장의 '인공지능의 원리(머신러닝, 딥러닝)'를 통해 이 모든 변화를 이끄는 기술적 엔진을 상세히 설명했습니다.

디지털 상호작용성의 정점인 '생성형 AI'가 교육에 어떻게 활용되는지 제9장에서 교수자와 학습자의 측면으로 나누어 구체적으로 제시했습니다. 마지막으로, 이 모든 것이 집약되어 한국 교육의 미래로 다가온 'AI 디지털교과서'와 'AI 코스웨어'의 개념을 제10장에서 심도 있게 다루었습니다.

필자들은 이 모든 기술의 발전 속에서도 '인간'과 '상호작용'이라는 중심을 잃지 않고자 했습니다. 비록 이 한 권의 교과서가 모든 것을 망라할 수는 없더라도, 가장 중요한 원리와 사고의 틀을 제공하려 애썼습니다.

기술의 발전은 '무엇을, 어떻게, 왜' 배우는가의 경계를 허물며 거대한 물줄기를 이루고 있습니다. 이 도도한 흐름 속에서, 이 책을 만나는 교사와 학생들이 물결에 휩쓸려 가는 존재가 아니라, 그 흐름을 읽고 방향을 이끄는 현명한 리더로 우뚝 서기를 소망합니다. 이 책이 그 여정을 밝히는 등대가 되고, 거친 물살을 헤치는 단단한 배가 되어주기를 간절히 바랍니다.

2026년 1월

저자 일동

차 례

CONTENTS

차 례

제8장 인공지능과 교육

제9장 생성형 AI와 교육

제10장 AI 디지털교과서의 이해

01
CHAPTER

AI · 디지털 대전환 시대의 이해

1. AI · 디지털로 인한 사회 변화
2. 지능정보사회의 개념과 특징
3. AI · 디지털 교육정책의 흐름
4. 디지털 대전환과 교사의 역할

voice generator

01 CHAPTER AI · 디지털 대전환 시대의 이해

1. AI · 디지털로 인한 사회 변화

21세기 들어 인공지능(AI)과 디지털 기술은 산업 구조뿐만 아니라 사회, 경제, 문화, 교육 등 다양한 영역에 걸쳐 큰 변화를 일으키고 있다. 이러한 맥락에서 4차 산업혁명이라는 개념이 등장했으며, 이는 2016년 세계경제포럼(WEF)에서 의장인 클라우스 슈바프(Klaus Schwab)에 의해 처음 언급되었다. 슈바프(2016)는 『4차 산업혁명 : 그 의미와 대응방법』에서 인류의 산업혁명을 네 단계로 구분하여 설명하였다. 18세기 1차 산업혁명은 증기기관을 활용하여 기계화를 이루었고, 19세기에서 20세기 초에 이른 2차 산업혁명은 전기 에너지의 도입으로 대량생산 체제가 가능해졌다. 이어 20세기 후반의 3차 산업혁명은 전자기술과 정보통신기술을 바탕으로 컴퓨터와 인터넷이 확산되면서 생산 자동화가 이루어졌다. 현재 진행 중인 4차 산업혁명은 디지털 혁명을 토대로 하며(그림 1-1 참조), 물리적 · 디지털 · 생물학적 영역의 경계를 허무는 융합 기술이 핵심적 특징이다. 특히 이전의 산업혁명과는 달리 변화의 속도와 범위, 그리고 사회 시스템 전반에 미치는 영향에서 이전 산업혁명들과 뚜렷하게 구별된다.

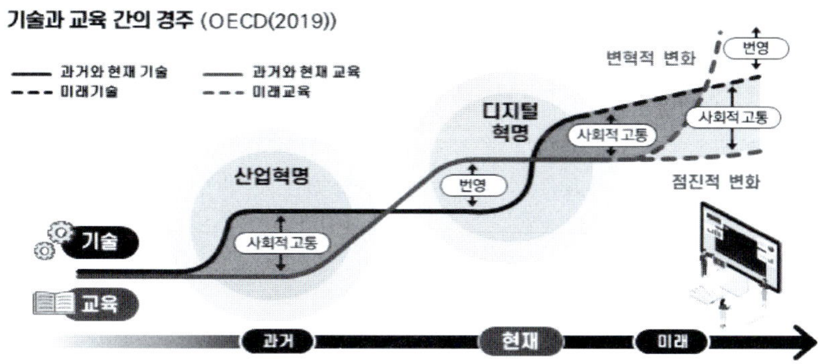

| 그림 1-1 | 4차 산업혁명의 등장과 영향

출처 : 관계부처 합동(2022).

21세기 이후 인공지능(artificial intelligence), 빅데이터(big data), 사물인터넷(IoT), 클라우드 컴퓨팅, 로보틱스 등과 같은 신기술은 급속히 발전하며 우리의 삶을 변화시키고 있다. 인공지능에 대한 사회적 관심은 날로 높아지고 있고, 금융, 유통, 의료, 교통 등 일상생활에서 널리 활용되고 있다. 매카시(McCarthy, J.)는 1956년 열린 다트머 회의에서 '인공지능'이라는 용어를 처음 사용했다. 인공지능은 인간의 지능을 모방하여 과업을 인식 학습하고, 추론하여 문제를 해결하는 컴퓨터 기술로 효율적인 자동화를 지원한다. 다시 말해 다양한 센서로 정보를 수집하고, 데이터를 바탕으로 학습하고 진화하며 학습한 결과를 토대로 새로운 상황을 예측하고 스스로 판단을 내린다.

정보통신 기술의 고도화로 사람, 사물, 공간, 데이터가 사물인터넷(IoT)과 같은 네트워크를 통해 긴밀히 연결되는 초연결 사회가 전개되고 있다. 인공지능 기술 역시 빠르게 발전하여, 2022년 공개된 ChatGPT를 시작으로 DeepSeek, Perplexity, Gemini, Copilot, Claude, Grok 등 다양한 대화형 인공지능 서비스가 등장하며 일상생활과 학습, 직업 장면에서 널리 활용되고 있다. 의료 영역에서는 '왓슨(Watson)'과 같은 AI가 방대한 의료 빅데이터를 신속히 분석하여 질병을 진단함으로써 의사의 판단 속도와 정확성을 높이고 있다. 더 나아가 작곡이나 미술 등 창의성을 요구하는 예술 분야와 정밀한 분석이 필요한 법률 분야에서도 인공지능의 역할이 점차 확대되고 있다. 최근 기업들이 인공지능을 탑재한 휴머노이드 로봇의 상용화를 준비하면서 기술 혁신을 더욱 가속화하고 있다.

최근 인공지능의 성능이 급격히 향상되면서, 인공지능이 인간의 지능을 뛰어넘는 시점, 즉 '특이점(singularity)'에 대한 다양한 예측과 논의가 이루어지고 있다. 특이점이라는 용어는 1982년 빈지(Vinge)가 인공지능진흥협회(AAAI : Association for the Advancement of Artificial Intelligence) 학술회의에서 처음 사용한 것으로 알려져 있다(Holland, 2024). 특이점은 인공지능이 인간 수준의 능력을 넘어 스스로를 개선하고 발전시키는 '지능 폭발(intelligence explosion)'이 일어나 사회 변화의 속도가 급격히 가속되는 가상의 분기점을 의미한다. 인공지능은 시공간의 한계를 뛰어넘어 사람과 사물, 현실 세계와 가상 세계를 연결하는 초연결적 특성을 지니고 있다. 이러한 특성은 주어진 과제를 다른 상황에 응용하거나 방대한 학습 경험을 쌓는 데 활용될 수 있다. 예를 들어, 실제 물류창고를 모형화한 가상 공간에서 물건을 효율적으로 배치하는 방법을 끊임없이 시뮬레이션함으로써, 인간보다 훨씬 빠른 속도로 지식을 축적하고 문제해결 능력을 발전시킬 수 있다.

AI와 디지털 기술의 발전은 사회의 다양한 변화를 이끌고 있다. AI와 디지털 기술의 발전으로 먼저 개인의 삶의 방식이 변화하고 있다. 스마트폰과 인공지능 서비스는 생활을 더 편리하게 하지만, 동시에 사생활 침해나 공감 능력 약화와 같은 부작용을 초래할 수 있다. 또한 추천 알고리즘은 소비 습관과 인간관계, 나아가 개인의 정체성 형성에도 영향을 미친다. AI 자동화는 새로운 고숙련 직종을 창출하기도 하지만, 단순·반복적 업무를 대체하여 일부 청년층의 고용 감소를 불러오는 등 일자리 양극화를 심화시키고 있다. 스탠퍼드 디지털 이코노미 랩(2025)에 따르면, 생성형 AI 도입 이후 AI 자동화 노출이 높은 직종의 초년층(22~25세) 고용이 상대적으로 16%로 감소했다고 밝혔다. 반면 30세 이상 근로자의 경우, 2022년 말부터 2025년 5월까지 고용률이 6~12% 증가했다.

다음으로 조직과 기업의 활동 방식도 빠르게 변하고 있다. AI 발전으로 'AI 리서치 사이언티스트', 'AI 솔루션 아키텍트', 'ML 엔지니어' 등의 신규 고숙련·고임금 직업군이 생기고, 근무환경도 거점 오피스 및 선택 시간 근무 등 시간과 장소에 구애받지 않는 유연한 환경이 조성되고 있다. 4차 산업혁명의 신기술은 제품의 생산과 유통 방식뿐 아니라 소비자와의 상호작용 구조까지 바꾸고 있다. 또 데이터 기반 플랫폼은 수요와 공급을 효율적으로 연결하며, 기업은 디지털화와 자동화, 데이터 기반 협업을 통해 경쟁력을 확보하려 한다. 수요자를 기반으로 한 의사결정을 통해 자동화와 효율화를 통해 경쟁력을 높이고 이러한 혁신은 생산성 향상과 경제 성장의 원동력이 되고 있다.

사회와 제도의 차원에서도 중요한 변화가 나타난다. 디지털 플랫폼과 인터넷 방송은 시민의 정치적 참여와 여론 형성을 확대하고 있으며, 정부는 이러한 흐름에 맞추어 더 높은 투명성과 책임성을 요구받고 있다. 동시에, 기술 발전은 감시 체계와 데이터 통제의 가능성을 강화하면서 공공 영역의 신뢰 확보라는 새로운 과제를 던지고 있다. OECD는 이러한 변화 속에서 양질의 일자리 창출, 개인 보호, 그리고 변화에 대응할 사회적 역량 강화가 필요하다고 강조한다.

AI와 디지털 기술의 발전은 사회 제도 전반에도 중대한 변화를 불러오고 있다. 개인의 데이터가 대규모로 수집 · 활용되면서 개인정보 보호와 데이터 윤리 문제가 점점 더 중요해지고 있다. 노동시장은 새로운 일자리와 기회를 창출하는 동시에, 특정 연령층이나 직종에서 고용 불안을 초래하여 불평등이 확대될 가능성도 존재한다. 정부는 디지털 플랫폼과 온라인 미디어를 활용해 의견교환과 시민의 정치적 참여를 촉진할 수 있지만, 동시에 감시 체계와 정보 통제를 강화할 수 있어 공공 영역의 신뢰와 책임성 확보가 핵심 과제로 떠오른다. 역사적으로 1차 산업혁명과 같은 급격한 기술 변화는 사회적 부작용을 해결하는 데 오랜 시간이 걸렸으며, 이러한 경험은 오늘날 인공지능 시대에도 시사점을 제공한다. 이에 따라 OECD는 양질의 일자리 창출, 노동시장에서의 위험 최소화, 사회적 배제를 방지하기 위한 거시적 대응의 필요성을 강조하고 있다.

우리는 미래를 예측하기 어려운 초불확실성 시대를 살아가고 있다. 이 속에서 교육과 정책은 단기적 대응을 넘어 장기적이고 지속가능한 장기적 관점에서 접근해야 한다. 특히 교사와 같은 직업은 행정 업무는 줄어드는 반면, 학생과 직접 대면하는 교육 활동은 더욱 강화될 것이다. 따라서 인공지능을 올바르게 활용하기 위한 역량 개발과 재교육이 필요하다. 인공지능은 공공 서비스의 효율성과 수준을 높일 수 있는 잠재력을 지니지만, 동시에 사회적 신뢰와 책임성이 뒷받침되어야 긍정적인 효과를 발휘할 수 있다. 결국 AI와 디지털 기술이 가져올 변화는 사회구성원 모두의 준비와 균형 잡힌 대응에 달려 있으며, 이는 미래 사회의 지속가능성을 결정짓는 중요한 과제가 될 것이다.

2. 지능정보사회의 개념과 특징

지능정보사회(Intelligent Information Society)는 "지능정보기술, 즉 고도화된 정보통신기술 인프라를 통해 생성, 수집, 축적된 데이터와 인공지능이 결합한 기술이 경제, 사회, 삶 모든 분야에 보편적으로 활용됨으로써 새로운 가치가 창출되고 발전하는 사회"를 의미한다(관계부처 합동, 2016; 김배원, 2020). 다시 말해, 지능정보화를 통해 모든 분야에서 가치를 창출하고 발전을 이끌어 가는 사회이다. 여기서 지능정보화란 정보를 생산 · 전달 · 활용하는 과정에 지능형 기술을 적용하거나 여러 기술을 융합하여 사회 각 분야의 활동을 더욱 효율적이고 정교하게 만드는 과정을 가리킨다(법제처, 2025). 결국 지능정보사회는 단순히 정보의 전달과 축적을 넘어서, 지능정보기술을 활용해 새로운 가치를 창출하여 사회 전반을 혁신하고 사회적 삶의 질(Quality of Social Life)을 높여 가는 사회라 할 수 있다(김대호, 2016).

지능정보사회는 기존 정보사회의 연장선상에서 한 단계 더 발전한 형태이자, 동시에 새로운 사회 유형으로 이해할 수 있다(김일환, 2020). 인류 사회는 공업화 이후 정보가 산업의 핵심이 되는 정보화사회, 정보가 자산과 권력의 원천이 되며 스스로 가치가 되는 정보사회, 그리고 정보통신기술을 바탕으로 지식을 생산하고 지식을 통해 부와 가치를 만들어 내는 지식정보사회를 거쳐 발전해 왔다. 이 흐름의 연속선상에서 등장한 지능정보사회는 지식과 정보를 바탕으로 첨단 기술을 융합하여 사회 전반에 새로운 가치를 창출하는 사회라고 할 수 있다. 지능정보사회의 특징은 다음과 같다.

① **초연결성**(hyper-connectivity) : 지능정보사회는 사람과 사물, 서비스, 데이터가 하나의 거대한 네트워크 속에서 긴밀하게 연결된다. 정보사회가 인터넷을 중심으로 정보화 혁명(정보화)을 이루었다면, 지능정보사회는 사물인터넷을 토대로 모든 것이 연결되는 초연결 혁명(지능화)을 통해 형성된다. 이러한 연결은 생활과 산업 전반에서 실시간 소통과 협력을 가능하게 한다.

② **융합적 가치 창출**(Integrated Value Creation) : 지능정보사회는 단순한 정보교환을 넘어 인공지능, 빅데이터, IoT 등의 기술을 결합해 새로운 가치를 만들어 낸다. 정보사회가 산업과 분야 간 협력 속에서 각자 독립적으로 운영했다면, 지능정보사회는 영역 간 경계를 허물고 융합 서비스를 발전시킨다. 그 결과 다양한 산업과 문화 영역에서 혁신적인 서비스와 새로운 시장이 등장하게 된다.

③ **정보의 자동화 및 초지능화**(Automation and Super-intelligence) : 지능정보사회는 정보 처리 과정을 기계가 스스로 수행하고, 나아가 인공지능이 사람과 유사하거나 그 이상의 지능을 발휘하는 단계로 발전하고 있다. 단순 반복적인 업무는 자동화 기술이 대체하며, 이를 통해 사회 활동 전반의 효율성과 정확성이 높아진다. 동시에 초지능화된 시스템은 방대한 데이터를 분석하고 상황을 스스로 판단하여 복잡한 문제해결에도 활용될 수 있다. 이미 자율주행 자동차, 원격진료, 산업용 로봇, 무인 상점 등에서 무인화 시스템이 활용되고 있으며, 앞으로는 맞춤형 서비스 제공이 확대되어 삶의 효율성과 편리성이 더욱 높아질 것으로 기대된다.

④ **기술과 사회 체계의 공진화**(Co-evolution of Technology and Social Systems) : 지능정보사회는 기술 발전과 사회 제도가 상호작용하며 함께 변하는 사회이다. 새로운 기술은 경제 구조와 노동시장, 문화와 생활양식을 바꾸

고, 그 변화에 대응해 제도와 규범이 조정되며 다시 기술의 방향을 형성한다. 이 공진화를 거치며 지능정보사회는 다음과 같은 특성을 드러낸다(송경진, 2016).

- **속도**(velocity) : 기술 확산과 사회 변동이 과거보다 훨씬 빠르게 진행되어, 정책 · 시장 · 교육 현장에서 의사결정과 제도 정비의 주기가 단축된다.
- **범위와 깊이**(breadth & depth) : 변화는 특정 산업을 넘어 정치 · 경제 · 문화 · 교육 등 전 영역으로 확산되고, 개인의 일상과 가치관 수준까지 깊숙이 영향을 미친다.
- **시스템 영향력**(systemic impact) : 데이터 거버넌스, 신뢰 · 윤리, 안전 규제와 같은 사회 시스템 전반의 원리와 운영 방식이 재설계되며, 조직 구조와 공공 서비스의 작동 방식까지 근본적 변화를 요구한다.

이처럼 지능정보사회는 기술과 사회 체계가 서로 맞물려 변화하며, 법과 제도의 정비와 함께 사회적 합의가 뒷받침될 때 지속가능한 발전이 가능하다.

우리나라 역시 지능정보사회의 변화와 위험성에 대응하기 위해 법과 제도를 정비해 왔다. 1995년 제정된 「정보화촉진기본법」을 기반으로 정보화 정책이 추진되었으며, 이후 「국가정보화 기본법」으로 발전하였다. 이러한 법체계는 2020년 전문 개정을 거쳐 「지능정보화 기본법」으로 새롭게 바뀌었다(법제처, 2020/2025). 이 법은 지능정보사회 구현을 위한 정책 수립과 추진의 기준이 되고 국민 삶의 질 제고를 목적으로 한다. 아울러 법 개정에 맞추어 시행령도 「국가정보화 기본법 시행령」에서 「지능정보화 기본법 시행령」으로 명칭과 내용을 정비했다.

특히 「지능정보화 기본법」(2020. 3. 9. 공포, 2020. 12. 10. 시행)은 지능정보사회에서 필요한 핵심 개념들을 법률 법률적으로 명확히 규명했다. 여기에서 지능정보사회를 비롯해 지능정보기술, 지능정보서비스, 초연결지능정보통신망, 정보격차, 지능정보사회윤리 등의 정의가 포함되어 있고, 그 내용은 다음과 같다(2025. 3. 27. 기준).

1. 정보 : 광(光) 또는 전자적 방식으로 처리되는 부호, 문자, 음성, 음향 및 영상 등으로 표현된 모든 종류의 자료 또는 지식
2. 정보화 : 정보를 생산 · 유통 또는 활용하여 사회 각 분야의 활동을 가능하게 하거나 그러한 활동의 효율화를 도모하는 것
3. 정보통신 : 정보의 수집 · 가공 · 저장 · 검색 · 송신 · 수신 및 그 활용, 이에 관련되는 기기 · 기술 · 서비스 및 그 밖에 정보화를 촉진하기 위한 일련의 활동과 수단
4. 지능정보기술 : 다음 각 목의 어느 하나에 해당하는 기술 또는 그 결합 및 활용 기술
   가. 전자적 방법으로 학습 · 추론 · 판단 등을 구현하는 기술
   나. 데이터(부호, 문자, 음성, 음향 및 영상 등으로 표현된 모든 종류의 자료 또는 지식을 말한다)를 전자적 방법으로 수집 · 분석 · 가공 등 처리하는 기술
   다. 물건 상호 간 또는 사람과 물건 사이에 데이터를 처리하거나 물건을 이용 · 제어 또는 관리할 수 있도록 하는 기술
   라. 「클라우드컴퓨팅 발전 및 이용자 보호에 관한 법률」 제2조 제2호에 따른 클라우드컴퓨팅기술
   마. 무선 또는 유 · 무선이 결합된 초연결지능정보통신기반 기술
   바. 그 밖에 대통령령으로 정하는 기술
5. 지능정보화 : 정보의 생산 · 유통 또는 활용을 기반으로 지능정보기술이나 그 밖의 다른 기술을 적용 · 융합하여 사회 각 분야의 활동을 가능하게 하거나 그러한 활동을 효율화 · 고도화하는 것
6. 지능정보사회 : 지능정보화를 통하여 산업 · 경제, 사회 · 문화, 행정 등 모든 분야에서 가치를 창출하고 발전을 이끌어가는 사회
7. 지능정보서비스 : 다음 각 목의 어느 하나에 해당하는 서비스를 말한다.
   가. 「전기통신사업법」 제2조 제6호에 따른 전기통신역무와 이를 이용하여 정보를 제공하거나 정보의 제공을 매개하는 것
   나. 지능정보기술을 활용한 서비스
   다. 그 밖에 지능정보화를 가능하게 하는 서비스
8. 정보통신망 : 「전기통신기본법」 제2조 제2호에 따른 전기통신설비를 이용하거나 전기통신설비와 컴퓨터 및 컴퓨터의 이용기술을 활용하여 정보를 수집 · 가공 · 저장 · 검색 · 송신 또는 수신하는 정보통신체제
9. 초연결지능정보통신망 : 정보통신 및 지능정보기술 관련 기기 · 서비스 등 모든 것이 언제 어디서나 연결되어 지능정보서비스를 이용할 수 있는 정보통신망
10. 초연결지능정보통신기반 : 초연결지능정보통신망과 이에 접속되어 이용되는 정보통신 또는 지능정보기술 관련 기기 · 설비, 소프트웨어 및 데이터 등
11. 정보문화 : 지능정보화를 통하여 사회구성원에 의하여 형성되는 행동방식 · 가치관 · 규범 등의 생활양식
12. 지능정보사회윤리 : 지능정보기술의 개발, 지능정보서비스의 제공 · 이용 및 지능정보화의

추진 과정에서 인간 중심의 지능정보사회의 구현을 위하여 개인 또는 사회 구성원이 지켜야 하는 가치판단 기준

13. 정보격차 : 사회적 · 경제적 · 지역적 또는 신체적 여건 등으로 인하여 지능정보서비스, 그와 관련된 기기 · 소프트웨어에 접근하거나 이용할 수 있는 기회에 차이가 생기는 것
14. 지능정보서비스 과의존 : 지능정보서비스의 지나친 이용이 지속되어 이용자가 일상생활에 심각한 지장을 받는 상태
15. 정보보호 : 정보의 수집 · 가공 · 저장 · 검색 · 송신 또는 수신 중 발생할 수 있는 정보의 훼손 · 변조 · 유출 등을 방지하기 위한 관리적 · 기술적 수단을 마련하는 것

지능정보사회로 나아가려면, 기술 혁신만으로는 충분하지 않다. 기술을 믿고 안전하게 쓰게 해 주는 기준과 절차가 필요하다. 그래서 우리나라는 「지능정보화 기본법」으로 무엇을 어떤 절차로 추진할지 정책 방향과 추진체계를 제시하고, 여기에 설계 단계부터 개인정보를 보호하도록 하는 사생활 보호 설계(제61조), 서비스 과사용을 막는 과의존 예방 및 대응센터(제51조, 제52조), 문제가 생기면 즉시 멈출 수 있는 비상정지 등 안전성 보호 조치(제60조) 등의 신뢰 · 안전장치를 담고 있다. 또 「인공지능 발전과 신뢰 기반 조성 등에 관한 기본법」(2025. 1. 21. 제정, 2026. 1. 22. 시행)을 마련해 인공지능의 건전한 발전과 신뢰 기반 조성에 필요한 기본적인 사항을 규정하고 있다.

AI · 디지털 기술은 편리함과 생산성 향상을 가져오지만, '개인정보 유출, 딥페이크, 알고리즘 편향, 일자리 변화'와 같은 새로운 위험을 동반한다. 2023년 비영리단체 AI안전센터(CAIS)는 "AI로 인한 최악의 위험을 줄이는 일은 팬데믹 · 핵전쟁 등과 더불어 인류 차원의 최우선 과제가 되어야 한다"는 취지의 메시지를 내며, AI · 디지털 기술의 기대와 역기능을 함께 관리할 필요성을 환기했다. 학교와 지역사회는 이러한 흐름에 맞춰 AI 리터러시를 강화하되, 단순 사용법을 넘어 데이터 권리와 보안, 책임 있는 활용, 편향 인식, 정서적 안전까지 포함해야 한다. 결국 지능정보사회의 개념과 특징은 법 · 윤리 · 역량이 함께 뒷받침될 때 지속가능한 가치로 이어지며, 다음 절에서는 이를 구체화하는 교육정책의 흐름을 살펴본다.

3. AI · 디지털 교육정책의 흐름

한국은 「교육정보화 기본계획」을 국가 표준 로드맵으로 삼아 학교 네트워크, 단말, 플랫폼, 교원연수 등 정보화 인프라를 단계적으로 확충하고 고도화해 왔으며, 이러한 체계적인 접근은 현재 AI · 디지털 교육정책의 토대가 되었다. 「교육정보화 기본계획」은 1996년 최초로 수립되어 「교육부 지능형 정보화업무 처리규정」에 따라 5년마다 수립하는 교육 분야의 중장기 정보화 계획이다(표 1-1 참조). 교육부는 디지털 교육 대전환을 위한 제7차(2024~2028) 교육정보화 기본계획(2024. 10)과 이를 위한 구체적 실행 로드맵으로 「지능정보화 사회 실행계획」(2024. 12)을 발표했다. 최근 정보기술은 교육을 보조하는 수단을 넘어 교육의 내용의 본질적 변화를 가속화하고 있다. 이러한 계획은 관계부처, 교육청, 학교 및 민간이 다양한 정책과 활동이 방향성 있게 추진될 수 있도록 한다. 또한 교육의 미래상을 제시하고 교육 체제의 체계적 촉진 환경을 조성하고 있다.

〈표 1-1〉 제1~6차 교육정보화 기본계획 주요 내용

구분	명칭(연도)	영 역	특 징
1차	교육정보화 촉진 시행계획 (1996~2000)	• 교육정보화 기반 구축 • 교육정보자료 개발 · 보급 • 정보기술 활용 교육 강화 • 교육행정 정보화 • 학술 · 연구 정보 기반 고도화	• 최초의 교육정보화 기본계획 • 교육육정보화 전담 조직인 KERIS 설립(1999) • 초중고 인터넷 연결 완료(2000), 에듀넷(1996), RISS(1997) 개통, ICT운영지침(2000) 제정
2차	2단계 교육정보화 종합발전방안 (2001~2005)	• 지식기반사회 대처 능력 함양 • 창조적인 산업인력 양성 • 함께하는 정보문화 창달 • 종합적인 성과지원체제 구축	• 교수학습활동에서 ICT 활용 • 촉진 및 학습 효과 제고 • 소외계층 PC와 통신비 지원 • NEIS 개통(2002), 초중고 교육 정보화수준 측정(2003)
3차	3단계 교육정보화 종합발전방안 (2006~2010)	• e교수학습/e평생학습혁신체제 구축 • e교육안전망, 지식관리체제 구축 • e러닝 세계화/u러닝 기반 구축 • e-교육행정지원체제 구축 • 교육정보화 성과 및 질 관리	• 교육정보 유비쿼터스화 • 콘텐츠 품질 인증 및 표준화 • 디지털교과서 원형 개발(2008), 교육사이버안전센터 구축(2006), 전자서명인증센터 구축(2007)

4차	교육과학기술 정보화 종합계획 (2010~2014)	• 창의적 디지털인재 양성 • 선진 R&D 역량 강화 • 소통과 융합의 정보화 • 교육과학기술 정보인프라 조성	• 교육·과학 분야 통합 계획 • 스마트교육추진전략(2011) • 분권화된 거버넌스 체계 구축 • 데이터 기반 정보화정책 지원
5차	5차 교육정보화 기본계획 (2014~2018)	• 맞춤학습지원체제 구축(유초중등 교육) • 능력중심사회 구현(고등교육) • 학습과 일이 연계된 평생직업교육 • 아우르고 배려하는 교육복지 • 건전한 사이버 문화 조성	• 정보기술 활용 중심 정책으로 전환 • 교육정보화의 영역을 교육 전반으로 확장(유·초·중등, 대학, 평생, 직업 등)
6차	6차 교육정보화 기본계획 (2019~2023)	• 미래형 스마트 교육환경 조성 • 지속가능한 교육 정보화 혁신 • ICT를 통한 맞춤형 교육서비스 실현 • 공유형 교육정보 디지털 인프라 구축	• 미래지능형 교육환경 구현 • 무선 인프라 및 기기 확충 • 데이터 기반 교육행정 강화

출처 : 교육부(2024). 제7차[2024~2028] 교육정보화 기본계획.

2016년은 우리나라 AI · 디지털 교육정책에 있어 중요한 전환점이었다. 그해 수립된 「지능정보사회 대비 중장기 종합대책」은 '인간 중심의 지능정보사회'를 국가 비전으로 제시하며, 기술 발전이 산업으로 확산되고 다시 사회 변화를 이끌어 내는 연계 구조를 정책 방향으로 설정했다. 이 과정에서 정부는 관계부처와 전문가들의 의견을 폭넓게 반영하여 경제적 · 사회적 변화를 종합적으로 전망했다.

특히 교육 부문에서는 '지능정보사회 미래교육 혁신'을 주요 과제로 규정하고, 학습자 중심의 교육체계 구축, 새로운 교수 · 학습 방식 도입, 그리고 맞춤형 학습지원을 가능하게 하는 디지털 기반 확충 등을 추진하고자 했다. 주요 과제는 다음과 같다.

① **문제해결 · 사고력 중심 교육** : 암기식 교육을 넘어 SW 및 STEAM 교육을 확대하여 컴퓨터적 사고력과 창의적 문제해결 능력을 배양하고자 했다. 자유학기제와 고교학점제를 도입하여 학생 참여와 선택권을 강화하며, 대학입시제도도 미래지향적으로 개편할 계획이었다.

② **지능정보기술 기반 맞춤형 교육 체제 전면화** : 인공지능과 빅데이터를 활용한 맞춤형 학습체제를 구축하고, 디지털교과서와 교육콘텐츠 오픈마켓을 개발 · 보급하려 했다. 또한 K-MOOC를 통해 고급 강의를 공유하여 지속가능한 학습 생태계를 조성하고자 했다.

③ **지능정보 핵심인재 양성** : 창의적 지능정보 영재를 조기 발굴 · 육성하며, 산 · 학 · 연 협력 교육과정과 대학원 집중 지원을 통해 최고급 전문인력을 양성하려 했다. 이를 통해 신산업 발전을 이끌 인재 기반을 강화할 계획이었다.

④ **교원 역량 및 교육 인프라 강화** : 교원의 SW 지도 역량을 체계적으로 연수하고, 전 학교에 무선 인터넷망을 확충할 계획이었다. 아울러 AI와 가상현실을 적용한 '첨단 미래학교' 모델을 개발 · 운영하여 지능정보사회 교육 인프라를 고도화하고자 했다.

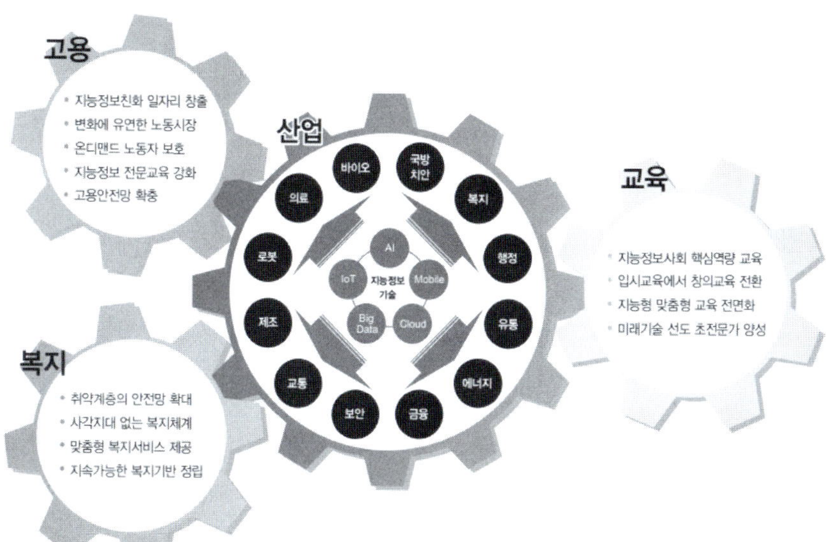

| 그림 1-2 | 지능정보사회 중장기 정책 방향

출처 : 관계부처 합동(2016).

「인공지능 국가전략」(2019. 12)은 'IT 강국을 넘어 AI 강국으로'를 국가비전으로 제시하며, 교육 영역을 핵심축 가운데 하나로 설정하였다. 재능 있는 인재가 세계적 수준의 AI 전문가로 성장할 수 있도록 육성 프로그램을 확충하고, 다양한 전공과 연계한 AI 융합교육을 강화하고자 했다. 또한 전 국민이 디지털 리터러시를 기를 수 있도록 생애주기별 · 직군별 교육을 확대하고, SW · AI 중심으로 학교 교육체계를 개편하고자 했다. 이를 위한 추진과제는 다음과 같다.

① **AI 고급 · 전문인재 양성 체계 구축** : 대학 차원의 제도 개선으로 AI 관련 학과를 신설 · 증설하고, 교수진의 기업 겸직을 허용하여 산업과의 연계를 강화하고자 하였다. 또한 대학원 수준에서는 BK21 사업 등과 연계해 다양한 형태의 AI 대학원 프로그램을 도입하였으며, 현장 맞춤형 단기 집중 교육과 산업별 특화 과정도 마련되었다.

② **AI 융합교육 전면화** : 대학은 전공 구분을 넘어 융합전공 개설을 자율적으로 추진할 수 있도록 규제가 완화되었으며, 인문사회 · 의료 · 예술 등 다양한 전공 영역에 AI 역량을 접목하는 교육이 장려되었다. 이를 위해 모든 대학생에게 SW · AI 기초교육을 필수화하고, 교수 대상 AI 재교육 프로그램도 활성화하였다.

③ **직군별 AI 기술감수성 함양 추진** : 군 장병과 신규 공무원에게 AI 기초소양 교육이 의무화되었다. 군은 온라인 플랫폼과 전문 교육기관을 활용하여 심화 과정을 제공했고, 공직 사회는 신규 임용자 교육과 승진 과정에 AI 교육을 포함시켰다. 더 나아가 중소기업 근로자, 소상공인, 산업단지 근로자를 위한 현장 중심 교육 프로그램도 개발되었다.

④ **전 국민 AI 평생교육 체계화** : 성인은 학점은행제와 K-MOOC, 사이버대학을 통해 AI 과정을 수강할 수 있으며, 도서관 · 박물관 · 과학관 · 복지시설 등 생활 친화적 공간에서 체험형 학습 기회를 제공받도록 설계되었다.

⑤ **초 · 중등 SW · AI 중심 학교커리큘럼 개편** : 초등 저학년은 놀이와 체험 중심의 교육으로 AI 이해를 자연스럽게 습득하도록 하고, 고학년과 중학

생은 필수 교육시간을 늘려 기본 소양을 체계적으로 학습하도록 하였다. 고등학교 단계에서는 심화 과정을 선택적으로 이수할 수 있도록 특화 고교를 확충하였다.

⑥ **교원 역량 강화 및 학교 인프라 확충** : 교원 양성과정부터 AI 과목 이수를 의무화하고, 교육대학원에는 AI 융합교육 전공을 신설하였다. 또한 전국 초 · 중 · 고에 고속 무선망을 설치하고, 영재교육 · 취약계층 지원 · 진로 체험 프로그램 등 학교 밖 교육 기회도 확대되었다.

2020년 이후 코로나19와 오미크론 등 예상치 못한 감염병 상황은 우리 교육 현장에 디지털 전환을 가속화하는 계기가 되었다. 이를 대응하기 위해 초 · 중등 온라인 수업 체계와 인프라가 확충되었고, 예비 교원의 원격수업 역량 강화를 목적으로 전국 교육대학과 국공립 사범대학에 총 28개의 '미래교육센터'가 설치되었다(교육부, 2022). 더불어 2021년 9월에는 「디지털 기반의 원격교육 활성화 기본법」이 제정되어 2022년 3월부터 시행되었다. 이 법은 원격수업을 정규 교육과정 안에 포함시키고, 국가가 교육격차 완화에 책임을 지도록 규정하며, 인프라 확충 · 교원 전문성 제고 · 콘텐츠 품질 관리 · 데이터 활용 근거 등을 마련하였다. 나아가 위기 상황뿐 아니라 평시에도 원격 · 혼합수업을 활용할 수 있는 제도적 기반을 구축함으로써 교육의 디지털 전환을 제도적으로 보장하였다.

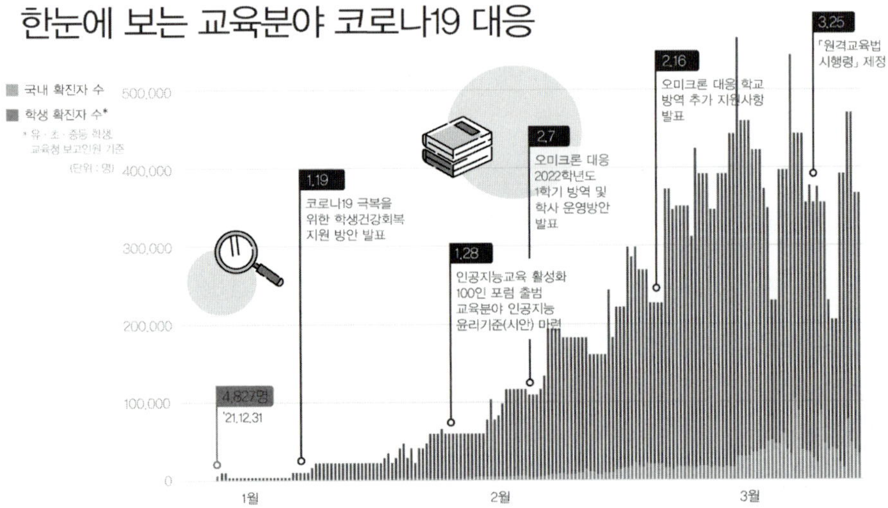

2022년 1분기

대응 체계 학사운영	• 오미크론 대응 2022학년도 1학기 방역 및 학사 운영방안 발표(2.7) • 코로나19 대응을 위한 2022학년도 출결·평가·기록 가이드라인 안내(2.18, 2.24, 3.14) • 새학기 오미크론 대응 비상 점검·지원단 구성 및 운영(2.21)
학교방역 예방접종	• 코로나19 극복을 위한 학생건강회복 지원 방안 발표(1.19) • 2022학년도 외국인 유학생 보호·관리 방안 발표(1.27) • 유·초·중등 및 특수학교 코로나19 감염예방 관리 안내(2.10 제6판, 3.14 제6-1판, 5.1 제7판) • 오미크론 대응 학교 방역 추가 지원사항 발표(2.16) • 대학 코로나19 감염예방 관리지침 제5판 안내(2.28) • 학생건강 자가진단 앱 개선사항 안내(2.28) • 소아(5~11세) 기초접종 및 청소년(12~17세) 3차접종 실시 안내(3.14)
돌봄지원 교육인프라	• 2022년학년도 초등돌봄교실 운영 방안 안내(1.13) • 초중고 교실 38.6만실에 기가급 무선망 구축 완료(3월)
현장소통 국제협력	• 학교방역 관련 전문가 자문회의(1.11, 3.25) • 교육부-질병관리청 학교 방역 관련 간담회 개최(1.26, 3.7, 3.15, 4.14) • 1학기 방역 및 학사운영 방안 현장 의견 수렴(2.17, 2.22, 2.23) • 신속항원검사도구 준비현장 방문(2.24) • 2022년 1학기 개강 대비 대학 방역 현장점검(2~3월) • 학생·교직원용 유전자 증폭(PCR) 검사소 준비상황 점검(2.25, 3.16)
각종시험 예산지원	• 코로나19 대응 제1차 특별교부금 지원(1.28) • 코로나19 대응 제2차~제5차 특별교부금 지원(2.3, 2.15, 2.24, 2.25) • 코로나19 대응 제6차 특별교부금 지원(3.21)
미래교육 교육회복	• 인공지능교육 활성화 100인 포럼 출범(1.27) • 교육분야 인공지능 윤리기준(시안) 마련(1.27) • 「원격교육법 시행령」 제정(3.25)

| 그림 1-3 | 교육분야 감염병 대응체계

출처 : 교육부(2022).

2022년 이후 정부는 AI · 디지털 교육정책을 국가적 핵심 과제로 설정하고, 생애 전 주기에 걸친 인재 양성 체계를 구상하였다. 대표적으로 「디지털 인재양성 종합방안(2022)」은 2026년까지 100만 명의 디지털 인재 확보를 목표로 하며, 초 · 중등-대학-평생교육으로 이어지는 연속적인 학습 경로를 설계하였다. 이 과정에서 정보 · 수학 · 과학 교과뿐 아니라 동아리, 캠프와 같은 비교과 활동까지 포함하는 학습 생태계가 강조되었다. 유아기에는 디지털 경험을 제공하고, 초 · 중등 단계에서는 체험 · 탐구 중심의 코딩교육을 필수화하며, 고등학교에서는 학점제 기반의 다양한 정보 · AI 과목을 도입하였다. 또한 AI 교육 선도학교와 융합교육중심고를 확대하여 지역별 거점 역할을 강화하고, 방과후 프로그램과 진로체험 활동을 통해 학생들의 역량을 넓히고자 했다. 더불어 성인 디지털 문해력 교육, 교육 소외지역 지원, 청소년과 경력단절여성 대상 프로그램까지 포함하여 전 국민을 대상으로 한 디지털 역량 강화를 지향하였다. 이어 「디지털 기반 교육혁신 방안(2023)」에서는 인공지능을 통해 맞춤형 교육을 실현하는 로드맵을 제시하였다. 인공지능 디지털교과서(AIDT)를 중심으로 진단-학습-평가-피드백을 데이터로 연계하는 맞춤형 수업을 제도화(현재 AIDT는 '교과서'가 아닌 '교육자료')하였고, 이를 현장에 적용하기 위해 선도교사단을 양성하고 디지털 선도학교를 운영하였다.

AI와 디지털 전환은 단순한 기술 도입을 넘어 교육의 구조와 방향을 근본적으로 바꾸고 있다. 우리나라는 원격교육 제도화, 디지털 인재 양성, 맞춤형 학습 체계 구축을 통해 변화에 적극 대응해 왔다. 특히 교과와 비교과, 정규 교육과 평생교육을 아우르는 연계 전략은 전 생애에 걸친 학습 기반을 마련했다는 점에서 의미가 크다. 그러나 이러한 제도적 기반이 실제 교육 현장에서 효과적으로 안착하기 위해서는 교사와 학생 모두의 적극적인 참여와 역량 강화가 뒤따라야 한다. 이제 교육의 디지털 대전환 속에서 교사의 역할이 어떻게 변화하고 재정의되어야 하는지를 살펴볼 필요가 있다.

4. 디지털 대전환과 교사의 역할

가르침은 단순한 지식 전달에 머무르지 않고, 끊임없이 변화하는 사회와 기술 환경 속에서 새롭게 진화하고 발전한다. 교직는 실천적 전문 직업(applied profession)으로, 교사는 인지적, 초인지적, 사회 · 정서적, 그리고 실제적 기술을 통합하여 학생들에게 의미 있는 학습 경험을 제공한다(OECD, 2025). 교사는 학습자의 수준과 요구에 맞는 수업을 설계하고, 학습자들의 호기심과 창의적 사고를 자극하며, 새로운 문제해결 능력을 기를 수 있도록 해야 한다. 교사의 태도와 가치는 교직의 접근 방식에 영향을 미치고, 수업 운영뿐만 아니라 학생, 동료 교사, 학부모, 더 나아가 학교 공동체의 관계 형성에도 영향을 미친다. OECD(2025)는 21세기 교사에게 새롭게 요구되는 역량을 지식, 기술, 태도 및 가치의 세 가지 영역으로 제시하였고, 디지털 시대의 특성을 반영하여 기존에 중시되던 역량과 함께 새로운 역량의 필요성을 강조하였다(표 1-2 참조).

〈표 1-2〉 21세기 교사에게 필요한 역량

<table>
<tr><th>구분</th><th colspan="2">교사 역량</th></tr>
<tr><td>지식</td><td>• 교과 지식
• 교육과정 지식
• 교수법 지식
• 평가 지식
• 절차적 지식
* 위 지식은 전통적 교사 역량</td><td>• 학습자에 대한 지식
• 자기 자신에 대한 지식
• 학교 밖 세계에 대한 지식
• 인식론적 지식
• 학문 간 융합 지식
• 교육 데이터 및 연구 활용 지식
• 인공지능에 대한 지식
• 신경과학 및 인간 발달 지식</td></tr>
<tr><td>기술</td><td>인지 및 초인지적 기술
• 비판적 사고
• 문제해결
• 인지적 유연성
• 창의성
• 호기심
• 초인지적 사고(metathinking)
• 독립적 사고
• 과학적 사고
* 위 기술은 전통적 교사 역량</td><td>사회 · 정서적 기술
• 공감
• 자기통제
• 자기조절/정서적 인식
• 도움 요청 기술
• 협력
실제적 기술
• ICT/디지털 기술
• 생활기술 : 응급처치 능력
• 스트레스 관리(신체적 · 정신적)</td></tr>
</table>

	개인적 수준 (Personal level)	지역적 수준 (Local level)	사회적 수준 (Social level)	인류 · 보편적 수준 (Human/ universal level)
태도 가치	• 성장 마인드셋 • 회복탄력성과 도전 정신 • 친사회적 태도 • 형평성에 대한 헌신	• 학생 잠재력에 대한 신뢰 • 협력적 사고방식 • 인식론적 가치	• 사회적 차원의 인식 • 시민적 책임과 참여 • 전문적 회복탄력성과 윤리적 명료성	• 연민, 성실성, 감성 지능 • 글로벌 연대, 환경 의식, 사회 정의 • 존엄, 정의, 존중

출처 : OECD(2025). Teaching Compass concept note.

디지털 대전환과 함께 새로운 교육이 지향해야 할 방향으로 '맞춤형 교육'이 주목받아 왔다. 맞춤형 교육은 연구자나 논의의 관점에 따라 개별화 교육(individualized education), 개인별 맞춤형 교육(personalized education), 차별화 교육(differentiated education)으로 불리기도 하고, 주체가 누구냐에 따라 맞춤형 학습(personalized learning), 적응형 학습(adaptive learning), 맞춤형 수업(personalized instruction) 등으로 쓰인다(정희엽 외, 2021; 이현경 외, 2022; Bray, B., & McClaskey, K., 2013). 관점에 따른 용어의 차이에도 불구하고, 다음의 측면에서 공통점을 가진다(권정선, 2021; 서경원 외, 2022; 서근원, 2021; 손찬희 외, 2019; 정희영 외, 2021). ① 학습자 중심의 교육, ② 개인차(학습 목표, 학습 역량, 학습 속도, 학습 양식 등)에 따른 학습 경로의 설정, ③ 교사의 차별화된 처치 제공. 즉, 개인차를 고려한 맞춤형 교육을 위해서는 학습자를 분석하고 이를 반영한 차별화된 교육이나 개입이 필요하다.

디지털 대전환 시대의 맞춤형 교육을 위해서는 교사의 역할에 대한 재개념화가 필요하다. AI는 산업 전반에서 반복적인 업무를 자동화하여, 효율적 운영에 기여하고 있다. 일각에서는 AI로 인한 일자리 감소를 우려하는 부분도 있으나, 교육 분야에서는 교사의 전문성을 심화하고 학습자 개인 맞춤형 교육을 촉진하는 촉매로 이해할 수 있다. 교육 현장에서 AI는 학습분석, 적응형 평가 등 데이터 기반 지원을 수행하고, 교사는 사회정서적 지원, 윤리적 판단, 고차적 사고 촉진과 같은 측면에서 전문성을 발휘하는 데 집중할 수 있다.

맞춤형 교육에 따라 재개념화한 교사의 역할은 다음과 같다.

① **학습 설계자** : 교사는 단순히 지식을 전달하는 존재를 넘어, 학생들의 학습 경험을 체계적으로 기획하는 학습 설계자의 역할을 수행한다. 학습 설계란 학습 목표, 내용, 방법, 평가를 유기적으로 조직하여 학습자가 의미 있는 성장을 이룰 수 있도록 학습 경험을 계획하는 과정을 말한다. AI와 같은 디지털 도구가 학습분석을 지원하더라도, 교사는 이를 토대로 개별 학습과 협력 학습을 조화롭게 설계하고, 학습 목표에 맞는 과제와 활동을 적절히 배치해야 한다. 특히 교사는 학생들이 단순 암기를 넘어 개념을 깊이 이해하고, 실제 맥락 속에서 활용할 수 있도록 프로젝트 기반 학습, 문제 해결 중심 과제, 토론 수업 등을 포함해 수업을 설계한다. 또한 학습 설계자는 근거 기반의 개입(EBI : Evidence-Based Intervention)을 실천해야 한다. 이는 교육 연구와 실증 데이터를 토대로 효과성이 검증된 교수·학습 방법을 적용하는 것으로, 학습자의 필요에 따라 가장 적합한 전략을 선택하도록 돕는다. 교사는 학습 내용을 조직할 때 시간, 활동, 자료, 평가 방식을 통합적으로 고려하며, 학생과 함께 '무엇을, 어떻게, 왜 배울 것인지'를 결정하는 과정을 통해 학습의 공동 설계 문화를 만들어 간다. 마지막으로 교사는 AI가 대체할 수 없는 창의성, 비판적 사고, 협업, 인성과 같은 핵심역량을 기를 수 있도록 과제를 의도적으로 포함시켜, 기술과 인간 고유의 능력이 상호 보완적으로 작동하는 학습환경을 설계해야 한다.

② **사회정서 및 도덕적 멘토** : 디지털 시대의 핵심역량으로 꼽히는 인성, 협업, 창의성, 비판적 사고력, 융합역량은 AI 기반 도구를 통해 자동으로 길러지는 것이 아니라, 다른 사람과 함께하는 사회적 상호작용을 통해 길러진다. 이를 위해 교실과 학교는 도전적 과제 참여를 장려하고, 최선을 다하는 건강한 실패를 학습의 자산으로 인정하는 풍토를 마련해야 한다. 또 교사는 정서적 측면이나 윤리적 측면에서 모범이 되어, 공감과 경청, 공정한 피드백, 실수에 대한 책임과 인정과 성찰 행동을 보여준다. 교사-학생 간 신뢰를 기반으로 인간적 연결을 촘촘히 구축하여 정서적 안정감을 보

장하고 학생이 도전, 질문, 반박을 두려워하지 않는 학습 분위기를 만든다. 마지막으로 교사는 저작권, 개인정보, 출처 제시 등 디지털 윤리교육을 체계적으로 지도하고, 교사 자신이 모범적으로 실천함으로써 규범이 생활습관으로 정착되도록 돕는다.

③ **학습 촉진자** : 교사는 학생들이 스스로 학습에 몰입할 수 있도록 학습 동기를 북돋우는 역할을 한다. 학습자가 스스로 이해하기 어려운 개념이나 과제에 접근할 수 있도록 비계(scaffolding)를 제공하여 점차 독립적으로 학습할 수 있도록 돕는다. 이를 위해 교사는 질문을 통해 사고를 확장시키고, 단계적인 안내와 피드백을 통해 학습자가 성취 경험을 쌓을 수 있도록 학습 촉진자가 되어야 한다. 또한 학생들이 다양한 학습자원과 기회를 활용할 수 있도록 연결자 역할을 수행한다. 온라인 자료, AI 기반 학습도구, 지역사회 자원 등을 통합하여 자원이 풍부한 학습환경을 조성하고, 학생이 탐구와 협력적 문제해결에 주도적으로 참여할 수 있는 여건을 마련한다. 무엇보다도 학습 과정에서의 작은 성취를 인정하고 긍정적인 강화를 제공함으로써 학습자가 자신감을 가지고 학습 여정을 이어갈 수 있도록 동기를 유지시킨다. 이처럼 교사는 단순히 지식을 전달하는 존재를 넘어, 학생의 학습을 적극적으로 이끌고 촉진하는 안내자이자 지원자로서 역할을 담당할 수 있다.

④ **교육데이터 활용 전문가** : 오랜 기간 서로 다른 선행학습 수준과 동기를 가진 학습자들이 동일한 교과서와 획일적인 평가 문항을 중심으로 학습해 왔다. 그러나 최근에는 실시간 학습 대시보드를 통해 학생별 학습 패턴(예 오답 유형, 학습 속도, 성장 곡선 등)을 지속적으로 모니터링할 수 있게 되었다. 이를 통해 교사는 단순한 결과 확인을 넘어 학습 과정 전반을 분석하고 지도할 수 있다. 이제 교사는 학습 데이터를 기반으로 학습자의 성장 과정을 정밀하게 지원하는 데이터 활용 전문가로서 역할이 요구된다. 또한 데이터 기반 학습환경에서는 형성평가－피드백－보충 · 심화 학습으로 이어지는 선순환 구조가 가능하다. 학생 개개인의 학업성취 수준에 맞추어 즉

각적이고 개별화된 피드백을 제공하고, 맞춤형 학습 경로를 설정할 수 있기 때문이다. 나아가 이러한 데이터는 교사만이 아니라 학부모와도 공유되어, 가정-학교 간 소통을 활성화하고 학생 지원에 대한 공동의 협력 체제를 구축할 수 있다.

AI와 디지털 기술은 교육의 새로운 가능성을 열어 주지만, 그 영향은 단순히 도구 자체에 의해 결정되지 않는다. 인공지능은 사용자에 따라 활용 방향과 효과가 달라지므로, 교사는 무분별한 자동화 활용을 지양하고 교육적 목적에 맞는 방향을 설계해야 한다. 무엇보다도 학습자가 단순한 수동적 수용자가 아니라 주체적인 학습자로 성장할 수 있도록 돕는 것이 교사의 핵심 역할이다. 이를 위해 교사는 학생들이 기초 지식을 충실히 습득하도록 안내하는 동시에, 그러한 지식을 실제 맥락 속에서 활용할 수 있는 역량을 기를 수 있도록 지원해야 한다. 결국 AI · 디지털 대전환 시대의 교사는 기술을 넘어서 학습자의 주체성, 창의성, 책임 있는 활용 능력을 길러주는 길잡이로서 교육의 본질을 지켜나가야 한다.

02
CHAPTER

디지털 교육과 AI·디지털 리터러시의 이해

1. 디지털 교육의 개념 및 정의
2. 디지털 교육의 필요성
3. AI·디지털 리터러시의 개념 및 정의
4. 교사를 위한 AI·디지털 리터러시 구성 요소

02 CHAPTER 디지털 교육과 AI · 디지털 리터러시의 이해

1. 디지털 교육의 개념 및 정의

1) 디지털 교육의 기본 개념

디지털 교육은 단순히 컴퓨터나 인터넷을 사용하는 기술적 활동을 의미하는 것이 아니라, 디지털 기술을 활용하여 학습자의 지식, 역량, 창의성, 문제 해결 능력을 향상시키는 교육 전반을 포괄하는 개념이다. 즉, 디지털 교육은 기술 활용과 학습 설계를 통합하여 학습 경험을 혁신하고, 학습자가 능동적으로 참여할 수 있는 환경을 조성하는 것을 핵심으로 한다. 전통적인 교실 수업에서는 교사가 지식을 일방적으로 전달하는 방식이 일반적이었다면, 디지털 교육에서는 학습자가 중심이 되어 학습을 설계하고 조절할 수 있는 학습자 중심 교육이 실현된다. 이를 위해 AI, VR, AR, 온라인 학습 플랫폼, 학습 분석 시스템 등 다양한 디지털 기술이 활용된다.

디지털 교육의 핵심 특징 중 하나는 맞춤형 학습이다. 학습자의 수준, 학습 속도, 선호도, 이전 학습 이력 등을 고려하여 개별화된 학습 경로를 제공함으로써 학습 효과를 극대화할 수 있다. 예를 들어, AI 기반 학습 시스템은 학습자의 답안과 행동 데이터를 분석하여 부족한 부분을 자동으로 진단하고, 보충 학습 자료를 추천할 수 있다. 또한 디지털 교육은 상호작용의 강화를 가능하게 한다. 학습자와 교사 간, 학습자와 학습자 간의 실시간 상호작용을 통해 질문, 토론,

협력 학습이 활발히 이루어지며, 학습 경험의 질을 높일 수 있다. 특히 온라인 학습 플랫폼에서는 전 세계의 학습자와 연결되어 공동 프로젝트를 수행하거나 문제를 해결하는 과정에서 글로벌 협업 능력을 함양할 수도 있다.

또한 디지털 교육은 데이터 기반 학습 관리와 평가를 가능하게 한다. 학습 과정에서 생성되는 다양한 데이터를 수집, 분석하여 학습자의 성취도, 참여도, 이해 수준을 실시간으로 파악할 수 있으며, 이를 기반으로 교사는 효과적인 피드백을 제공할 수 있다. 이는 단순한 지필 시험 중심 평가를 넘어, 학습자의 역량과 성취를 다차원적으로 평가하는 포괄적 평가 체계로 발전하게 한다. 디지털 교육 환경에서는 이러한 학습 데이터가 학습 설계와 수업 개선에 활용되어, 교육 효과성을 높이는 데 중요한 역할을 한다.

마지막으로, 디지털 교육은 학습자에게 미래형 역량을 함양하는 데 중요한 역할을 한다. 정보활용 능력, 문제해결 능력, 협력 및 소통 능력, 창의적 사고 등 21세기 핵심 역량을 디지털 기술과 연계하여 개발할 수 있으며, 이는 급변하는 사회에서 적응하고 주도적으로 활동할 수 있는 기반이 된다. 따라서 디지털 교육은 단순한 기술 교육이 아니라, 학습 경험의 질을 향상시키고, 학습자의 전인적 성장과 사회적 역량을 강화하는 통합적 교육 전략이라고 정의할 수 있다.

결론적으로, 디지털 교육은 기술과 교육의 통합, 학습자 중심 설계, 데이터 기반 평가, 미래형 역량 개발을 핵심 요소로 하며, 교사와 학습자가 함께 참여하여 보다 효과적이고 창의적인 학습 환경을 구축하는 것을 목표로 한다. 이러한 관점에서 디지털 교육은 현대 교육에서 필수적인 패러다임 변화로 자리 잡고 있으며, 교육 현장에서 AI와 다양한 디지털 기술을 효과적으로 활용하는 것이 점점 더 중요해지고 있다.

2) 디지털 교육의 특징

디지털 교육은 전통적인 교육 방식과 달리, 기술과 학습 설계를 통합하여 학습자의 참여와 학습 효과를 극대화하는 데 초점을 둔다. 이러한 디지털 교육의 특징은 크게 맞춤형 학습, 상호작용 강화, 데이터 기반 학습 관리, 접근성과 유연성, 미래형 역량 함양으로 나눌 수 있다.

첫째, 디지털 교육의 가장 중요한 특징 중 하나는 맞춤형 학습이다. 학습자의 수준, 학습 속도, 선호도, 이전 학습 이력 등을 분석하여 개인별 학습 경로를 제공함으로써 학습 효율을 높인다. 예를 들어, AI 기반 학습 시스템은 학습자가 잘 이해하지 못한 개념을 자동으로 진단하고, 보충 자료나 맞춤형 과제를 추천할 수 있다. 이는 일률적인 학습 자료 제공에서 벗어나 학습자 중심의 교육을 실현하며, 학습자의 흥미와 몰입도를 높이는 데 기여한다. 맞춤형 학습은 또한 학습자의 자기주도 학습 능력을 강화하는 효과가 있다. 학습자는 자신의 학습 진도를 스스로 조절하고 필요한 자료를 선택할 수 있어, 능동적인 학습 참여가 가능하다.

둘째, 상호작용의 강화 역시 디지털 교육의 핵심 특징이다. 온라인 학습 플랫폼과 협업 도구를 통해 학습자와 교사 간, 학습자 상호 간의 실시간 상호작용이 가능하다. 토론, 그룹 프로젝트, 피드백 교환 등 다양한 활동을 통해 학습자들은 서로의 의견을 공유하고 협력하며 문제를 해결할 수 있다. 특히 지리적 제약 없이 전 세계 학습자와 연결되어 공동 프로젝트를 수행할 수 있어, 글로벌 협업 능력과 다양한 관점 이해 능력도 함께 향상된다. 또한 교사는 학습자의 질문에 즉시 대응하고, 개별 피드백을 제공함으로써 학습자 이해도를 높일 수 있다.

셋째, 데이터 기반 학습 관리와 평가가 가능하다는 점도 디지털 교육의 중요한 특징이다. 디지털 학습 환경에서는 학습자의 학습 기록, 참여도, 수행 결과 등 다양한 데이터를 수집할 수 있다. 이를 분석하면 학습자의 강점과 약점을 파악하고, 학습 설계를 개선하거나 맞춤형 피드백을 제공할 수 있다. 또한 이러한 데이터 기반 평가를 통해 학습 성취도를 다차원적으로 측정할 수 있다. 전통적인 지필 평가나 시험 중심 평가보다 더 정밀하고 공정한 평가가 가능하다. 학습 데이터는 교사의 수업 설계뿐만 아니라 교육 기관의 정책 결정과 교육 프로그램 개선에도 활용될 수 있다.

넷째, 디지털 교육은 접근성과 유연성 측면에서 뛰어나다. 온라인 강의, 클라우드 기반 학습 자료, 모바일 학습 도구 등을 활용하면 시간과 장소에 제약 없이 학습할 수 있다. 학습자는 자기 일정과 환경에 맞춰 학습을 진행할 수 있으며, 반복 학습과 복습이 가능하다. 특히 장애가 있는 학습자나 지리적으로 교육 자원이 부족한 지역의 학습자에게도 평등한 학습 기회를 제공할 수 있다는 점에서 교육의 형평성 향상에도 기여한다.

마지막으로, 디지털 교육은 미래형 역량 함양에 중요한 역할을 한다. 디지털 기술 활용 능력뿐 아니라, 문제해결 능력, 창의적 사고, 협력과 소통 능력 등 21세기 핵심 역량을 학습자가 개발할 수 있도록 돕는다. 디지털 도구를 활용한 프로젝트 기반 학습, AI 분석 활용 학습, VR · AR 실습 등 다양한 활동은 학습자가 실제 상황에서 지식과 기술을 적용하고, 새로운 아이디어를 창출하도록 유도한다.

결론적으로, 디지털 교육은 단순한 기술 활용을 넘어, 학습자 중심 설계, 실시간 상호작용, 데이터 기반 평가, 유연한 접근성, 미래형 역량 개발이라는 특징을 통해 현대 교육의 필수적인 패러다임으로 자리 잡고 있다. 이러한 특성은 교육 효과성을 높이는 동시에, 학습자와 교사 모두에게 학습 과정의 질적 향상을 가능하게 한다. 따라서 디지털 교육은 오늘날 빠르게 변화하는 사회와 교육 환경에 적응하고, 학습자의 전인적 성장을 지원하는 핵심 교육 전략이라고 할 수 있다.

3) 디지털 교육의 범위

디지털 교육은 단순히 컴퓨터나 스마트 기기를 사용하는 수업을 의미하지 않는다. 현대 디지털 교육의 범위는 다양한 기술적, 교육적 요소를 통합하여 학습자의 역량과 경험을 극대화하는 포괄적 교육 영역으로 확장된다. 이러한 범위는 디지털 학습 도구와 기술, 학습 설계와 교수법, 학습 분석과 평가, 그리고 학습자의 역량 개발과 사회적 활용이라는 네 가지 측면으로 이해할 수 있다.

첫째, 디지털 교육의 가장 기본적 범위는 디지털 학습 도구와 기술이다. 이는 학습자가 지식을 습득하고 경험을 확장할 수 있도록 지원하는 모든 디지털 기술을 포함한다. 대표적인 예로는 컴퓨터, 태블릿, 스마트폰, 스마트보드 등 하드웨어 기반 도구가 있으며, 이를 활용한 온라인 학습 플랫폼, AI 튜터, 학습용 앱, 클라우드 기반 교과서 등 소프트웨어적 도구를 포함한다. 특히 최근에는 가상현실(VR), 증강현실(AR), 혼합현실(MR)과 같은 몰입형 학습 기술이 교육에 접목되어, 학습자가 현실에서는 경험하기 어려운 상황을 안전하게 체험하고 학습할 수 있게 한다. 예를 들어, 과학 실험, 역사 현장 학습, 생물학적 구조 체험 등은 VR · AR 기술을 통해 현실감 있게 제공될 수 있다.

둘째, 디지털 교육의 범위에는 학습 설계와 교수법이 포함되어있다. 단순히 기술을 사용하는 것을 넘어, 학습자가 효과적으로 지식과 역량을 습득하도록 교수 · 학습 전략과 활동을 설계하는 과정이 중요하다. 디지털 교육은 프로젝트 기반 학습, 문제해결 중심 학습, 협력 학습, 플립러닝 등 다양한 교수법을 디지털 기술과 결합하여 학습 효과를 극대화한다. 예를 들어, 온라인 협업 도구를 활용해 학습자가 팀 단위로 프로젝트를 수행하거나, AI 기반 학습 시스템에서 제공하는 맞춤형 학습 경로를 따라 개인화된 학습을 수행할 수 있다. 이러한 설계는 교사의 역할을 단순한 지식 전달자에서 학습 설계자, 멘토, 피드백 제공자로 변화시키며, 학습자가 능동적으로 참여하도록 유도한다.

셋째, 디지털 교육의 범위에는 학습 분석과 평가가 포함된다. 디지털 학습 환경에서는 학습자가 수행하는 모든 활동이 데이터로 기록되며, 이를 분석하여 학습자의 이해도, 참여도, 문제 해결 능력 등을 평가할 수 있다. 학습 분석은 개별 학습자 맞춤형 피드백, 학습 과정 개선, 교육 정책 및 프로그램 개발에 활용될 수 있으며, 기존 지필시험 중심의 평가와 달리 학습자의 능력과 성취를 다차원적으로 평가할 수 있다. 예를 들어, AI 기반 학습 플랫폼은 학습자의 학습 로그를 분석하여 부족한 개념을 자동으로 보완하고, 학습 진행 상황을 실시간으로 시각화하여 학습자가 자신의 학습 상태를 점검할 수 있게 한다. 또한 교사는 이러한 데이터를 활용하여 수업 설계를 개선하고, 학습자의 잠재적 문제를 사전에 발견하여 적절한 지원을 제공할 수 있다.

넷째, 디지털 교육의 범위에는 학습자의 역량 개발과 사회적 활용이 포함된다. 디지털 교육은 단순한 지식 전달을 넘어서, 학습자가 현대 사회에서 필요로 하는 핵심 역량을 개발하도록 돕는다. 여기에는 디지털 기술 활용 능력, 문제해결력, 협력과 소통 능력, 창의적 사고, 비판적 사고, 정보 분석 능력 등이 포함되어있다. 디지털 교육을 통해 학습자는 실제 사회와 직업 세계에서 필요한 기술과 사고를 미리 경험하고 습득할 수 있으며, 이를 통해 미래 사회 적응력과 자기주도적 학습 능력을 강화할 수 있다. 디지털 교육은 사회적 불평등 해소에도 기여한다. 온라인 학습 플랫폼과 디지털 콘텐츠를 통해 지역적, 경제적 제약을 넘어 누구나 양질의 교육을 받을 수 있는 기회를 제공하며, 학습 격차를 줄이는 데 중요한 역할을 한다.

디지털 교육의 범위는 교육 콘텐츠 개발, 교육 정책, 윤리적 고려, 저작권 문제 등 교육 전반과 연계되어 있으며, 교육 현장에서 발생할 수 있는 다양한 상황과 요구를 포괄한다. 예를 들어, 교사는 디지털 자료를 활용할 때 저작권과 개인정보 보호 문제를 고려해야 하고, 학습자의 디지털 시민성을 함양하는 활동을 설계해야 한다. 또한 AI 기반 교육 도구와 생성형 AI 콘텐츠를 활용할 경우, 기술적 이해와 윤리적 판단 능력이 함께 요구된다.

결론적으로, 디지털 교육의 범위는 디지털 기술 도구와 하드웨어, 학습 설계와 교수법, 데이터 기반 학습 분석과 평가, 학습자의 역량 개발과 사회적 활용까지 광범위하게 확장된다. 이러한 포괄적 범위는 단순한 기술 활용이 아니라, 학습자 중심의 교육, 맞춤형 학습, 상호작용 강화, 미래형 역량 함양을 실현하는 교육 전략으로서 디지털 교육을 정의한다. 현대 교육에서 디지털 교육은 학습 환경, 교육 내용, 교수 · 학습 방법, 평가 방식, 학습자 역량까지 통합적 접근으로 이해해야 하며, 이는 교육의 질적 혁신과 학습자의 전인적 성장을 동시에 지원하는 핵심 요소라고 할 수 있다.

〈표 2-1〉 일반 교육 vs 디지털 교육 비교

구 분	일반 교육	디지털 교육
학습 방식	일방향 강의	상호작용 중심 학습
평 가	지필 평가	데이터 기반 실시간 평가
학습 자료	교과서 중심	디지털 자료 활용
학습 속도	동일	개인 맞춤형

4) 디지털 교육의 국내외 현황

21세기 교육 환경은 급속한 정보화와 디지털 기술 발전으로 인해 기존 교육 패러다임에서 벗어나 학습자 중심, 데이터 기반, 기술 융합형 교육으로 변화하고 있다. 이러한 변화 속에서 국제기구와 각국 정부는 디지털 역량 강화와 교육 혁신을 핵심 전략으로 강조하고 있다. OECD는 21세기 핵심 역량과 디지털 역량을 정의하고, 이를 교육 과정과 평가에 반영하도록 권장한다. OECD의 PISA(국제학생평가프로그램)에서는 디지털 읽기, 정보 활용 능력, 컴퓨터 기반 문제 해결 능력 등을 평가하여 학생들의 디지털 활용 능력을 측정한다. OECD는 단순한 기술 활용 능력을 넘어 비판적 사고, 문제 해결력, 창의성, 협업 능력을 포함한 디지털 역량의 중요성을 강조한다. 또한 교사들이 디지털 기술을 교육 설계와 수업 운영에 효과적으로 통합할 수 있도록 디지털 교사 역량 프레임워크를 제시하고 있으며, 이는 교사의 기술 이해, 수업 설계 역량, 학습 분석 능력, 윤리적 판단 능력 등을 포함한다.

UNESCO 역시 디지털 교육 혁신을 촉진하는 다양한 정책과 가이드라인을 제시하고 있다. UNESCO는 디지털 교육을 통한 형평성, 접근성, 품질 향상을 핵심 목표로 하며, 개발도상국과 저개발국의 교육 격차 해소를 위해 디지털 학습 자료와 온라인 학습 플랫폼 활용을 권장한다. UNESCO는 디지털 시민성 교육을 강조하며, 학생들이 디지털 환경에서 안전하게 정보와 기술을 활용하고, 윤리적 · 사회적 책임을 인식하도록 교육할 것을 제안한다. 이러한 글로벌 정책은 각국의 교육 혁신 전략 수립에 영향을 미치며, 디지털 기반 학습 환경 구축과 교사의 디지털 역량 강화로 이어지고 있다.

국내외 교육 정책 사례를 살펴보면, 각국은 자국의 교육 목표와 사회적 요구에 맞춰 다양한 디지털 교육 전략을 추진하고 있다. 미국의 경우, 코딩 교육, AI 교육, STEM 기반 융합 교육을 학교 교육과정에 포함시키고, 디지털 학습 도구 활용을 장려한다. 예를 들어, 미국의 일부 주에서는 AI 및 빅데이터를 활용한 맞춤형 학습 프로그램을 도입하여 학생의 학습 성취도와 흥미에 따라 학습 경로를 조정하고 있다. 유럽연합(EU)은 디지털 교육 전략인 "Digital Education Action Plan"을 통해 디지털 기술 기반 교수 · 학습 모델 개발, 교사 전문성 강화, 디지털 교육 자료 공유 플랫폼 구축 등을 추진한다. 이 계획은 포괄적 디지털 학습 환경 구축과 디지털 격차 해소를 동시에 목표로 하고 있으며, 학교와 지역 사회를 연결하는 디지털 학습 생태계를 강조한다.

한국의 경우, 교육부는 디지털 기반 미래 교육 혁신을 위해 다양한 정책을 시행하고 있다. 대표적으로 에듀테크 활용 교육, AI 기반 맞춤형 학습 지원, 스마트 교실 구축, 디지털 교과서 보급 등이 있다. 생성형 AI, 메타버스, VR · AR 기반 학습과 같은 첨단 디지털 기술을 학교 현장에 적용하여, 학생 맞춤형 학습과 몰입형 학습 경험 제공을 확대하고 있다. 교사의 디지털 역량 강화를 위해 온라인 연수, AI · 디지털 활용 교수법 연수, 교사 전문성 인증 프로그램을 운영하여, 교사가 교육 혁신을 주도할 수 있도록 지원하고 있다. 국제적 동향과 국내 사례를 종합해 보면, 디지털 교육은 단순히 기술을 수업에 활용하는 수준을 넘어, 교육 혁신과 학습자 중심 교육 실현, 데이터 기반 평가, 미래형 핵심 역량 개발까지 포괄하는 전략적 접근으로 확장되고 있다. 글로벌 정책에서는 형평성과 접근성, 디지털 시민성, 윤리적 활용, 교사의 전문성 강화를 강조하며, 이러한 요소는 국내 정책과 학교 현장 실천에도 적극 반영되고 있다. 디지털 교육의 이러한 국제적 흐름은 학생과 교사 모두에게 지식과 기술 습득을 넘어, 비판적 사고와 창의적 문제 해결 능력을 함양하는 미래형 교육을 제공하고, 교육 격차 해소와 학습 기회 확대에도 기여하고 있다.

OECD와 UNESCO 등 국제기구가 강조하는 디지털 교육 혁신과 국내외 정책 사례는 디지털 역량 강화, 교육 혁신, 형평성과 접근성 보장, 미래형 역량 함양이라는 공통 목표를 공유하며, 디지털 교육의 글로벌 표준과 방향성을 제시한다. 이에 따라 교사와 학습자는 단순한 기술 활용을 넘어, 학습자 중심, 데이터 기반, 윤리적 · 창의적 활용을 통해 디지털 교육 환경에서 최적의 학습 경험을 구현할 수 있어야 한다.

2. 디지털 교육의 필요성

1) 21세기 교육 환경의 변화

21세기 교육 환경은 정보통신기술(ICT)의 급속한 발전, 글로벌화, 사회 구조의 변화, 경제 · 산업의 디지털 전환 등 다양한 요인으로 인해 기존의 전통적 교육 패러다임에서 벗어나 혁신적이고 융합적인 교육 환경으로 빠르게 변화하고 있다. 이러한 변화는 학생, 교사, 학교, 그리고 교육 정책 전반에 걸쳐 광범위하게 영향을 미치며, 교육 목표와 방법, 학습자 역량, 평가 방식 등 모든 영역에서 재설계를 요구하고 있다.

첫째, 정보화와 디지털 기술의 확산은 교육 환경 변화의 핵심 요인 중 하나이다. 인터넷과 모바일 기술, 클라우드 서비스, AI, 빅데이터, VR · AR 등 첨단 디지털 기술의 발달로 인해 학습자는 시간과 장소의 제약 없이 학습할 수 있게 되었다. 기존의 일방적인 강의 중심 교육은 점차 학습자 중심의 능동적 · 참여형 학습으로 전환되고 있으며, 학습자는 디지털 플랫폼을 통해 학습 자료를 검색하고, 온라인 협업 도구를 활용해 동료 학습자와 공동으로 문제를 해결하며, 학습 활동을 자기주도적으로 설계할 수 있다. AI 기반 학습 분석과 맞춤형 학습 경로 제공은 학습자의 수준과 요구에 맞는 개별화 교육을 가능하게 하여, 학습 효율성과 몰입도 향상에 도움을 준다.

둘째, 21세기 교육 환경 변화의 또 다른 특징은 학습자의 역량 중심 교육으로의 전환이다. 과거에는 주로 지식 전달과 암기 중심 학습이 강조되었다면, 현대 교육에서는 창의적 사고, 문제해결 능력, 비판적 사고, 협력과 소통 능력 등 21세기 핵심 역량을 함양하는 것이 중요하게 여겨진다. 이러한 역량 개발은 디지털 기술과 융합될 때 더욱 효과적이다. 예를 들어, 프로젝트 기반 학습이나 협력 학습에서 AI와 디지털 협업 도구를 활용하면 학습자는 실제 문제를 해결하며 지식과 기술을 통합적으로 적용할 수 있다. VR · AR 기반 체험 학습은 현실에서는 경험하기 어려운 상황을 안전하게 시뮬레이션함으로써 학습자의 문제해결 능력과 창의성을 증진한다.

셋째, 교육 환경의 유연성과 접근성을 높이는 것은 21세기 교육 변화의 중요한 특징이다. 온라인 학습, 원격 교육, 에듀테크 활용 등은 학습자가 시간과 장소에 구애받지 않고 학습할 수 있는 환경을 제공한다. 지역적, 경제적 제약으로 인해 교육 기회가 제한된 학생들에게 중요한 의미를 가지며, 교육 형평성과 포용성을 높이는 데 기여한다. 디지털 학습 자료와 온라인 커뮤니티를 활용하면 학생들은 다양한 국가와 문화권의 학습자와 상호작용할 수 있다.

넷째, 교사의 역할 변화 역시 21세기 교육 환경 변화의 핵심적 요소이다. 전통적으로 교사는 지식 전달자 역할을 수행했지만, 현대 교육에서는 학습 설계자, 촉진자, 멘토로서의 역할이 강조되고 있다. 교사는 디지털 도구를 활용하여 학습 활동을 설계하고, 학습 데이터를 분석하여 학생 맞춤형 피드백을 제공하며, 학습자가 자기주도적으로 학습하도록 지원해야 한다. 또한 디지털 시민성, 윤리적 기술 활용, 정보 신뢰성 판단 등 학생의 비판적 사고와 책임감 있는 행동을 지도하는 역할도 중요해졌다.

다섯째, 21세기 교육 환경 변화는 데이터 기반 교육과 평가의 확산을 동반한다. 디지털 학습 환경에서는 학습자가 수행하는 모든 활동이 데이터로 기록되며, 이를 분석하면 학습자의 학습 수준, 참여도, 문제해결 과정, 협력 능력 등을 종합적으로 평가할 수 있다. 데이터 기반 평가를 통해 학습자는 자신의 학습 상태를 실시간으로 점검하고, 부족한 부분을 보완하며 학습 경로를 조정할 수 있다. 교사와 교육 기관은 이러한 분석 결과를 활용하여 수업 설계를 개선하고,

교육 정책 수립과 프로그램 개발에도 반영할 수 있다.

마지막으로, 21세기 교육 환경 변화는 교육 내용과 학습 방법의 융합을 요구한다. 단일 교과 중심 학습에서 벗어나, 디지털 기술과 창의적 문제 해결을 융합한 STEAM 교육, AI 교육, 에듀테크 기반 융합 학습 등이 등장하고 있으며, 이는 학습자가 실제 사회 문제와 직업 세계에 적용 가능한 능력을 습득하도록 돕는다. 이러한 융합적 학습 환경은 지식 습득뿐만 아니라, 협력, 소통, 창의적 사고, 디지털 윤리와 책임감 등 복합적 역량을 함양하는 데 중요한 역할을 한다.

결론적으로, 21세기 교육 환경 변화는 정보화와 디지털 기술 확산, 학습자 중심 교육, 유연성과 접근성 강화, 교사 역할 변화, 데이터 기반 평가, 융합적 학습 환경이라는 여섯 가지 핵심 축을 중심으로 이루어지고 있다. 이러한 변화는 단순한 교육 기술 도입을 넘어, 학습자와 교사 모두가 참여하는 능동적, 창의적, 포용적 학습 환경을 구축하는 데 기여하며, 미래 사회가 요구하는 핵심 역량과 적응력을 학생들에게 제공하는 데 필수적이다. 21세기 교육 환경 변화는 교육 정책, 학교 운영, 교수·학습 방법, 평가 방식, 학습자 역량 개발 등 모든 영역에서 교육 혁신과 패러다임 전환을 요구하는 중요한 과제로 인식되고 있다.

2) 학습자 중심 교육 실현

21세기 교육 환경에서는 학습자의 특성과 요구를 중심으로 학습 경험을 설계하고, 학습자가 능동적으로 참여하는 학습자 중심 교육이 강조된다. 전통적인 교사 중심 수업에서는 교사가 지식을 일방적으로 전달하고 학생은 수동적으로 학습하는 방식이 일반적이었다. 오늘날의 교육 패러다임은 학생 개개인의 학습 속도, 흥미, 수준, 필요에 맞춘 맞춤형 학습을 제공하고, 학습자의 능동적 참여와 문제해결 능력을 강화하는 방향으로 변화하고 있다. 학습자 중심 교육의 실현은 개인별 맞춤 학습, 학습 데이터 기반 평가, 협력 학습, 문제해결 학습, 프로젝트 기반 학습 등 다양하다

첫째, 개인별 맞춤 학습은 학습자 중심 교육의 핵심 요소이다. 학습자의 수준

과 성향에 맞추어 학습 내용을 조정하고, 학습 목표와 과제를 개별화함으로써 학습 효율을 극대화한다. 예를 들어, AI 기반 학습 플랫폼은 학습자가 이해하지 못한 개념을 분석하여 보충 자료를 제공하거나, 학습자의 흥미와 수준에 맞는 문제를 추천한다. 이러한 맞춤형 학습은 단순한 학습 자료 제공을 넘어, 학습자가 자기주도적으로 학습 속도와 순서를 조절하고, 필요할 경우 반복 학습과 심화 학습을 선택할 수 있도록 지원한다. 이 과정에서 학습자는 자신의 학습 과정을 주도적으로 설계한다.

둘째, 학습 데이터 기반 평가는 학습자 중심 교육의 필수적인 방법이다. 디지털 교육 환경에서는 학습자의 참여도, 수행 결과, 학습 패턴, 문제 해결 과정 등 다양한 학습 데이터를 수집할 수 있다. 이러한 데이터는 학습자의 이해 수준과 학습 진행 상황을 실시간으로 파악하는 데 활용된다. 예를 들어, 온라인 학습 플랫폼은 학생의 답안, 학습 시간, 참여 빈도 등을 분석하여 부족한 영역을 자동으로 진단하고, 맞춤형 피드백을 제공한다. 교사는 이를 활용하여 개별 학습자에게 적절한 학습 지원을 제공하고, 수업 설계를 개선하며, 학습자의 성취와 성장 과정을 다차원적으로 평가할 수 있다. 데이터 기반 평가는 전통적인 지필 시험 중심 평가를 보완하여 학습자의 실제 역량과 성취를 보다 정확하게 반영하며, 학습 동기를 향상시키는 효과도 있다.

셋째, 협력 학습과 문제해결 학습은 학습자 중심 교육에서 중요한 교수·학습 전략이다. 협력 학습에서는 학생들이 소그룹으로 나뉘어 공동의 목표를 수행하며, 서로의 아이디어를 공유하고 문제를 해결하는 과정을 통해 사회적 상호작용과 의사소통 능력을 발전시킨다. 디지털 도구를 활용하면, 학생들은 지리적 제약 없이 온라인 협업 환경에서 실시간 토론, 자료 공유, 공동 과제 수행 등을 경험할 수 있다. 문제해결 학습은 실제적이거나 복합적인 문제를 학습자가 직접 탐구하고 해결하도록 유도하여, 비판적 사고, 창의적 사고, 정보 분석 능력을 동시에 강화한다. 예를 들어, 환경 문제나 사회 현상을 주제로 한 문제해결 학습에서는 학습자가 자료를 수집하고 분석하여 해결 방안을 제시하며, 이를 토론과 발표 과정을 통해 검증한다. 이러한 경험은 학습자의 주도적 참여와 자기주도적 학습 능력을 증진시키는 중요한 기반이 된다.

넷째, 프로젝트 기반 학습(PBL)은 학습자 중심 교육 실현의 대표적 사례로, 학생이 실제 프로젝트를 수행하며 지식과 기술을 통합적으로 적용하도록 설계된다. 프로젝트 기반 학습에서는 학습자가 문제 정의, 계획 수립, 수행, 결과 발표, 평가의 모든 과정을 주도하며, 학습 과정에서 협력, 의사소통, 비판적 사고, 창의성 등 다양한 역량을 함양한다. 디지털 기술은 이러한 프로젝트 기반 학습을 지원하는 핵심 도구로 활용할 수 있다.

다섯째, 학습자 중심 교육은 단순한 개별화 학습을 넘어서 학습자의 전인적 성장을 목표로 한다. 개인별 맞춤 학습, 데이터 기반 평가, 협력 학습, 문제 해결 학습, 프로젝트 기반 학습이 상호 유기적으로 결합될 때, 학습자는 자신의 학습 과정에 책임감을 갖고, 능동적으로 참여하며, 자기주도적 문제해결 능력과 사회적 협력 능력을 동시에 개발할 수 있다. 이러한 학습 경험은 미래 사회에서 요구되는 핵심 역량인 창의성, 비판적 사고, 디지털 활용 능력, 협업 능력 등과 직접적으로 연결되며, 학생이 자기주도적이고 지속가능한 학습자로 성장하는 기반이 된다.

결론적으로, 학습자 중심 교육의 실현은 맞춤형 학습, 데이터 기반 평가, 협력 학습, 문제 해결 학습, 프로젝트 기반 학습이라는 다섯 가지 핵심 전략을 통해 이루어지며, 이를 통해 학습자는 능동적 · 자기주도적 학습자로 성장하고, 교사는 학습 설계자와 촉진자로서의 역할을 수행할 수 있다. 이러한 접근은 현대 교육 환경에서 학생 개개인의 잠재력을 극대화할 수 있다.

3) 교사의 역할 변화와 사회적 요구

21세기 교육 환경은 정보통신기술(ICT)의 발전, 학습자 중심 교육 확대, 교육 내용의 융합화 등 다양한 요인으로 인해 교사의 역할에도 근본적인 변화를 요구하고 있다. 전통적으로 교사는 교실에서 지식을 전달하고 학습자를 평가하는 지식 전달자의 역할을 주로 담당하였다. 그러나 현대 교육 환경에서는 단순한 정보 전달만으로는 학생이 요구되는 역량을 충분히 함양할 수 없으며, 학생 개개인의 학습 필요와 사회적 요구를 충족시키기 위해 교사는 학습 설계자, 촉진자, 멘토로서 다각적인 역할을 수행해야 한다.

첫째, 학습 설계자로서의 역할은 교사가 단순히 교과 내용을 전달하는 수준을 넘어, 학습자의 수준과 필요, 흥미를 고려하여 수업을 설계하는 것을 의미한다. 학습 설계자는 교과 내용, 교수 · 학습 전략, 평가 방식, 학습 자료, 디지털 도구 활용 계획 등을 종합적으로 설계하여, 학생이 적극적으로 참여하고 자기주도적으로 학습할 수 있는 환경을 조성한다. 예를 들어, 학습자가 다양한 수준의 학습 자료와 과제를 선택할 수 있도록 맞춤형 학습 경로를 제공한다. 온라인 플랫폼이나 AI 기반 학습 분석 도구를 활용하여 학습자의 진행 상황을 실시간으로 모니터링하고 지원하는 것이 이에 해당한다. 이러한 설계 과정은 학습자의 성취도와 몰입도를 높이며, 학생 개개인의 잠재력을 최대한 발휘할 수 있는 기반을 제공한다.

둘째, 교사는 촉진자이자 멘토로서 학생의 학습 과정을 지원한다. 현대 교육에서는 학습자가 스스로 문제를 정의하고 해결하며, 동료 학습자와 협력하는 과정이 강조된다. 교사는 이러한 학습 활동에서 학습자의 탐구와 토론, 프로젝트 수행을 안내하고, 필요할 경우 적절한 피드백과 조언을 제공한다. 단순히 정답을 제공하기보다 학생이 사고의 과정을 이해하고, 비판적 사고와 문제해결 능력을 개발할 수 있도록 촉진하는 것이 중요하다. 예를 들어, 과학 실험이나 사회 문제 프로젝트에서 학습자가 다양한 해결 방안을 탐색할 때 교사는 질문과 힌트를 통해 탐구를 유도하고, 학습자가 자신의 해결 과정을 성찰할 수 있도록 돕는다.

셋째, 디지털 활용 능력이 교사의 역할 변화에서 중요한 요소가 되고 있다. 21세기 교육 환경에서는 디지털 기술을 활용한 학습 자료 제공, 온라인 협업, 학습 분석, AI 기반 맞춤형 학습 지원 등 다양한 활동이 필요하다. 교사는 이러한 기술을 적절히 활용할 수 있어야 하며, 기술 선택과 활용 방법에 대한 전문성을 갖추어야 한다. 디지털 도구를 활용하면 학습자는 보다 능동적이고 몰입감 있는 학습 경험을 할 수 있으며, 교사는 학습 데이터를 기반으로 학생 개별 지원과 수업 개선을 효과적으로 수행할 수 있다. 또한 교사는 디지털 기술 활용뿐만 아니라 학생에게 디지털 시민성, 정보 윤리, 저작권 준수, 안전한 기술 사용에 대한 교육을 제공하여, 학습자가 디지털 환경에서 책임감 있는 행동을 실천하도록 지도해야 한다.

넷째, 교사는 문제해결 능력과 융합적 사고를 갖춘 인재를 양성하기 위해 자신의 역할을 재정립해야 한다. 현대 사회에서는 복합적 문제를 스스로 정의하고 분석하여 해결할 수 있는 능력이 필수적이며, 교사는 학생이 이러한 역량을 개발하도록 돕는다. 프로젝트 기반 학습, 협력 학습, 문제 해결 학습 등을 설계하고 지원하는 과정에서 교사는 학습자의 사고 과정을 관찰하고, 비판적 · 창의적 사고를 촉진하며, 협업과 소통 능력을 강화한다. 이를 통해 학생은 단순 지식 습득을 넘어 실제 사회에서 필요로 하는 문제해결 능력과 적응력을 갖추게 된다.

다섯째, 사회적 요구에 따른 교사의 역할 확장도 중요하다. 현대 사회는 빠르게 변화하며, 새로운 기술과 지식을 학습자에게 제공할 뿐만 아니라, 학생이 사회적 · 윤리적 책임을 인식하고 미래 사회에 적응할 수 있도록 지도할 것을 교사에게 요구한다. 교사는 학생이 디지털 환경에서 안전하게 학습하고, 협업과 소통 능력을 발휘하며, 사회적 문제를 이해하고 해결하도록 지원해야 한다. 학부모, 지역사회, 교육 정책과 협력하여 학습 환경을 개선하고, 학생 개개인의 학습 기회를 확대하는 역할도 수행한다.

결론적으로, 교사의 역할은 단순 지식 전달자에서 학습 설계자, 촉진자, 멘토로 전환되고 있으며, 이를 위해 디지털 활용 역량, 문제해결 능력, 협력과 소통 능력, 윤리적 판단 능력이 필요하다. 이러한 역할 변화는 학습자 중심 교육 실현과 연계되며, 학생 개개인의 역량을 최대한 발휘하도록 지원하고, 미래 사회가 요구하는 핵심 역량을 갖춘 인재를 양성하는 데 중요한 기반이다. 21세기 교사는 지식 전달을 넘어, 학습자의 학습 과정과 성장을 체계적으로 설계하고 지도하며, 디지털과 사회적 변화에 능동적으로 대응할 수 있는 전문성을 갖춘 전략적 교육 전문가로 자리매김해야 한다.

3. AI · 디지털 리터러시의 개념 및 정의

1) AI · 디지털 리터러시 개념

21세기 교육 환경에서는 지식과 정보가 폭발적으로 증가하고, 디지털 기술과 AI가 사회 전반에 깊숙이 확산됨에 따라, 학습자와 교사가 단순한 정보 습득을 넘어서 비판적 · 창의적 사고와 기술 활용 능력을 동시에 갖추는 것이 중요해졌다. 이를 이해하기 위해 먼저 리터러시(literacy)의 개념을 정의할 필요가 있다. 전통적으로 리터러시는 문자 해독과 읽기 · 쓰기 능력을 의미하며, 개인이 사회적, 학문적 활동에서 기본적인 정보 처리와 의사소통을 수행할 수 있는 능력을 가리켰다. 그러나 현대 사회에서 리터러시의 개념은 단순한 읽기 · 쓰기 능력을 넘어 정보와 지식을 이해하고 활용하며, 문제 해결과 창의적 사고에 적용할 수 있는 통합적 역량으로 확장되었다.

오늘날 리터러시는 정보 리터러시, 미디어 리터러시, 디지털 리터러시 등으로 세분화되며, 각각의 영역은 상호 연계되어 개인의 학습과 생활, 사회적 참여 능력을 높이는 핵심 역량으로 작용한다. 정보 리터러시는 정보를 탐색, 평가, 분석, 활용하는 능력을 의미하며, 학습자가 필요로 하는 정보와 자료를 효율적으로 선택하고 의미 있게 적용하도록 돕는다. 미디어 리터러시는 다양한 매체에서 제공되는 메시지와 콘텐츠를 비판적으로 이해하고, 창의적으로 표현하며, 올바르게 활용할 수 있는 능력을 포함한다. 디지털 리터러시는 컴퓨터, 인터넷, 모바일 기기 등 디지털 기술을 이해하고 활용하는 능력으로, 단순한 도구 사용을 넘어 문제 해결, 협업, 정보 분석, 창의적 표현 등 다양한 학습 활동에 적용될 수 있다.

이러한 리터러시의 확장은 AI · 디지털 리터러시라는 개념으로 구체화된다. AI · 디지털 리터러시는 단순히 AI나 디지털 기술을 사용하는 기술적 능력을 의미하는 것이 아니라, 기술의 원리와 구조를 이해하고, 이를 비판적 · 창의적으로 학습과 생활에 적용할 수 있는 종합적 역량을 의미한다. 즉, AI · 디지털 리터러시는 학습자가 AI 시스템, 생성형 AI, 데이터 분석, 디지털 도구 등을 단순히 활용하는 수준을 넘어서, 기술을 분석하고 평가하며, 창의적 해결책을 탐색하고, 윤리적 · 사회적 책임을 고려하면서 활용할 수 있는 능력을 포함한다.

첫째, AI · 디지털 리터러시는 정보 탐색과 분석 능력을 포함한다. 학습자는 방대한 데이터와 정보 속에서 필요하고 신뢰할 수 있는 자료를 식별하고, 이를 문제 해결과 의사결정에 적용할 수 있어야 한다. AI 도구는 정보의 패턴을 분석하고 맞춤형 학습 자료를 제공할 수 있으나, 사용자는 이를 비판적으로 평가하여 정확성과 신뢰성을 판단해야 한다.

둘째, AI · 디지털 리터러시는 디지털 기술과 도구의 창의적 활용 능력을 포함한다. 학습자는 AI 기반 시뮬레이션, 데이터 분석, 디지털 협업 도구 등을 활용하여 새로운 지식과 아이디어를 창출하고, 문제 해결을 위한 창의적 접근을 설계할 수 있어야 한다.

셋째, AI · 디지털 리터러시는 윤리적 · 사회적 책임의식과 밀접하게 연관성이 있다. AI 활용 과정에서 발생할 수 있는 편향, 개인정보 침해, 저작권 문제, 사이버 폭력 등 다양한 문제를 인식하고, 책임 있는 행동을 수행하는 능력이 필요하다.

넷째, AI · 디지털 리터러시는 문제해결 능력과 창의적 사고와 면밀히 연결되어 있다. 학습자는 데이터를 기반으로 문제를 정의하고, 분석하며, AI 도구와 디지털 기술을 활용해 다양한 해결 방안을 탐색하고 창의적 결과를 도출할 수 있어야 한다.

결론적으로, AI · 디지털 리터러시는 리터러시의 현대적 확장으로서, 정보와 기술을 이해하고 평가하며, 창의적 · 윤리적으로 활용할 수 있는 종합적 능력을 의미한다. 학습자와 교사가 이러한 역량을 갖출 때, 디지털 환경과 AI 기술을 안전하고 효과적으로 활용하며, 학습자 중심 교육을 실현하고 미래 사회가 요구하는 핵심 역량을 갖춘 인재를 양성할 수 있다. 따라서 AI · 디지털 리터러시는 단순한 기술 습득이 아니라, 비판적 · 창의적 사고와 책임감 있는 행동을 기반으로 한 통합적 학습 능력으로 이해해야 하며, 현대 교육 현장과 학습자의 지속가능한 성장을 위한 필수 요소로 자리매김한다.

2) 기술적 이해와 정보활용 능력

현대 사회는 디지털 기술과 인공지능(AI)의 발전으로 인해 정보의 양과 속도가 폭발적으로 증가하는 환경으로 변화하고 있다. 이에 따라 학습자와 교사는 단순히 지식을 습득하는 것을 넘어, 정보를 분석하고 이해하며 이를 적절하게 활용하는 능력이 필수적으로 요구된다. 이를 포괄하는 개념이 바로 기술적 이해와 정보활용 능력이다. 이 능력은 데이터 분석, 알고리즘 이해, 디지털 도구 활용 등 세 가지 핵심 요소를 중심으로 구성되며, 21세기 학습자와 교사가 효과적인 학습 환경을 구축하고 문제를 해결하는 데 중요한 역할을 한다.

첫째, 데이터 분석 능력은 기술적 이해의 핵심이다. 디지털 환경에서는 수많은 학습 자료, 학생 참여 기록, 평가 데이터, 온라인 학습 로그 등 방대한 데이터가 실시간으로 만들어진다. 학습자와 교사는 이러한 데이터를 단순히 수집하는 수준을 넘어, 데이터를 구조화하고 패턴을 발견하며 의미 있는 정보를 도출해야 한다. 예를 들어, 학생들의 온라인 학습 기록을 분석하여 학습 성취도, 관심 분야, 학습 속도를 평가하고, 부족한 영역을 보완하는 맞춤형 학습 전략을 설계할 수 있다. 교사 또한 AI 기반 학습 분석 도구를 활용해 학습자의 이해 수준과 참여도를 실시간으로 파악하고, 개별 피드백과 학습 지원을 제공함으로써 학습 효과를 극대화할 수 있다. 이 과정에서 중요한 것은 비판적 사고를 기반으로 데이터의 정확성과 신뢰성을 검증하는 능력이다. 데이터가 항상 완벽하지 않다는 점을 인식하고, 분석 결과를 맹신하지 않으며, 합리적 판단과 의사결정을 내릴 수 있어야 한다.

둘째, 알고리즘 이해 능력은 디지털 도구와 AI를 효과적으로 활용하는 데 필수적이다. 알고리즘은 정보를 처리하고 문제를 해결하는 일련의 절차나 규칙을 의미한다. 학습자와 교사가 알고리즘의 원리와 작동 방식을 이해하면, 기술 활용 과정에서 발생할 수 있는 오류, 편향, 한계를 인식하고, 결과물을 비판적으로 평가할 수 있다. 예를 들어, AI 기반 추천 학습 플랫폼이 제공하는 학습 자료가 특정 편향을 내포할 수 있음을 이해하면, 학습자는 스스로 정보를 재검토하고 학습 계획을 조정할 수 있다. 알고리즘 이해는 단순한 기술 사용을 넘어, 학습자가 데이터와 디지털 도구를 능동적으로 통제하고 창의적으로 활용할 수 있는 기반을 제공한다.

셋째, 디지털 도구 활용 능력은 학습과 문제 해결을 실제로 수행하는 핵심 역량이다. 디지털 도구에는 데이터 분석 소프트웨어, 시뮬레이션 프로그램, 협업 플랫폼, AI 기반 학습 지원 도구 등이 있다. 학습자는 이러한 도구를 활용해 데이터를 시각화하고 문제를 분석하며, 학습 결과를 공유하고 토론할 수 있어야 한다. 예를 들어, 엑셀, 파이썬, R과 같은 도구를 활용해 학습 데이터를 정리하고 통계적 분석을 수행하거나, AI 기반 학습 플랫폼에서 실시간 학습 진단과 맞춤형 피드백을 제공받는 방식이다. 또한 디지털 도구 활용 능력은 프로젝트 기반 학습, 문제해결 학습, 협력 학습 등 다양한 학습 형태와 연계되어, 학습자가 창의적이고 실질적인 결과물을 도출하도록 돕는다.

넷째, 기술적 이해와 정보 활용 능력은 비판적 사고와 윤리적 판단과 밀접히 연결된다. 데이터와 알고리즘, 디지털 도구를 이해하고 활용하는 과정에서 학습자는 정보의 신뢰성과 정확성을 평가하고, 결과물의 편향과 한계를 인식해야 한다. 또한 개인정보 보호, 저작권 준수, 디지털 안전과 같은 윤리적 요소를 고려해 책임감 있게 기술을 활용할 수 있어야 한다. 예를 들어, AI가 생성한 콘텐츠나 추천 결과를 그대로 수용하는 것이 아니라, 학습자가 직접 평가하고 판단하여 적절히 활용하는 과정이 필요하다.

다섯째, 기술적 이해와 정보 활용 능력은 문제해결 능력과 창의적 사고를 강화한다. 학습자는 데이터를 분석하고 알고리즘과 디지털 도구를 적절히 활용해 실제 문제를 정의하고 해결 방안을 탐색할 수 있어야 한다. 예를 들어, 환경 문제, 사회적 현안, 지역 사회 프로젝트 등에서 학습자는 데이터를 수집·분석하고, AI 기반 시뮬레이션과 협업 도구를 활용하여 다양한 해결 방안을 도출하며, 그 결과를 시각화하고 공유할 수 있다. 이를 통해 학습자는 단순 정보 활용을 넘어, 비판적·창의적 문제 해결 능력을 동시에 개발하게 된다.

결론적으로, 기술적 이해와 정보 활용 능력은 데이터 분석, 알고리즘 이해,

디지털 도구 활용을 포함하며, 학습자와 교사가 AI와 디지털 기술을 비판적 · 창의적으로 활용하고 학습과 문제 해결에 적용할 수 있는 종합적 능력이다. 이는 AI · 디지털 리터러시의 핵심 요소로서, 학습자가 자기주도적 학습을 실현하고 교사가 학습 경험을 설계하며, 미래 사회가 요구하는 핵심 역량을 갖춘 인재를 양성하는 데 필수요소이다. 단순한 기술 습득을 넘어, 정보와 기술을 분석 · 창의적으로 적용하며 윤리적으로 활용하는 능력이 바로 21세기 교육에서 요구되는 핵심 학습 역량이다.

3) 윤리적 · 비판적 사고 능력

21세기 교육 환경에서 디지털 기술과 인공지능(AI)의 활용은 학습과 교육의 방식뿐 아니라 사회 전반의 가치와 윤리 문제까지 깊숙이 연관되어 있다. 학습자와 교사는 단순히 기술을 사용하는 수준에서 벗어나, 정보와 기술의 의미를 비판적으로 이해하고 윤리적 판단을 내리는 능력, 즉 윤리적 · 비판적 사고 능력을 갖추는 것이 필수적이다. 이러한 능력은 정보 신뢰성 판단, 개인정보 보호, AI 윤리 이해라는 세 가지 핵심 요소를 중심으로 정의할 수 있으며, 현대 교육과 사회에서 중요한 핵심 역량으로 자리매김한다.

첫째, 정보 신뢰성 판단 능력은 디지털 시대 학습자의 필수 역량이다. 인터넷, 소셜 미디어, 온라인 학습 플랫폼 등 디지털 환경에서는 방대한 양의 정보가 실시간으로 생성되고 공유되고 있다. 이러한 정보 가운데 일부는 정확하고 신뢰할 수 있지만, 가짜 뉴스, 편향된 데이터, 부정확한 자료도 다수 존재한다. 학습자는 정보의 출처, 작성자, 자료의 근거와 일관성을 검토하고, 정보의 신뢰성과 정확성을 판단할 수 있어야 한다. 예를 들어, AI가 생성한 콘텐츠나 추천 학습 자료를 그대로 받아들이는 것이 아니라, 학습자가 직접 자료를 분석하고 검증함으로써 학습의 질을 높이고 잘못된 정보로 인한 혼란을 예방할 수 있다. 또한 이러한 판단 능력은 학습자가 디지털 환경에서 독립적이고 책임감 있는 의사결정을 하는 근거가 될 수 있다.

둘째, 개인정보 보호 능력은 디지털 환경에서 윤리적 행동을 실천하기 위한 필수 요소이다. AI와 디지털 기술은 학습자의 학습 기록, 행동 패턴, 위치 정보 등 다양한 개인정보를 수집하고 활용한다. 학습자는 자신의 개인정보를 보호하고, 타인의 정보를 존중하며 안전하게 관리할 수 있어야 한다. 개인정보 보호 능력은 단순히 비밀번호 설정이나 계정 관리에 그치지 않고, 디지털 플랫폼의 데이터 수집 정책을 이해하고, 필요에 따라 접근 권한을 제한하며, 민감한 정보의 공유를 신중하게 판단하는 역량까지 포함된다. 교사 역시 학생의 개인정보를 보호하면서 학습 데이터를 활용하는 방법을 설계해야 하며, 이를 통해 학생의 신뢰를 확보하고 안전한 학습 환경을 조성할 수 있다.

셋째, AI 윤리 이해는 기술 활용 과정에서 발생할 수 있는 사회적·윤리적 문제를 인식하고 올바른 행동을 실천하는 능력을 포함한다. AI는 알고리즘 기반으로 데이터를 처리하고 의사결정을 지원하지만, 편향된 데이터, 설계자의 가치 판단, 불완전한 정보 등으로 인해 결과가 왜곡될 수 있다. 학습자는 AI의 원리와 한계를 이해하고, 기술 사용 과정에서 발생할 수 있는 편향, 차별, 불공정성을 인식하며, 이를 예방하고 수정할 수 있는 판단 능력을 가져야 한다. 예를 들어, 학생의 성취 데이터를 분석하는 AI 학습 시스템이 특정 집단에게 불리한 평가를 제공할 수 있다는 점을 이해하고, 이를 보완하기 위한 조치를 강구할 수 있어야 한다. AI 윤리 이해는 학습자가 기술을 활용하면서 사회적 책임과 공익적 가치를 고려하는 의사결정을 내리는 데 중요한 기준이 된다.

넷째, 윤리적·비판적 사고 능력은 문제 해결과 의사결정 과정에서의 실천적 역량과 긴밀히 연결된다. 디지털 기술과 AI는 학습자가 문제를 정의하고 해결 방안을 모색하는 과정에서 중요한 도구로 활용되지만, 이를 적절히 활용하지 않으면 잘못된 결론이나 편향된 판단으로 이어질 수 있다. 학습자는 데이터를 분석하고 도구를 활용하면서, 정보의 정확성과 신뢰성을 검증하고, 개인정보 보호와 AI 윤리를 준수하며, 최종적으로 책임 있는 의사결정을 내릴 수 있어야 한다. 이러한 과정은 학습자의 비판적 사고 능력과 윤리적 판단 능력을 동시에 강화하며, 학습 경험을 더욱 의미 있고 안전하게 만든다.

다섯째, 윤리적 · 비판적 사고 능력은 디지털 시민성과도 밀접하게 연관된다. 학습자는 기술과 정보를 활용할 때 개인적 편익뿐 아니라 사회적 영향을 고려하고, 공정하고 책임감 있는 행동을 실천해야 한다. 예를 들어, 온라인에서 공유되는 정보나 AI가 생성한 자료를 비판적으로 검토하고, 잘못된 정보가 확산되지 않도록 책임 있는 행동을 취하는 것은 디지털 시민으로서의 기본 자세이다. 교사는 이러한 윤리적 · 비판적 사고를 학습 설계와 활동에 통합하여 학생들이 안전하고 책임감 있게 AI와 디지털 기술을 활용할 수 있도록 지도해야 한다.

결론적으로, 윤리적 · 비판적 사고 능력은 정보 신뢰성 판단, 개인정보 보호, AI 윤리 이해를 포함하며, 학습자와 교사가 디지털 기술과 AI를 비판적 · 책임감 있게 활용할 수 있는 핵심 역량이다. 이 능력은 단순히 기술을 사용하거나 데이터를 분석하는 수준을 넘어, 학습자가 사회적 · 윤리적 책임을 인식하고, 문제를 합리적 · 창의적으로 해결하며, 안전하고 지속가능한 학습 환경을 조성하는 기반이 된다. 현대 교육에서 윤리적 · 비판적 사고 능력을 갖춘 학습자는 AI · 디지털 리터러시의 핵심 역량을 발휘하며, 정보기반사회에서 신뢰할 수 있는 지식 사용자이자 디지털 시민으로 성장할 수 있다.

4) 미래형 역량으로서의 필요성

21세기 사회는 초고속 네트워크, 인공지능(AI), 빅데이터, 사물인터넷(IoT), 로봇공학 등 다양한 디지털 혁신 기술이 결합된 환경으로 급격히 변화하고 있다. 지식과 정보의 양은 폭발적으로 증가하고 있으며, 사회 전반에서 자동화와 지능화가 진행되면서 기존의 직업 구조와 삶의 양식이 근본적으로 재편되고 있다. 이러한 변화 속에서 교육의 목표는 단순한 지식 전달이 아니라 학생과 교사 모두가 변화에 능동적으로 대응하고 미래 사회에서 요구되는 핵심 역량을 갖추도록 돕는 것으로 전환되고 있다. 즉, 미래형 인재는 지식을 '많이 아는 사람'이 아니라, 기술을 능숙히 활용하면서도 비판적으로 사고하고, 타인과 협력하여 새로운 가치를 창출하는 사람으로 정의된다.

첫째, 기술 활용 능력은 디지털 환경에서 학습자와 교사가 공통으로 갖추어야 할 기초 역량이다. 학습자는 AI, 빅데이터, 디지털 도구를 단순히 사용하는 수준을 넘어서, 그 작동 원리를 이해하고 학습 및 문제해결 과정에 창의적으로 적용할 수 있어야 한다. 교사 역시 교육용 플랫폼, 학습 분석 도구, 생성형 AI 등 다양한 기술을 수업 설계에 통합하고, 학생의 수준과 필요에 맞게 활용할 수 있는 능력을 갖추어야 한다. 이는 단순한 '도구 조작' 능력이 아니라 문제 해결과 지식 창출을 지원하는 도구로 기술을 활용할 수 있는 종합적 역량을 의미한다.

둘째, 비판적 판단 능력은 기술 활용 능력만큼이나 중요하다. AI와 디지털 기술은 빠르고 방대한 정보를 제공하지만, 모든 정보가 정확하거나 중립적인 것은 아니다. 알고리즘 편향, 가짜 뉴스, 과도한 의존성 등 다양한 문제를 인식하고, 정보를 검증하며 책임 있는 결정을 내릴 수 있는 능력이 필수적이다. 학습자는 제공된 정보의 신뢰성을 스스로 판단하고, 다양한 자료를 비교·분석하는 습관을 길러야 한다. 교사는 학생들에게 기술의 한계와 윤리적 쟁점을 설명하고, 올바른 정보 해석과 선택을 지도해야 한다. 이는 AI를 '맹목적으로 따르는 사용자'가 아니라 '비판적 사고를 바탕으로 기술을 평가·활용하는 주체'로 성장하게 하는 교육이다.

셋째, 협력 능력은 미래 사회의 핵심 경쟁력이자, 기술이 대체할 수 없는 인간 고유의 역량이다. AI가 많은 업무를 자동화하더라도, 복잡한 문제를 해결하거나 창의적 아이디어를 도출하기 위해서는 다양한 관점과 전문성을 결합하는 인간의 협력이 필수적이다. 학습자는 디지털 협업 도구와 온라인 학습 플랫폼을 활용하여 함께 문제를 분석하고 해결 방안을 설계하는 경험을 쌓아야 한다. 교사는 학생들이 협력적으로 탐구하고 의사소통하며 공동의 성과를 창출하도록 학습 환경을 설계해야 한다. 기술은 협력을 더 빠르고 효율적으로 만드는 도구가 될 수 있지만, 협력의 본질은 사람 사이의 상호 존중, 공감, 책임감이다.

결국 기술 활용 능력 + 비판적 판단 능력 + 협력 능력의 결합은 단순히 '미래에 필요할 것 같은 능력'이 아니라 현재 이미 필수적인 역량이다. 오늘날 학생들은 AI 챗봇과 디지털 교과서, 에듀테크 플랫폼을 활용하며 학습하고 있으며, 교사 역시 수업 설계와 평가에 디지털 도구를 적극적으로 도입하고 있다. 이때 중요한 것은 기술 그 자체가 아니라 기술을 어떻게 이해하고, 어떤 기준으로 선택하며, 누구와 함께 활용할 것인가이다.

따라서 교육 현장은 지식 전달 중심의 수업을 넘어, 학생과 교사 모두가 미래형 역량을 기르는 학습 공동체로 변화해야 한다. 학습자는 새로운 기술을 학습하고 활용하는 주체가 되어야 하며, 교사는 학습자들이 주도적으로 탐구하고 협력할 수 있도록 안내하는 학습 설계자 · 멘토로서의 역할을 수행해야 한다. 이러한 변화는 교육이 단순히 기술 소비를 가르치는 것을 넘어, 비판적 · 창의적 · 협력적 역량을 지닌 인재 양성으로 나아가는 핵심 토대가 된다.

〈표 2-2〉 디지털 시대 필수 역량 비교

역 량	설 명
기술 활용	AI · 디지털 도구 이해 및 활용
비판적 사고	정보 신뢰성 판단, 윤리적 문제 인식
협 력	디지털 환경에서 협력 학습 가능
창의성	디지털 기술로 문제 해결과 창의적 결과 도출

4. 교사를 위한 AI · 디지털 리터러시 구성 요소

1) 기술적 역량

21세기 교육 환경에서 기술적 역량(technical competency)은 더 이상 선택이 아니라 필수이다. 특히 인공지능(AI)과 디지털 기술이 융합된 학습 환경에서는 교사와 학습자 모두가 단순히 도구를 '사용'하는 수준을 넘어 그 작동 원리를 이해하고 교육적 맥락에서 적절히 활용하는 능력을 갖추어야 한다. 이는 컴퓨터나 스마트 기기의 기본 조작 능력에 그치지 않고, AI · 디지털 도구가 제공하는 기능을 비판적으로 분석하고 창의적으로 응용하는 종합적 역량을 의미한다.

첫째, AI · 디지털 도구의 기본 이해가 필요하다. AI 기술은 빅데이터, 머신러닝, 자연어 처리, 컴퓨터 비전 등 다양한 분야의 결합으로 작동하며, 이 과정에서 방대한 양의 데이터를 학습해 패턴을 인식하거나 예측을 수행한다. 디지털 도구 또한 단순한 콘텐츠 소비 플랫폼에서 벗어나, 학습 분석(Learning Analytics), 학습 관리 시스템(LMS), 지능형 튜터링 시스템(ITS) 등과 같이 교육의 질과 효율성을 높이는 첨단 기술로 발전하고 있다. 교사와 학습자는 이러한 도구가 어떤 데이터를 기반으로 작동하는지, 어떤 알고리즘이 사용되는지, 어떤 한계와 편향이 존재하는지를 이해해야 한다. 이러한 기술 이해는 도구를 맹목적으로 신뢰하거나 무비판적으로 사용하는 위험을 방지한다.

둘째, 도구의 교육적 활용 능력이 중요하다. AI · 디지털 도구는 단순한 정보 검색을 넘어서 맞춤형 학습, 지능형 평가, 협력적 프로젝트 수행, 시뮬레이션 기반 학습 등 다양한 형태로 활용될 수 있다. 예를 들어, 생성형 AI 챗봇은 학생의 수준에 맞춰 설명을 제공하거나 토론 주제를 제안할 수 있으며, 학습 분석 도구는 학생의 학습 진단 결과를 기반으로 개별 맞춤형 피드백을 제시한다. 교사는 이러한 기능을 수업 설계에 통합하여 학생의 참여도를 높이고, 학습 동기를 강화하며, 학습 결과를 실질적으로 향상시킬 수 있는 전략을 마련해야 한다. 학습자는 도구를 단순히 '정답을 찾는 수단'으로 사용하는 대신, 탐구와 창의적 문제 해결을 돕는 도구로 인식해야 한다.

셋째, 디지털 환경 변화에 능동적으로 대응할 수 있는 적응력이 필요하다. 기술 발전 속도는 매우 빠르며, 현재 널리 쓰이는 도구도 몇 년 뒤면 새로운 기술로 대체될 수 있다. 따라서 교사와 학습자는 특정 도구의 사용법만 배우는 데 그치지 않고, 새로운 기술의 원리를 신속히 파악하고 상황에 맞게 적용하는 능력을 길러야 한다. 이는 도구 자체보다 기술을 학습하는 방법을 학습하는 메타 역량에 가깝다.

넷째, 기술적 역량은 단순한 기능 숙련이 아니라 비판적 이해와 윤리적 태도와 함께 발전해야 한다. AI · 디지털 도구를 활용할 때 발생할 수 있는 개인정보 유출, 저작권 침해, 알고리즘 편향 문제 등을 인식하고 책임 있는 사용 원칙을 준수해야 한다. 교사는 학생들이 올바른 디지털 시민성(digital citizenship)을 기를 수 있도록 지도해야 하며, 학습자는 도구의 편리함에만 의존하지 않고 스스로 문제를 정의하고 해결하는 주체로 성장해야 한다.

결론적으로, AI · 디지털 도구 이해 및 활용 능력은 교육 혁신의 기반이며, 미래 사회가 요구하는 핵심 기술적 역량이다. 교사는 이를 통해 수업 설계자 · 멘토로서의 전문성을 강화하고, 학습자는 자기주도적이고 창의적인 탐구자로 성장할 수 있다. 이러한 기술적 역량은 단순히 도구를 다루는 능력을 넘어, 지속적으로 변화하는 디지털 환경 속에서 능동적으로 학습하고 문제를 해결하며 새로운 가치를 창출하는 힘이다.

2) 비판적 사고 능력

디지털 사회와 인공지능(AI)의 확산은 지식과 정보에 대한 접근성을 비약적으로 향상시켰다. 검색 엔진, 소셜미디어, 생성형 AI 챗봇 등은 방대한 양의 데이터를 손쉽게 제공하지만, 이 모든 정보가 정확하고 신뢰할 만한 것은 아니다. 오히려 잘못된 정보, 조작된 콘텐츠, 편향된 알고리즘이 혼재된 환경 속에서 비판적 사고 능력(critical thinking)은 그 어느 때보다 중요하다. 비판적 사고란 정보를 그대로 수용하지 않고 출처, 맥락, 의도, 정확성, 윤리적 함의를 분석 · 평가하여 책임 있는 결정을 내리는 능력을 의미한다.

첫째, 디지털 환경에서 신뢰성 있는 정보를 식별하기 위해서는 정보의 출처와 근거를 검증하는 습관이 필수적이다. 학습자와 교사는 뉴스, 영상, 데이터 자료를 접할 때 '누가 제작했는가', '어떤 근거를 기반으로 하는가', '다른 자료와 비교했을 때 일관성이 있는가'를 비판적으로 살펴야 한다. 예를 들어, AI 챗봇이나 자동 번역기가 제시하는 답변은 매우 자연스럽지만, 항상 사실에 부합한다고 보장할 수 없다. 특히 생성형 AI는 실제로 존재하지 않는 자료를 사실처럼 만들어내는 '환각(hallucination)' 현상을 보일 수 있으므로, AI의 응답을 그대로 받아들이는 대신 다른 신뢰 가능한 자료와 대조하는 검증 과정이 필요하다.

교사에게 이러한 역량은 수업 설계와 평가에서 특히 중요하다. 학생들에게 제공하는 자료가 신뢰할 수 있는 정보인지 확인하고, 학생들에게도 스스로 사실을 검증하는 방법을 지도해야 한다. 이를 위해 미디어 리터러시, 데이터 리터러시, 알고리즘 리터러시를 함께 교육하는 것이 효과적이다. 학습자는 단순히 정보를 '검색'하는 데 그치지 않고, 정보의 질을 평가하고 진위를 구별하며, 논리적 타당성을 점검하는 습관을 길러야 한다.

둘째, 비판적 사고는 단순히 사실 여부만 따지는 것이 아니라 정보와 기술의 사용 과정에서 발생할 수 있는 윤리적 쟁점까지 포괄해야 한다.

- **개인정보 보호와 프라이버시 침해** : 학습자의 학습 데이터, 온라인 활동 기록, 생체 정보가 무단으로 수집·활용되는 문제를 인식해야 한다.
- **저작권과 지식 재산권 침해** : 디지털 콘텐츠를 무단 복제·배포하거나, AI가 생성한 결과물의 저작권을 명확히 하지 않는 것은 법적·윤리적 논란을 야기한다.
- **알고리즘 편향과 사회적 불평등** : AI가 특정 집단에 불리하게 작용하거나, 차별적 결정을 내리는 사례가 존재한다.

교사와 학습자는 이러한 윤리적 쟁점을 '기술의 한계와 위험성을 이해하고 책임 있는 활용 방안을 찾는 과정'으로 인식해야 한다. 예를 들어, 학생들에게 AI 번역기를 활용한 과제 작성법을 가르칠 때, 단순히 사용법만 설명하는 것이 아니라 출처 명시, 저작권 보호, AI가 만든 결과물의 오류 가능성까지 함께 지도해야 한다.

셋째, 비판적 사고 능력을 함양하려면 교육 현장에서 다음과 같은 접근이 필요하다.

- **토론 기반 학습** : 정보의 진위와 윤리성을 학생들 스스로 토론하며 다양한 시각을 경험하게 한다.
- **사례 분석** : AI 오남용, 가짜 뉴스, 개인정보 유출 사건 등의 실제 사례를 분석해 윤리적 함의를 토의한다.
- **검증 훈련** : 뉴스, 데이터, AI 응답을 사실 검증하는 과정을 반복적으로 학습한다.

- 다양한 자료 비교 : 하나의 자료에 의존하지 않고 여러 출처를 교차 분석하도록 지도한다.

넷째, 비판적 사고 능력은 지식의 수동적 소비자에서 능동적 창조자로 성장하기 위한 전제 조건이다. AI · 디지털 기술이 아무리 발전하더라도 인간의 판단, 책임, 가치관은 대체될 수 없다. 기술을 맹목적으로 신뢰하거나 무비판적으로 활용하는 것은 정보 왜곡, 편향, 윤리적 침해를 초래할 수 있다. 따라서 교사와 학습자는 기술의 편리함 뒤에 숨겨진 위험과 한계, 사회적 함의를 이해하고, 올바른 기준에 따라 기술을 활용할 수 있는 성숙한 태도를 갖춰야 한다.

결론적으로, 비판적 사고 능력은 단순한 정보 평가를 넘어 '책임 있는 디지털 시민성'을 실현하는 핵심 역량이다. 정보의 신뢰성을 가리고, 윤리적 문제를 인식하며, AI와 디지털 기술을 올바르게 활용하는 능력은 21세기 교육이 반드시 길러야 할 미래형 핵심 소양이다.

3) 교육적 설계 역량

4차 산업혁명과 AI · 디지털 대전환 시대를 맞아, 교사의 역할은 단순히 지식을 전달하는 수준에서 수업 설계자, 학습 촉진자, 학습 경험 디자이너로 변화하고 있다. 이러한 변화의 핵심은 교육적 설계 역량(educational design competency)이다. 교육적 설계 역량이란 교과의 목표와 학습자의 특성을 분석하고, 이를 바탕으로 디지털 기술을 적절히 통합하여 학습 활동과 평가를 설계하는 능력을 말한다.

첫째, 전통적인 강의식 수업에서는 교사의 일방적 전달이 중심이 되었지만, 디지털 환경에서는 학습자가 주체적으로 참여할 수 있는 다양한 학습 경험을 설계해야 한다. AI 기반 학습 분석, 협력 학습 플랫폼, 가상 · 증강현실(VR · AR) 콘텐츠, 지능형 튜터링 시스템 등 다양한 디지털 도구가 교육 현장에 도입되고 있는 상황에서, 교사가 이를 교육과정에 맞게 통합하지 못하면 기술은 단순한 '첨단 장식물'에 불과하게 된다.

또한 교육적 설계 역량은 단순히 '도구 사용법'이 아니라, 학습목표 → 교수전략 → 활동 설계 → 평가 설계 → 피드백으로 이어지는 전체 교수 · 학습 과정에 디지털 기술을 체계적으로 녹여내는 능력을 요구한다.

둘째, 교사가 AI · 디지털 기술을 효과적으로 활용하려면 우선 교과 목표와 성취기준을 명확히 설정해야 한다. 이후 해당 목표를 달성하기 위해 어떤 디지털 도구가 적합한지를 판단한다.

- **언어과목** : AI 번역기 · 챗봇을 활용한 실시간 회화 연습, 발음 피드백 제공
- **과학과목** : 가상실험실 · 시뮬레이션 도구를 활용한 탐구 활동, 데이터 분석을 통한 실험 결과 검증
- **사회과목** : 온라인 토론 플랫폼과 협력 문서 편집 도구를 활용한 시사 이슈 분석 프로젝트
- **수학과목** : 지능형 문제 추천 시스템을 활용한 맞춤형 학습과 AI 기반 단계별 피드백 제공

이러한 설계 과정에서 중요한 점은 기술이 교과 내용을 '대체'하는 것이 아니라 '보완'하도록 활용하는 것이다.

셋째, 교육적 설계 역량의 핵심은 학습자 참여와 몰입을 극대화하는 데 있다. 교사는 AI · 디지털 도구를 활용해 개인별 맞춤형 학습 경로를 제시하고, 협력학습과 문제해결 중심 학습(PBL)을 강화할 수 있다.

- **맞춤형 학습** : 학습자의 진도와 이해 수준을 AI 학습 분석 도구로 진단하고, 부족한 부분을 보완하는 콘텐츠를 자동 추천
- **협력 학습** : 클라우드 기반 협업 도구를 활용하여 조별 프로젝트 수행 및 실시간 피드백
- **문제해결 학습** : 실제 사회 문제를 데이터 기반으로 분석하고 해결 방안을 제시하는 프로젝트 설계

넷째, AI · 디지털 기술은 평가 방식에서도 혁신을 가능하게 한다. 기존의 일회성 지필시험 대신, 과정 중심 · 성장 중심 평가를 수행할 수 있다. 학습자의 과제 제출, 토론 참여, 프로젝트 수행 과정에서 수집된 데이터를 분석해 실시간

피드백을 제공하고, 학습자가 스스로 성찰하도록 돕는다. 이러한 평가 설계는 공정성과 투명성 확보를 위해 교사가 알고리즘의 평가 기준과 한계를 충분히 이해하고 활용해야 한다.

다섯째, 교사가 교육적 설계 역량을 강화하려면 다음과 같은 노력이 필요하다.

- **교수설계모형**(ADDIE, ASSURE 등) **학습** : 전통적 설계 이론을 이해한 뒤 디지털 환경에 맞게 재구성
- **디지털 도구 활용 훈련** : LMS, 생성형 AI, 학습 분석 플랫폼 등 다양한 기술을 실제로 사용하며 장단점 파악
- **수업사례 연구** : 다른 교사의 AI · 디지털 통합 수업 사례를 분석하고 자신의 수업에 적용
- **학습자 데이터 기반 설계 역량 강화** : 학습 데이터를 수집 · 분석하여 수업 개선에 활용하는 연습

결론적으로 교육적 설계 역량은 교사가 미래 교육의 설계자이자 촉진자로 자리매김하기 위한 핵심 능력이다. 이는 단순한 기술 숙련을 넘어, 교과 목표와 디지털 기술을 유기적으로 통합해 학생 중심의 학습 경험을 창출하는 능력을 의미한다. AI · 디지털 기술은 교육 혁신의 수단일 뿐, 목적이 아니다. 교사는 기술을 비판적으로 이해하고 교육적 가치를 극대화하는 방식으로 활용해야 하며, 이를 통해 학생들은 주도적으로 배우고 협력하며 창의적으로 문제를 해결하는 역량을 기를 수 있다.

4) 협력 및 소통 역량

AI · 디지털 전환 시대의 교육 환경은 더 이상 교실 안에 국한되지 않고, 온라인 · 하이브리드 · 글로벌 협력 학습으로 확장되고 있다. 이러한 변화 속에서 협력 및 소통 역량(Collaboration and Communication Competency)은 교사와 학습자 모두에게 필수적인 핵심 능력으로 부상하였다. 이는 단순히 정보를 주고받는 기술적 차원을 넘어, 디지털 매체를 활용하여 의미를 공유하고 상호작용을 촉진

하며 공동의 목표를 효과적으로 달성하는 능력을 포함한다.

첫째, 전통적인 협력 학습은 한 교실 안의 소규모 그룹 활동에 머물렀다. 그러나 오늘날의 디지털 환경에서는 화상 회의, 클라우드 협업 플랫폼, 실시간 공동 문서 작성 툴 등 다양한 도구를 통해 시간과 공간을 초월한 상호작용이 가능하다. 이 과정에서는 단순한 의사소통 능력뿐 아니라 협력적 문제해결, 역할 조정, 디지털 에티켓과 같은 새로운 역량이 요구된다.

둘째, 협력 및 소통 역량은 여러 하위 능력으로 구체화된다. 실시간 · 비실시간 소통 능력은 화상 수업, 메신저, 온라인 토론 게시판 등 상황에 따라 적절한 채널을 선택하고 활용하는 능력을 말한다. 또한 다문화 · 다양성 이해 능력은 글로벌 협력 환경에서 문화적 차이를 존중하며 효과적으로 협력하는 태도를 포함한다. 여기에 더해 문제해결 중심 협력은 공동의 목표 달성을 위해 과제를 분담하고 피드백을 순환하는 구조적 협력 과정을 설계하는 능력을 의미하며, 디지털 윤리와 소통 태도는 개인정보 보호, 저작권 존중, 혐오 발언 방지 등 기본적 윤리 의식 실천을 요구한다.

셋째, 교사의 협력 및 소통 역량은 수업 설계와 학습 공동체 운영에 직결된다. 교사는 Google Classroom, MS Teams, Zoom, Padlet 등 다양한 플랫폼을 교육 목표에 맞게 선택 · 운영할 수 있어야 하며, AI 학습 분석 도구를 활용해 학습자의 참여도와 진도를 실시간 모니터링하고 맞춤형 피드백을 제공할 수 있어야 한다. 또한 프로젝트 기반 학습(PBL)이나 온라인 토론 활동을 통해 학습자 간 협력을 촉진하고, 협력 과정에서 발생하는 갈등을 조정하며 학습 동기를 유지하는 역할도 맡는다.

넷째, 학습자의 협력 및 소통 역량은 자기주도적 태도와 책임감 있는 참여에서 출발한다. 학습자는 공동 과제에서 자신의 역할을 충실히 수행하고, 다른 학습자의 의견을 존중하며 비판적 사고를 바탕으로 토론에 참여해야 한다. 또한 Google Docs, Jamboard, Edmodo 등 협력 도구를 능숙하게 활용하여 협력적 산출물을 생산하고, 온라인 공간에서 신뢰와 존중을 바탕으로 디지털 시민성을 실천해야 한다. 협력 및 소통 역량 강화를 위해 교수 · 학습 단계에서 협력 목표와 평가 기준을 명확히 하고, AI 기반 학습 분석을 통해 협력 활동 데이터를 진단하며, 글로벌 협력 프로젝트를 경험하도록 기회를 제공해야 한다. 또한 학습자가 협력 과정에서 자신의 강점과 약점을 성찰하도록 유도하는 메타인지 훈련도 필요하다.

결론적으로, 협력 및 소통 역량은 AI · 디지털 환경 속에서 교육의 질을 높이고 학습자 간 상호작용을 활성화하는 핵심 역량이다. 교사는 학습 공동체를 설계 · 운영하며 학습자가 스스로 배우고 성장할 수 있는 협력적 환경을 조성해야 하고, 학습자는 단순한 의견 교환을 넘어 비판적 · 창의적 소통을 통해 새로운 지식과 가치를 공동 창출해야 한다. 이는 미래 사회가 요구하는 핵심 인재 역량과 직결된다.

03
CHAPTER

디지털 시민사회의 이해

1. 디지털 시민사회의 정의
2. 디지털 시민성의 이해
3. AI · 디지털의 역기능과 예방

03 CHAPTER

디지털 시민사회의 이해

1. 디지털 시민사회의 정의

디지털 기술의 급속한 발전은 시민사회의 구조와 기능에 중대한 변화를 초래하였다. 기존의 오프라인 중심 시민사회는 온라인 공간으로 확장되며, 새로운 형태의 참여, 소통, 연대가 가능해졌다. 이에 따라 '디지털 시민사회'라는 개념이 등장하였으며, 이는 단순한 기술적 변화가 아닌 민주주의, 시민성, 공공성의 재구성을 요구하는 사회적 전환으로 이해된다. 디지털 시민사회(Digital Civil Society)란 정보통신기술(ICT)을 기반으로 한 사회에서, 시민들이 책임감 있고 윤리적인 태도로 디지털 공간에 참여하고, 공동체의 발전에 기여하는 사회적 구조와 문화를 말한다.

- **디지털 공간에서의 시민 참여** : 온라인 플랫폼, SNS, 커뮤니티 등을 통해 정치 · 사회 · 문화적 이슈에 대해 의견을 나누고 행동하는 시민의 참여
- **윤리적 디지털 행동** : 사이버 폭력, 개인정보 침해, 허위 정보 유포 등을 방지하며, 타인을 존중하고 책임감 있게 행동하는 태도
- **정보 접근과 표현의 자유** : 누구나 디지털 공간에서 정보를 자유롭게 탐색하고, 자신의 의견을 표현할 수 있는 권리를 보장받는 구조
- **디지털 리터러시 기반의 공동체 형성** : 정보의 비판적 분석, 창의적 활용, 협업 능력을 바탕으로 건강한 디지털 공동체를 형성하는 시민 역량

〈표 3-1〉 디지털 시민사회의 정의

인 물	내 용
유네스코(2016)	정보를 효과적으로 탐색 · 활용하고, 윤리적으로 소통하며, ICT 환경을 안전하고 책임감 있게 탐색하는 능력
최윤정(2015)	온라인에서의 윤리적 행동, 정보 문해력, 사회적 참여, 비판적 저항 능력을 갖춘 시민들이 구성하는 사회
김봉섭 외(2017)	디지털 기술을 이해하고 적절히 활용하며, 타인과 협력하고 관용을 실천하는 시민들이 만들어 가는 사회

디지털 시민사회는 단순히 기술을 잘 다루는 사람들의 집합이 아니라, 디지털 공간에서 책임감 있게 살아가는 시민들의 공동체이다. 디지털 시민사회는 단순한 기술적 진보의 산물이 아니라, 시민의 역할과 공공성의 재정의를 요구하는 새로운 사회적 패러다임이다. 이를 위해서는 시민의 디지털 역량 강화, 공론장의 질적 개선, 제도적 지원이 병행되어야 하며, 궁극적으로는 포용적이고 지속가능한 디지털 민주주의로 나아가는 기반이 되어야 한다.

2. 디지털 시민성의 이해

디지털 시민성(Digital Citizenship)은 디지털 기술과 인터넷 환경 속에서 윤리적이고 책임감 있게 행동하며, 공동체의 일원으로서 적극적으로 참여하는 능력과 태도를 말한다.

디지털 기술의 확산은 시민의 삶과 사회 구조에 근본적인 변화를 가져왔다. 특히 인터넷과 스마트 기기의 보편화는 시민의 정보 접근, 의사소통, 참여 방식에 새로운 가능성을 열어주었다. 이에 따라 등장한 개념이 바로 디지털 시민성이다. 이는 단순히 기술을 사용하는 능력을 넘어, 윤리적 · 책임감 있는 디지털 행동과 참여를 포함하는 포괄적 개념이다.

디지털 시민성은 디지털 환경에서 시민이 책임감 있고 윤리적으로 행동하며,

사회적 참여와 공공성 실현에 기여하는 능력과 태도를 의미한다. 주요 정의들은 다음과 같다.

- **Ribble**(2011) : 디지털 세계에서 책임감 있게 행동하는 시민의 규범과 행동
- **OECD**(2021) : 디지털 기술을 활용하여 민주적 가치, 인권, 공공선을 증진하는 시민의 역량

디지털 시민성은 21세기 시민교육의 핵심 개념으로 자리 잡고 있다. 이는 단순한 기술 활용 능력을 넘어, 윤리적 책임, 공공성, 참여의식을 포함하는 포괄적 시민 역량이다. 디지털 시민성을 함양하기 위해서는 교육적 접근뿐 아니라 사회적 제도와 문화적 환경의 뒷받침이 필요하다.

〈표 3-2〉 **디지털 시민 역량**

가치 요소	설 명
책임감	온라인에서의 행동이 공동체에 미치는 영향을 인식하고 책임지는 태도
존중과 관용	다양한 의견과 문화를 수용하고, 타인을 배려하는 디지털 에티켓
참여와 협력	사회적 이슈에 대한 적극적인 참여와 공동체 문제 해결을 위한 협력
비판적 사고	정보의 진위 여부를 판단하고, 편향된 콘텐츠에 대해 성찰하는 능력
창의적 표현	디지털 도구를 활용해 자신의 생각을 창의적으로 표현하고 공유하는 능력

3. AI · 디지털의 역기능과 예방

오늘날 AI와 디지털 기술은 교육, 산업, 일상생활 등 다양한 분야에서 혁신을 이끌고 있으며, 인간의 삶을 보다 편리하고 풍요롭게 만드는 데 기여하고 있다. 그러나 이러한 기술의 급속한 발전은 동시에 여러 가지 사회적 · 윤리적 문제를 야기하며, 그 역기능에 대한 경각심과 예방 노력이 절실히 요구된다.

가장 대표적인 역기능 중 하나는 디지털 과의존이다. 스마트폰, SNS, 게임 등에 지나치게 몰입함으로써 학습 집중력 저하, 수면 장애, 사회적 고립 등 신체

적 · 정신적 문제를 초래할 수 있다. 또한 디지털 격차 역시 심각한 문제로, 기술 접근성과 활용 능력의 차이로 인해 세대 간, 지역 간, 계층 간 불평등이 심화되고 있다.

AI 기술의 발전은 허위정보와 딥페이크의 확산을 가속화하고 있다. 이는 사회적 혼란을 초래할 뿐 아니라, 정치적 조작이나 명예훼손 등 심각한 피해로 이어질 수 있다. 더불어 개인정보 침해와 지식재산권 침해 문제도 빈번하게 발생하고 있으며, AI 알고리즘의 편향성과 책임 소재 불분명성은 기술에 대한 신뢰를 저하시킨다. 특히 디지털 공간에서 발생하는 언어폭력, 사이버 따돌림, 디지털 성범죄는 청소년과 사회적 약자에게 큰 상처를 남기며, 이에 대한 적극적인 대응이 필요하다.

이러한 역기능을 예방하기 위해서는 기술적 대응과 정책적 대응이 병행되어야 한다. 기술적으로는 AI의 편향성을 식별하고 개선하는 알고리즘 설계, 디지털 성범죄 추적 기술, 과의존 방지를 위한 디지털 웰빙 서비스 등이 개발되고 있다. 또한 가상체험 기반의 예방 교육 콘텐츠를 통해 사용자가 직접 위험을 체감하고 경각심을 높일 수 있도록 하는 노력도 이루어지고 있다.

정책적으로는 디지털 소외 계층을 위한 포용 정책 강화, AI 윤리 기준의 내재화, 디지털 시민 교육 확대 등이 필요하다. 특히 초 · 중 · 고등학교에서 디지털 리터러시와 윤리 교육을 강화함으로써, 미래 세대가 기술을 올바르게 이해하고 책임감 있게 활용할 수 있도록 돕는 것이 중요하다. 더불어 사이버 범죄에 대한 법적 대응 체계 구축과 국제 사회와의 협력을 통한 글로벌 윤리 기준 마련도 필수적이다.

결국 AI와 디지털 기술은 도구일 뿐이며, 그것을 어떻게 설계하고 사용하는지가 사회의 미래를 결정한다. 기술의 혜택을 누리되, 그 부작용을 최소화하기 위한 지속적인 교육, 감시, 협력이 디지털 시대의 건강한 시민사회를 만드는 핵심 열쇠라 할 수 있다.

1) AI · 디지털 기술의 주요 역기능

(1) 디지털 과의존

- 스마트폰, SNS, 게임 등에 대한 과도한 몰입으로 인한 정신적 · 신체적 장애
- **대표 사례** : 스마트폰 중독, SNS 중독, 게임 중독

(2) 디지털 격차

- 기술 접근성과 활용 능력의 불균형으로 인한 사회적 불평등
- 고령층, 저소득층, 장애인 등 디지털 소외 계층 발생

(3) 사이버 폭력 및 혐오 표현

- 악성 댓글, 사이버 따돌림, 디지털 성범죄 등
- 온라인 공간에서의 언어적 · 성적 폭력 증가

(4) 허위정보 및 딥페이크

- AI 기반 가짜 뉴스, 조작된 이미지 · 영상 유포
- 사회적 혼란과 신뢰 붕괴 초래

(5) 프라이버시 침해 및 정보 편향

- 알고리즘에 의한 감시, 데이터 수집 · 유출
- AI의 편향된 판단으로 인한 차별 발생

(6) 일자리 대체와 인간 소외

- 로봇과 AI에 의한 노동력 대체
- 인간의 역할 축소 및 정체성 혼란

(7) 디지털 탄소배출

- AI 학습, 암호화폐 채굴 등으로 인한 에너지 과소비
- 환경적 지속가능성 위협

2) 예방 및 대응 전략

(1) 기술적 대응

- **AI 편향성 식별 기술** : 알고리즘의 공정성 확보
- **디지털 성범죄 추적 기술** : 피해자 보호 및 가해자 검거
- **디지털 웰빙 서비스** : 과의존 예방을 위한 맞춤형 관리
- **가상체험 예방 플랫폼** : 허위정보 · 폭력 예방 교육
- **탄소중립형 AI 기술** : 친환경적 기술 개발

(2) 정책적 대응

- **디지털 포용성 강화** : 소외 계층 대상 교육 · 접근성 확대
- **윤리 내재화** : 기술 개발 단계에서 윤리 기준 적용
- **디지털 범죄 대응 강화** : 지능형 치안 시스템 구축
- **글로벌 표준화** : 국제 협력을 통한 규범 정립

AI · 디지털 기술의 역기능은 단순한 기술적 부작용을 넘어 사회적 · 윤리적 위협으로 확산되고 있다. 이에 대한 대응은 기술 개발자, 정책 입안자, 시민 모두의 협력이 필요하며, 예방 중심의 기술 설계와 포용적 정책이 핵심이다. 미래 사회의 지속가능성과 신뢰를 위해, 디지털 기술은 공공성과 책임성을 기반으로 발전해야 한다.

04
CHAPTER

AI · 디지털 윤리의 이해

1. AI · 디지털 윤리의 기초적 이해
2. EU와 미국의 인공지능 윤리 가이드라인 및 한국의 가이드라인
3. 각국의 AI 기본법
4. AI · 디지털과 저작권

04
CHAPTER

AI · 디지털 윤리의 이해

1. AI · 디지털 윤리의 기초적 이해

1) AI · 디지털 윤리의 개념

인공지능 기술이 빠르게 발전함에 따라 제조, 의료, 교통, 환경, 교육 등 거의 모든 산업 분야에서 인공지능이 적용되고 있다. 이러한 확산과 함께 기술의 오용, 알고리즘에 의한 차별, 프라이버시 침해 등 인공지능 윤리 관련 문제가 새로운 사회적 쟁점으로 부상하였다. 이에 따라 인공지능이나 디지털 기술이 활용되는 환경에서 올바른 행동과 결정을 내리기 위한 도덕적 원칙과 기준이 제도적으로 도입되었고, 이러한 사회적 규범을 '디지털 윤리' 또는 'AI 윤리'라고 부른다. 이 개념은 단순히 개인정보 보호에만 머무르지 않고, 정보의 정확성, 온라인상의 예의와 책임, 다양한 배경과 견해의 존중, 책임감 있는 행동, 타인에게 해를 끼치지 않는 원칙(해악 금지), 그리고 공정성과 정의의 실현까지 포괄하는 넓은 의미를 지닌다.

즉, AI와 디지털 윤리는 인공지능 기술 및 디지털 환경에서 인간의 가치와 권리를 보호하고, 기술이 사회에 긍정적인 영향을 미치도록 하기 위한 원칙과 기준을 의미한다. 이는 단순히 기술적 진보에만 초점을 두지 않고, 인간의 존엄성, 사회적 공공선, 신뢰, 책임, 공정성 등 다양한 윤리적 가치를 실현하는 데 목적이 있다.

EU 인공지능 윤리 가이드라인에서는 다음의 다섯까지 이유를 들어 AI 및 디지털 윤리의 중요성을 강조한다(EPRS, 2019).

첫째, 사회적 신뢰 형성이다. 투명하고 공정한 AI 시스템은 사용자와 사회의 신뢰를 높여 기술의 수용성을 증진시킨다.

둘째, 기술의 책임 있는 발전이다. 윤리적 기준은 기술이 사회에 미치는 긍정적 영향을 극대화하고 부정적 영향을 최소화하는 데 필수적이다.

셋째, 법적 요건 충족 및 국제적 협력이다. 각국의 법적 규제와 국제 표준에 부합하는 AI 시스템을 구축할 수 있다.

넷째, 혁신 촉진이다. 윤리적 기준을 준수하는 환경에서는 보다 혁신적이고 지속가능한 기술 개발이 이루어진다.

다섯째, 위험 관리이다. AI의 오용이나 사고로부터 사회를 보호하고, 안전한 디지털 환경을 조성할 수 있다.

대한민국 정부가 2020년 12월에 제정한 '사람이 중심이 되는 「인공지능(AI) 윤리기준」'에서는 다음 네 가지를 대표적인 사례로 들고 있다(대한민국, 2020).

첫째, 기술 오남용이다. 유럽의 한 에너지기업 CEO가 AI로 위조된 모회사 CEO의 음성에 속아 22만 유로를 송금한 사례가 있다(2019. 9).

둘째, 데이터 편향성이다. 아마존의 인공지능 기반 채용시스템이 개발자 및 기술 직군에 남성만을 추천하는 문제로 인해 해당 시스템이 폐기된 바 있다(2018. 10).

셋째, 알고리즘 차별이다. 범죄 예측 프로그램 'COMPAS'가 흑인 범죄자의 재범 가능성을 백인보다 2배 이상 높게 예측하는 편향이 발견된 사례가 있다(2018. 1).

넷째, 프라이버시 침해이다. 아마존 '알렉사', 구글 '구글 어시스턴트', 애플 '시리' 등 인공지능 스피커로 수집된 음성 정보가 제3의 외부업체에 의해 청취된 사실이 드러나 논란이 있었다(UPI, 2019. 9).

이처럼 인공지능 분야의 새로운 윤리 이슈 외에도, 딥페이크를 활용한 성범죄나 생성형 AI가 타인의 저작권을 침해하는 문제가 새롭게 대두되고 있다. 딥페이크는 인공지능 심층 학습(deep learning)과 가짜(fake)의 합성어로, 인공지능

기술을 이용해 기존 인물의 얼굴이나 특정 부위를 합성한 영상 편집물을 의미한다. 이 기술은 여성의 얼굴에 신체를 합성해 성희롱을 하거나, 보안장치에 저장된 사람의 외모를 합성해 무단으로 통과하는 등 악용 사례가 늘고 있다. 실제로 2025년 6월 1일, 여성 아이돌 그룹 에스파(aespa) 멤버들을 대상으로 딥페이크(AI 기반 합성 영상)를 만들거나 성희롱 및 모욕 댓글을 작성한 이들이 징역 3년 등 유죄 판결을 받기도 하였다(노컷뉴스, 2025).

2) 세계 각국의 AI · 디지털 문제를 해결하기 위한 가이드라인 및 법규 제정 개관

AI와 관련한 문제가 대두되자 유럽연합은 2019년도에 'EU 인공지능 윤리 가이드라인(EU guidelines on ethics in artificial intelligence : Context and implementation)'을 제정하였고, 우리나라도 2020년 12월 '사람이 중심이 되는 「인공지능(AI) 윤리 기준」'을 제정하기에 이르렀다. 미국에서는 통일된 가이드라인이 없이 각 분야별로 그 기준을 제정하여 운용하고 있으나 2020년 7월 미국 정보기관의 AI윤리 원칙인 'IC Principles of AI Ethics'가 제정되어 정부의 정보기관의 AI 윤리를 규정하고 있어 미국의 경우 정보기관 AI 윤리 원칙을 기준으로 언급하고자 한다(Intelligence.gov, 2020).

AI 또는 디지털 윤리와 연관되어, ChatGPT를 비롯한 생성형 AI 분야에서도 새로운 논란이 확산되고 있다. 생성형 AI가 사용자의 질문에 답하거나 정보를 제공하기 위해 타인이나 기업의 저작물을 무단으로 학습데이터로 활용하는 사례가 늘고 있으며, 이러한 생성형 AI 기반 서비스를 제공하는 기업들이 증가함에 따라 언론사, 화가, 연구자 등 콘텐츠 창작자들이 생성형 AI에 대해 이의를 제기하는 사례가 늘어나고 있다. 이에 따라 국내외를 막론하고 저작권 침해와 관련한 소송도 증가하는 추세다.

이러한 디지털 윤리나 AI 윤리(이하에서는 통칭하여 'AI 윤리'라 함)의 문제에 대하여 가이드라인을 넘어, 법적 구속력이 있는 AI 윤리 관련 기본법이 세계 각국에서 제정되고 있다. 최근 미국과 유럽연합 등 주요 국가들은 AI와 관련된 글로벌 표준에 자국의 입장을 반영하기 위해 경쟁적으로 AI 규범을 정립하고 있으며, 이에 따라 국제사회에서 AI 규범 관련 주도권 경쟁이 본격화되고 있다(법무부, 2024).

2. EU와 미국의 인공지능 윤리 가이드라인 및 한국의 가이드라인

유럽연합의 'EU 인공지능 윤리 가이드라인(EU guidelines on ethics in artificial intelligence : Context and implementation)'(이하 'EU 가이드라인'), 미국의 미국 정보기관의 AI윤리 원칙인 'IC Principles of AI Ethics'(이하 '미국 가이드라인') 그리고 우리나라의 '사람이 중심이 되는 「인공지능(AI) 윤리기준」'(이하 '한국 가이드라인')은 비슷한 시기에 제작되었고 각 가이드라인에는 디지털 윤리원칙이 담겨 있다.

1) EU의 AI 가이드라인

EU 인공지능 윤리 가이드라인(EU guidelines on ethics in artificial intelligence : Context and implementation)은 다음과 같은 내용을 담고 있다.

(1) 배경 및 접근법

- **AI의 정의와 범위** : EU는 인공지능을 머신러닝, 로봇공학, 알고리즘, 자동화된 의사결정 시스템(ADMS) 등 여러 기술이 결합된 것으로 정의함. 이런 기술들은 의료(예 암 치료), 교통(예 자율주행차), 에너지 관리 등 다양한 분야에서 활용되고 있음
- **AI의 사회적 영향** : AI는 경제 · 사회적으로 큰 이익을 주지만, 개인정보 보

호, 차별, 노동시장 변화, 안전 문제, 허위정보 유포, 군사적 활용 등 여러 위험도 함께 가져옴

- **EU의 '인간 중심(human-centric)' 접근** : EU는 인간의 존엄성, 권리, 자유를 최우선으로 하며, 유럽의 가치와 원칙을 존중하는 AI 개발을 추구하고 있음. 이는 미국(민간 주도 자율규제)이나 중국(정부 주도)과는 구별되는 접근임

(2) 신뢰할 수 있는 AI(Trustworthy AI)의 핵심 요건

EU는 AI가 법적(적법성), 윤리적(윤리 원칙 준수) 견고성(기술적 · 사회적 안전성)을 갖추도록 요구한다. 주요 요건은 다음과 같다.

- **인간 주도와 감독**(Human Agency and Oversight) : 인간의 자율성과 기본권 보장, 자동화된 결정에 대한 사용자 거부권, 시스템 중단 기능(중단 버튼) 등 기술적 조치가 필요하며, 이를 위해 AI 개발 전 기본권 영향 평가 실시, 외부 피드백 메커니즘을 마련해야 함
- **기술적 견고성과 안전성**(Technical Robustness and Safety) : AI 시스템의 보안, 신뢰성, 견고성 확보, 오류 · 사이버 공격 대비, 안전 장치 및 비상 절차를 마련해야 하며 개발자와 보안 커뮤니티의 협력, 법적 책임 체계가 강화되어야 함
- **프라이버시 및 데이터 거버넌스**(Privacy and Data Governance) : GDPR(유럽 개인정보보호법) 준수, 데이터 암호화 · 익명화, 데이터 품질 관리, 편향 없는 데이터 수집, 감독 메커니즘이 마련되어야 함
- **투명성**(Transparency) : AI 시스템의 데이터, 프로세스, 의사결정 과정 문서화 및 추적, 사용자가 AI와 상호작용 중임을 인지, 설명 가능한 AI(XAI)가 구현되어야 함
- **다양성, 비차별, 공정성**(Diversity, Non-discrimination and Fairness) : 편향 없는 알고리즘 설계, 다양한 이해관계자 참여, 장애인 등 접근성이 보장되어야 함

- **사회 및 환경적 복지**(Societal and Environmental Well-being) : AI가 사회적 긍정적 변화와 환경적 책임을 촉진하도록 설계, 사회 · 환경적 영향 평가 및 모니터링이 필요함
- **책임성**(Accountability) : 내 · 외부 감사, 피해 구제 절차, 영향 평가 도구 활용, 접근 가능한 구제 메커니즘이 마련되어야 함

(3) 실제 적용 및 사례

- **슬로베니아** : 세무 당국이 AI로 탈세 탐지
- **벨기에** : 경찰이 AI로 차량 절도 예측
- **폴란드** : 실업자 프로파일링 및 지원 결정
- **프랑스** : 알고리즘 투명성 및 감사, 윤리 교육, 차별 영향 평가, 윤리 위원회 설립
- **독일** : '윤리 by/for/in 디자인' 접근, 데이터 익명화 · 차등 프라이버시, 법적 프레임워크 검토
- **핀란드** : 의회 감시 그룹 설립, 자율적 결정 책임 규정
- **영국** : 공공서비스 AI 사용 조사, 얼굴 인식 기술(FTR) 규제 논의, 법적 프레임워크 필요성 제기

(4) 실행 과제 및 추가 조치

- **가이드라인 명확화 필요** : 가이드라인의 모호함, 장기적 위험 고려 부족, '레드라인(금지 원칙)' 미흡 등
- **규제 감독 강화** : 자율규제만으로는 한계가 있으므로, 공공기관의 감독 · 집행 기능 강화 필요
- **국가별 조화** : EU 회원국 간 규제 불일치(분절화) 우려, 조화된 접근 필요
- **표준화 및 인증** : ISO, IEEE 등 국제 표준화 기구와 협력, 신뢰성 · 투명성 · 책임성 등 표준 개발 필요

- **법적 구속력 도입** : 투명성, 기본권 영향 평가, 얼굴 인식 기술 등에 대한 법적 규제 도입 필요

이렇게 EU는 인공지능의 윤리적이고 책임 있는 활용을 위해 다양한 기준과 절차를 마련하고, 실제 적용 사례와 함께 지속적으로 가이드라인을 보완하고 있다.

2) 미국의 가이드라인

미국의 미국 정보기관의 AI윤리 원칙인 'IC Principles of AI Ethics'는 다음과 같은 내용을 담고 있다.

(1) 기본 취지 및 목적

- **대상 및 범위** : 미국 정보기관(IC) 소속 인력이 AI 및 머신러닝을 개발·활용할 때 준수해야 할 기준을 명시하고 있다. 기존 '정보기관 전문 윤리 원칙'을 보완하며, 법령·행정명령·정책을 대체하지 않고, 적용 과정에서 따라야 할 일반적 규범을 제시하고 있다.
- **실행** : AI 윤리 프레임워크를 통해 AI의 도입·설계·구축·사용·보호·관리 전 과정에서 구체적 지침을 제공하고 있다.

(2) 핵심 윤리 원칙

- **법률 준수와 도덕적 성실**(Respect the Law and Act with Integrity) : 인간 존엄성, 권리, 자유 존중, 관련 법령·정책·절차 완전히 준수 및 프라이버시, 시민권, 시민 자유 보호에 특히 주의
- **투명성과 책임성**(Transparent and Accountable) : 공공 및 고객(관련 기관 등)에게 AI의 방법, 적용, 사용에 대해 가능한 범위 내에서 투명성 제공 및 책임 소재 명확화, 결과에 대한 책임을 질 수 있는 메커니즘 마련

- **객관성과 공정성**(Objectivity and Equitable) : 정보의 객관성 제공, AI 편향 식별 및 완화, 공정성 확보와 차별 방지
- **인간 중심 개발 및 활용**(Human-Centered Development and Use) : AI는 인간의 판단과 결합하여 국가 안보 강화, 신뢰받는 파트너십 증진 및 인권 침해 가능성이 있는 상황에서는 반드시 인간의 판단이 개입
- **보안 및 회복력**(Secure and Resilient) : AI의 신뢰성, 보안, 정확성 극대화, 적대적 영향 최소화 및 회복력 강화
- **과학 및 기술 기반**(Informed by Science and Technology) : 정보기관 내외 과학·기술 커뮤니티와 협력, 연구 성과와 최상의 실무를 AI 개발·활용에 반영

(3) 실세 적용 및 시사점

- **책임성 강화** : AI 시스템의 결과에 대한 책임 주체를 명확히 하고, 내·외부 감사, 피해 구제 절차를 마련함
- **편향 방지 및 공정성** : 데이터와 알고리즘의 편향을 점검, 다양한 이해관계자 참여, 공정성 기준을 정기적으로 평가·모니터링함
- **프라이버시 보호** : 개인정보 보호 정책을 수립, 데이터 수집·활용에 대한 명확한 동의를 얻어야 함
- **인간 중심** : AI는 인간의 권리와 자유를 최우선으로 하며, 인권 침해 가능성이 있는 상황에서는 반드시 인간의 판단이 개입되어야 함

(4) EU와 미국의 가이드라인 비교

EU와 미국의 가이드라인은 인간 존엄성, 투명성, 책임성, 공정성, 프라이버시 보호, 보안 등 핵심 윤리 원칙을 중시하고 AI의 개발·활용 전 과정에 걸쳐 윤리적 기준을 적용, 내·외부 감시, 피해 구제, 영향 평가 등 실질적 실천 방인을 마련하고 있다는 점에서 공통점이 있다. 한편 EU의 가이드라인은 인간 중심, 법적 구속력 있는 규제 도입 추진, 국제 표준화 및 조화를 강조하고 있음에 반해, 미국의 가이드라인은 정보기관 차원의 구속력 있는 윤리기준과 실행 프레임워

크, 민간 주도 자율규제와 병행하고 있다는 점에서 차이가 있다. 미국의 가이드라인이 정보를 다루는 정보기관 직원에 대한 가이드라인이라는 점에서 일반적 상황을 규율하는 EU의 가이드라인과 차이가 발생할 수밖에 없다.

3) 한국의 AI 가이드라인

대한민국 AI 윤리기준은 "사람이 중심이 되는 인공지능" 구현을 위해 인간 존엄성, 사회 공공선, 기술의 합목적성을 기본 원칙으로 삼고, 인권 보장, 프라이버시 보호, 다양성 존중, 침해금지, 공공성, 연대성, 데이터 관리, 책임성, 안전성, 투명성 등 10대 핵심 요건을 제시하고 있다. 이는 모든 사회구성원이 인공지능 개발과 활용 과정에서 함께 지켜야 할 자율적이고 포괄적인 윤리기준이다.

대한민국의 AI 기준은 다음과 같은 사항을 담고 있다.

(1) 추진 배경과 목적

- **기술 발전과 윤리 이슈 대두** : 인공지능 기술이 제조, 의료, 교통, 환경, 교육 등 산업 전반에 확산되면서, 기술 오남용, 알고리즘 편향, 프라이버시 침해 등 새로운 윤리적 문제가 사회적 쟁점으로 부상

  예 AI 기반 채용 시스템의 성별 편향(아마존), 범죄 예측 알고리즘의 인종 차별(COMPAS), AI 스피커의 음성 정보 유출 등
- **국제적 동향** : OECD, EU, UNESCO, 일본 등 주요국 및 국제기구에서 인공지능 윤리 원칙을 제시. 국내에서는 정보문화포럼, 방통위 등에서 지능정보사회 윤리 가이드라인을 마련했으나, 범국가적 AI 특화 기준은 부족
- **한국형 윤리기준 필요성** : 글로벌 기준과 정합성을 갖추고, 인공지능 개발·활용 전 과정에서 모든 사회구성원이 참조할 수 있는 기준 마련. 기술 발전과 사회 변화에 유연하게 대응하는 자율 규범으로서 역할

(2) 윤리기준의 지향점과 구조

- 모든 사람이 개발에서부터 활용까지 전 주기에서 정부, 공공기관, 기업, 이용자 등 모든 사회구성원이 참조
- 특정 분야에 제한되지 않는 범용적 원칙
- 법이나 지침이 아닌 자율 규범
- 새로운 윤리 이슈 논의와 숙의를 통해 지속적으로 발전하는 플랫폼
- 3대 기본원칙과 10대 핵심요건으로 구성됨

(3) 주요 내용

① **3대 기본원칙** : 인공지능 개발 및 활용 과정에서 고려될 원칙으로, '인간성을 위한 인공지능(AI for Humanity)'을 위해 인공지능 개발에서 활용에 이르는 전 과정에서 고려되어야 할 기준으로 3대 기본원칙을 제시하였다.

㉠ 인간 존엄성 원칙

- 인간은 신체와 이성이 있는 생명체로 인공지능을 포함하여 인간을 위해 개발된 기계제품과는 교환 불가능한 가치가 있다.
- 인공지능은 인간의 생명은 물론 정신적 및 신체적 건강에 해가 되지 않는 범위에서 개발 및 활용되어야 한다.
- 인공지능 개발 및 활용은 안전성과 견고성을 갖추어 인간에게 해가 되지 않도록 해야 한다.

㉡ 사회의 공공선 원칙

- 공동체로서 사회는 가능한 한 많은 사람의 안녕과 행복이라는 가치를 추구한다.
- 인공지능은 지능정보사회에서 소외되기 쉬운 사회적 약자와 취약 계층의 접근성을 보장하도록 개발 및 활용되어야 한다.
- 공익 증진을 위한 인공지능 개발 및 활용은 사회적, 국가적, 나아가 글로벌 관점에서 인류의 보편적 복지를 향상시킬 수 있어야 한다.

㉢ 기술의 합목적성 원칙

- 인공지능 기술은 인류의 삶에 필요한 도구라는 목적과 의도에 부합되게 개발 및 활용되어야 하며 그 과정도 윤리적이어야 한다.
- 인류의 삶과 번영을 위한 인공지능 개발 및 활용을 장려하여 진흥해야 한다.

② **10대 핵심요건** : 기본원칙을 실현할 수 있는 세부 요건으로, 10대 기본원칙을 실천하고 이행할 수 있도록 인공지능 전체 생명 주기에 걸쳐 충족되어야 하는 10가지 핵심 요건을 제시하였다.

㉠ 인권보장

- 인공지능의 개발과 활용은 모든 인간에게 동등하게 부여된 권리를 존중하고, 다양한 민주적 가치와 국제 인권법 등에 명시된 권리를 보장하여야 한다.
- 인공지능의 개발과 활용은 인간의 권리와 자유를 침해해서는 안 된다.

㉡ 프라이버시 보호

- 인공지능을 개발하고 활용하는 전 과정에서 개인의 프라이버시를 보호해야 한다.
- 인공지능 전 생애주기에 걸쳐 개인정보의 오용을 최소화하도록 노력해야 한다.

㉢ 다양성 존중

- 인공지능 개발 및 활용 전 단계에서 사용자의 다양성과 대표성을 반영해야 하며, 성별 · 연령 · 장애 · 지역 · 인종 · 종교 · 국가 등 개인 특성에 따른 편향과 차별을 최소화하고, 상용화된 인공지능은 모든 사람에게 공정하게 적용되어야 한다.
- 사회적 약자 및 취약 계층의 인공지능 기술 및 서비스에 대한 접근성을 보장하고, 인공지능이 주는 혜택은 특정 집단이 아닌 모든 사람에게 골고루 분배되도록 노력해야 한다.

ㄹ 침해금지

- 인공지능을 인간에게 직간접적인 해를 입히는 목적으로 활용해서는 안 된다.
- 인공지능이 야기할 수 있는 위험과 부정적 결과에 대응 방안을 마련하도록 노력해야 한다.

ㅁ 공공성

- 인공지능은 개인적 행복 추구뿐만 아니라 사회적 공공성 증진과 인류의 공동 이익을 위해 활용해야 한다.
- 인공지능은 긍정적 사회변화를 이끄는 방향으로 활용되어야 한다.
- 인공지능의 순기능을 극대화하고 역기능을 최소화하기 위한 교육을 다방면으로 시행하여야 한다.

ㅂ 연대성

- 다양한 집단 간의 관계 연대성을 유지하고, 미래세대를 충분히 배려하여 인공지능을 활용해야 한다.
- 인공지능 전 주기에 걸쳐 다양한 주체들의 공정한 참여 기회를 보장하여야 한다.
- 윤리적 인공지능의 개발 및 활용에 국제사회가 협력하도록 노력해야 한다.

ㅅ 데이터 관리

- 개인정보 등 각각의 데이터를 그 목적에 부합하도록 활용하고, 목적 외 용도로 활용하지 않아야 한다.
- 데이터 수집과 활용의 전 과정에서 데이터 편향성이 최소화되도록 데이터 품질과 위험을 관리해야 한다.

ㅇ 책임성

- 인공지능 개발 및 활용과정에서 책임주체를 설정함으로써 발생할 수 있는 피해를 최소화하도록 노력해야 한다.
- 인공지능 설계 및 개발자, 서비스 제공자, 사용자 간의 책임소재를

명확히 해야 한다.

㉧ 안전성

- 인공지능 개발 및 활용 전 과정에 걸쳐 잠재적 위험을 방지하고 안전을 보장할 수 있도록 노력해야 한다.
- 인공지능 활용 과정에서 명백한 오류 또는 침해가 발생할 때 사용자가 그 작동을 제어할 수 있는 기능을 갖추도록 노력해야 한다.

㉨ 투명성

- 사회적 신뢰 형성을 위해 타 원칙과의 상충관계를 고려하여 인공지능 활용 상황에 적합한 수준의 투명성과 설명 가능성을 높이려는 노력을 기울여야 한다.
- 인공지능기반 제품이나 서비스를 제공할 때 인공지능의 활용 내용과 활용 과정에서 발생할 수 있는 위험 등의 유의사항을 사전에 고지해야 한다.

(4) 한국 AI 윤리기준 부록의 주요 내용

① 본 윤리기준에서 인공지능의 지위

- 본 윤리기준에서 지향점으로 제시한 '인간성을 위한 인공지능(AI for Humanity)'은 인공지능이 인간을 위한 수단임을 명시적으로 표현하지만, 인간종 중심주의(human species-centrism) 또는 인간 이기주의를 표방하지는 않는다.
- 본 윤리기준에서 인공지능은 지각력이 있고 스스로를 인식하며 실제로 사고하고 행동할 수 있는 수준의 인공지능(이른바 강인공지능)을 전제하지 않으며 하나의 독립된 인격으로서의 인공지능을 의미하지도 않는다.

② 적용 범위와 대상

- 본 윤리기준은 인공지능 기술의 개발부터 활용에 이르는 전 단계에 참여하는 모든 사회구성원을 대상으로 하며, 이는 정부·공공기관, 기업, 이용자 등을 포함한다.

③ 인공지능 윤리기준의 실현방안

- '인공지능 윤리기준'을 기본 플랫폼으로 하여 다양한 이해관계자 참여하에 인공지능 윤리 쟁점을 논의하고, 지속적 토론과 숙의 과정을 거쳐 주체별 체크리스트 개발 등 인공지능 윤리의 실천 방안을 마련한다.

4) 국내외 주요 AI 윤리원칙 주요 내용(대한민국정부, 2020)

AI에 대한 윤리원칙은 다양한 국가에서 제시되고 있으며, 대표적인 25개의 지표를 보면 다음과 같다.

〈표 4-1〉 국내외 주요 AI 윤리원칙(25개) 주요 내용

제 목		주 체	수립 목적	주요 목적	주요 특징
1	Preparing for the Future of Artificial Intelligence (2016)	President National Science and Technology Council Committee on Technology (정부기관)	美 정부의 입장에서 AI 기술과 관련하여 나아갈 방향 제시한 정부 보고서	공공선, 공정성, 안전, 투명성, 이해 가능성, 선을 위한 AI(AI for good), 인간 가치(Human values)	• AI를 주요 성장동력으로 보고 美 정부의 역할 강조 • 윤리원칙 제시보다는 국제인도법에 근거한 AI 무기체계 개발 등 다양한 AI 관련 이슈를 제시하는 데 초점
2	Tenets(2016)	Partnership on AI (민간 연구소)	학계, 재계, 정책입안자 등 다양한 주체들의 협력 도모	AI 혜택 최대화, 다양한 주체들 간 협력, 사생활보호, 견고함, 해악금지, 설명 가능성	• 학계, 기업, 정책입안자 등 다양한 주체들 간 협력을 강조하고, 이를 통해 대중교육 등 추진할 것을 제안 • 기술 혜택 최대화의 전제로 사생활 보호, 연구공동체의 책임, 견고성, 해악금지 등 제시

3	AI Policy Principles(2017)	Information Technology Industry Council (민간 협회)	개발자에 대한 정부 차원의 지원 및 공적 영역과 사적 영역의 협업 강조	안전과 제어 가능성, 해석 가능성, 인간 존엄성, 데이터의 대표성, 유연한 규제접근, 기회의 평등	• 개발자의 입장을 강조, 정부의 규제나 개발자에 대한 정보공개 요구에 부정적 • 다만, 개발자에게도 안전한 설계, 데이터 대표성 등 높은 수준의 책임성 요구
4	DeepMind Ethics & Society Principles(2017)	DeepMind (기업)	사내에서 AI 연구 수행 시 윤리적 고려사항 제시	사생활 침해 금지, 평등, 도덕성, 포용성, 안전과 책무성, 거버넌스 · 규제	연구자에게 필요한 윤리원칙과 체크리스트를 제시하면서도 안전과 책무성을 보장하는 거버넌스 규제 필요성 제기
5	Asilomar AI Principles(2017)	Future of Life Institute (민간 연구소)	미국 보스턴의 비영리 연구단체인 삶의 미래 연구소(Future of Life Institute) 주관으로 작성한 윤리원칙	인권보장, 개인정보 보호, 해악금지, 공공성, 데이터 관리, 책임성, 통제성, 투명성, 무기경쟁 회피	• 스티븐 호킹 · 일론 머스크 등 다수의 AI학자, 미래학자 및 산학연 관계자들이 서명 • AI 기술 연구자, 정책입안자, 관련 산업종사자에게 필요한 윤리원칙 제시
6	AI at Google: Our Principles (2018)	Google(기업)	구글 AI 개발자에게 필요한 윤리원칙 제시	사회적 혜택 증진, 불공정한 편견 지양, 설명 가능, 사생활 침해 방지	개발을 제한해야 하는 AI 어플리케이션으로 해를 끼치는 기술, 인명을 해하는 무기 관련 기술, 국제 규약 위반 감시기술 등 제시
7	Microsoft AI principles(2018)	Microsoft's AETHER(AI and Ethics in Engineering and Research) (기업)	MS AI 개발자에게 필요한 윤리원칙 제시	공정성, 신뢰성 및 안전, 사생활 및 보안, 포용성, 투명성, 책무성	MS 사내 윤리강령 성격이 강하며, 책임질 수 있는 AI와 이를 위한 교육 강조
8	OpenAI Charter (2018)	OpenAI (민간 연구소)	AI 기술 연구자에게 필요한 윤리적 태도와 원칙 제시	공공선, 해악금지, 안전 담보, AI개발 선두주자, 타 연구단체 협력	연구자의 자유로운 연구 증진에 초점, 고도로 자율적인 AGI(Artificial General Intelligence) 상정

9	Principles for Trust and Transparency (2018)	IBM (기업)	IBM 직원들을 대상으로 AI 연구를 위해 제시된 윤리원칙	인간 지능 증강(augment), 데이터 소유권, 국경 간 데이터 이동, 투명성	• AI는 인간을 대체하는 것이 아니라 증강(augment)하기 위한 것임을 명시 • AI 사용 여부 · 시기, 학습 데이터 출처 고지 등 규정
10	The Montreal Declaration for a Responsible Development of AI(2018)	University of Montreal (민간 대학)	몬트리올 대학에서 개발된 사회적으로 책임 있는 AI 연구를 위한 윤리원칙	복지(well-being), 자율성 존중, 사생활 보호와 친밀성, 연대성, 민주적 참여, 공평, 다양성 포용, 사려	• 친밀성(intimacy), 사려(prudence), 지속 가능한 발전 등 다른 가이드라인에 잘 등장하지 않는 원칙 제시 • 윤리원칙 제시와 함께 서명으로 선언에 동참하도록 장려
11	지능정보사회 윤리가이드라인 (2018)	정보문화포럼 (정부기관)	인간 중심의 지능정보사회 구현	이용자 주도성, 이용자/시민참여, 공익, 공정성, 위험예방, 프라이버시 보호	• 지능정보기술 관련 개발자 및 공급자의 윤리의식 고취 및 이용자의 오남용 방지 지침 • 주체별(개발자, 공급자, 이용자) 세부지침 마련
12	AI in the UK: Ready, Willing and Able?(2018)	영국 정부 (정부기관)	영국 정부 차원에서 정책적으로 접근할 수 있는 제언 제시	데이터 접근과 제어, 이해 가능한 AI, 디지털 이해력 증진, 공중보건 관리	영국이라는 특정 국가 입장에서 공중보건 데이터 관리, AI 디지털 이해력 제고 등 구체적으로 취할 수 있는 AI 관련 정책을 제시
13	카카오 알고리즘 윤리헌장(2018)	카카오 (기업)	카카오 내 AI 관련 연구 시 지향되어야 할 윤리원칙 제언	사회윤리 준수, 차별 경계, 학습데이터 운영, 알고리즘 독립성 및 설명, 기술 포용성, 아동 · 청소년 보호	- 국내기업 최초 AI 윤리헌장으로, 알고리즘과 데이터에 대한 관리, 아동과 청소년에 대한 보호 필요성 등 강조
14	The Future Computed: AI and its role in Society (2018)	Microsoft's AETHER (기업)	AI가 가져올 미래의 변화에 대응하기 위해 MS의 Aether 연구소에서 책자 제작	AI에 의한 진보, 공정성, 신뢰성 및 안전, 사생활 · 보안, 포용성, 투명성	• AI가 경제 · 사회적 진보를 이끌고 지역적 · 전 지구적 문제를 해결할 것이라는 관점 • AI가 직업과 직장에 미치는 영향에 공공부문과 민간부문이 협력해 대응할 필요성 제시

15	Discriminating Systems - Gender, Race, and Power in AI (2019)	AI Now (민간 연구소)	작업환경에서 다양성을 확보하기 위해 고려할 사항 제시	확보하기 위해 고려할 사항 제시 다양성, 해악금지, 개방성, 투명성	• 급여지급 기준의 인종별, 성별 공개, 직원 채용 시 투명성 준수 등 제시 • 특히 AI 시스템 사용 시 투명성·편견· 해악에 대한 철저한 점검·감시·추적·공개를 강조
16	Ethically Aligned Design(Ver. 2) (2019)	The IEEE Global Initiative on Ethics of Autonomous and Intelligent System (민간 학회)	IEEE에서 Ethics in Action 캠페인과 함께 아울러 공개된 보고서	인권, 복지우선, 책무성, 투명성, 오용의 인식	각 원칙별로 이론적 배경, 참고 자료를 제시하고 윤리원칙뿐만 아니라 관련 분야들에 대한 자료 수록
17	이용자 중심의 지능정보사회를 위한 원칙 (2019)	방통위-KISDI (정부기관)	안전한 지능정보서비스 환경조성 및 이용자의 권리와 자유에 근거한 윤리원칙 제시	사람중심 서비스, 투명성과 설명 가능성, 책임성, 안전성, 차별금지, 참여, 프라이버시와 데이터 거버넌스	• 안전한 지능정보서비스 환경조성 및 이용자 보호를 위해 모든 주체 사이의 협력 강조 • 기업과 연구자들의 의견을 폭넓게 수렴하여 작성 • 이용자 보호의 관점 강조
18	로봇 윤리 기본 원칙(수정) (2019)	산업통상자원부 (정부기관)	2007년에 만들어진 로봇윤리헌장을 수정 보완	인간의 존엄성 보호, 공공선, 행복추구, 투명성, 제어 가능성, 책무성, 안전성, 정보보호	로봇산업계에 종사하는 연구원, 개발자, 및 사용자가 로봇과 AI를 설계 · 제작 · 공급 · 사용 · 관리하는 데 기준으로 삼는 가이드라인 제시
19	Ethics Guidelines for Trustworthy AI (2019)	EU (국가 정부기관)	EU 산하의 50여 명으로 구성된 AI 전문가 그룹 주도	인간 권리 · 자율성 보장, 기술적 견실성, 사생활, 데이터 관리, 투명성, 다양성, 차별금지, 복지, 책무성	• 범국가 차원의 협업을 통해 신뢰할 수 있는 AI를 위한 윤리원칙 정립에 초점을 맞춤 • 각 원칙의 평가 리스트를 구체적으로 제시

20	Recommendation of the Council on AI(2019)	OECD (범국가 정부기관)	OECD 디지털 경제 정책 위원회 주관하에 제작	포용적 성장, 지속가능 발전, 인간중심 가치, 공정성, 투명성, 설명 가능성, 견고성, 보안 및 안전, 책무성	윤리원칙뿐 아니라 정책 입안자들에 대한 제언 제시, 국가별 정책 수립과 국제적 협력 도모
21	인간중심의 AI 사회 원칙(2019)	일본 총무성 (정부기관)	25명의 산학연 전문가로 구성된 '인간 중심의 AI 사회 원칙 위원회'를 통해 제안	인간중심, 교육교양, 개인정보 보호, 보안, 공정경쟁, 공정성, 책임성, 투명성, 혁신	• 저출산, 고령화, 지방 쇠퇴, 재해 재난 등 일본이 처한 어려움을 AI가 해결할 수 있을 것으로 상정 • AI를 공공재로 활용하여 사회의 근본적인 변화와 혁신을 달성하여 지속가능한 발전 추구
22	The global landscape of AI ethics guidelines (2019)	Jobin, A., Ienca, M. & Vayena, E. (개인)	전 세계의 주요 84개의 AI 윤리 가이드라인을 분석	투명성, 정의, 해악금지, 책임, 사생활보호, 혜택 추구, 자유, 신뢰, 지속가능성, 연대성	주요 윤리원칙을 빈도수별로 분석하고 주로 선진국을 중심으로 발표되고 있음을 밝힘
23	Understanding artificial intelligence ethics and safety (2019)	The Alan Turing Institute(국영 연구소)	영국의 국영 연구소인 Alan Turing 연구소에서 제작	존중, 연결, 보호, 돌봄, 공정성, 책임성, 지속가능성, 투명성	AI 기술이 데이터를 처리할 때 발생할 수 있는 위험이나 문제점을 예방하는 데 필요한 윤리원칙에 초점
24	Principles Artificial Intelligence: A Map of Ethical and Rights-Based Approaches (2020)	Berkman Klein Center For Internet & Society (민간 연구소)	36개의 윤리 가이드라인에 등장한 윤리원칙들을 주제별로 분석	사생활보호, 책무성, 안전과 보안, 투명성과 설명 가능성, 공정성과 차별금지, 인간의 기술통제, 전문적 책임	정부, 정부 기관, 사적 기관 등 다양한 주체들이 제시한 윤리원칙들을 8개의 주제로 분류하고 분석
25	Rome Call for AI Ethics(2020)	로마 교황청 (민간기관)	로마 교황청에서 인간의 혁신적인 미래를 위한 AI 윤리원칙 제정	투명성, 포용성, 책임성, 불편부당성, 신뢰성, 보안과 사생활 보호	종교 기관인 가톨릭교회에서 제정한 윤리 원칙으로, 인간 가족(human family)에 대한 봉사, 젊은 세대에 대한 준비, 자연의 회복 필요성 등 제시

출처 : 대한민국정부(2020).

3. 각국의 AI 기본법

2024년 3월 13일 유럽의회는 인공지능(AI)에 관한 포괄적 규제법인 「EU 인공지능법(Artificial Intelligence Act)」을 세계 최초로 통과시켰다. 이후 EU 2024년 7월 12일 EU 인공지능법은 공식 저널에 공표되어 20일 뒤인 8월 1일부터 정식 발효됐다. 이 법은 각 조문마다 발효일 이후 6개월, 12개월, 24개월 등 단계별로 시행된다.

한국에서는 「인공지능 발전과 신뢰 기반 조성 등에 관한 기본법(약칭 : 인공지능기본법, 법률 제20676호)」이 2025년 1월 21일 제정되었고, 2026년 1월 22일부터 시행된다. 이 법은 인공지능의 안전성, 신뢰성, 투명성을 강화하고, 국가 AI 인프라 구축, AI 안전 연구소 설립 등 다양한 정책적 기반을 마련하는 내용을 담고 있다.

미국은 2021년 1월, 국가 인공지능 계획 수립과 시행을 담당할 기구(과학기술정책실 소속 국가인공지능계획사무국)와 위원회(국가인공지능자문위원회)를 설립하는 「2020 국가인공지능계획법(National Artificial Intelligence Initiative Act of 2020)」을 제정 · 공포하였다. 이 법에서는 인공지능을 '인간이 정한 목표를 위해 실제 또는 가상 환경에 영향을 미치는 예측, 권고, 결정을 할 수 있는 기계 기반 시스템'으로 정의한다.

또한 2022년 10월 17일에는 연방정부 행정기관 직원의 지식과 역량을 높이기 위해 10년간 한시적으로 적용되는 「인공지능 훈련법(Artificial Intelligence Training for the Acquisition Workforce Act)」을 제정 · 공포하였다. 2022년 12월 23일에는 인공지능 분야에서 미국의 경쟁력을 강화하기 위한 인공지능 관련 프로그램 및 시책을 장려하는 「미국 인공지능진흥법(Advancing American AI Act)」이 제정 · 공포되었다(법무부 2024). 2023년 10월 30일에는 「안전하고 보안이 보장되며 신뢰할 수 있는 인공지능의 개발과 사용(Safe, Secure, and Trustworthy Development and Use of Artificial Intelligence)에 관한 행정명령(제14110호)」이 미국에서 발령되었다. 이 행정명령은 인공지능이 막대한 잠재력과 위험을 동시에 내포하고 있음을 인식하고, 인공지능을 선의의 목적으로 활용하고 위험을 완화하기 위해 정부, 민간, 학계, 시민사회 전체의 노력이 필요하다고 선언하고 있다. 또한 인공지능 개발 · 사용에서 지켜야 할 행정부의 8가지 원칙과 우선순위, 연방기관이 참여해야 할 100개 이상의 특정 조치를 규정한다. 행정명령 이행을 위해 대통령실 내에 백악관 AI 위원회를 설립하도록 하였다(법무부, 2024). 미국의 「안전하고 보안이 보장되며 신뢰할 수 있는 인공지능의 개발과 사용(Safe, Secure, and Trustworthy Development and Use of Artificial Intelligence)에 관한 행정명령(제14110호)」가 미국에서의 AI 관련 기본 규정에 해당한다고 할 것이다.

이하에서는 EU, 미국, 그리고 한국의 인공지능 관련 법규정을 개괄적으로 살펴보기로 한다.

1) EU의 AI 기본법

(1) EU 인공지능법(Artificial Intelligence Act) 개관(심소연, 2024)

2024년 3월 13일 유럽의회는 인공지능(이하 'AI')에 관한 포괄적 규제법인 「EU 인공지능법」을 세계 최초로 통과시켰다. 인공지능법은 EU 역내에서 사용되는 AI 시스템의 위험도를 4단계(허용 불가능한 위험/고위험/제한적 위험/최소 위험)로 분류하여 의무 사항을 달리 규정하고 있다. 특히 생성형 AI시스템 제공자와 배포자의 투명성 의무를 강조하며 의무 위반 시 벌금을 차등적으로 부과한다.

「EU 인공지능법」은 AI 시스템 개발 장소가 EU 역내 · 외인지를 불문하고, AI 제품을 출시하거나 서비스하는 제공자(provider), AI 시스템 개발 장소가 EU 역내에 위치한 AI 시스템 배포자(deployer), AI 시스템 개발 장소가 EU 역외에 위치하나 생산된 AI 제품이 EU 역내에서 활용되는 AI 시스템의 제공자와 배포자, AI 시스템 수입 · 유통업체 등에 적용된다(제2조).

유럽 인공지능법을 위반한 사업자는 연 매출의 최대 7%에 해당하는 벌금이 부과될 수 있고, 벌금의 상한은 3,500만 유로다. 유럽연합(EU)의 인공지능 규제안 「EU 인공지능법」은 공식 저널에 발표, 20일 뒤인 8월 1일부터 정식 발효되고 조문에 따라 발효 후 각각 6개월 후, 12개월 후, 24개월 후 시행된다.

(2) AI 시스템 분류

① 범용 AI 모델

범용 AI 모델이란 대량의 데이터로 학습된 AI 모델로서 상당한 일반성을 보이고, 모델이 시장에 출시되는 방식과 관계없이 다양한 고유 작업을 능숙하게 수행하며, 다양한 하위 시스템 또는 애플리케이션(이하 앱)에 통합될 수 있는 AI 모델을 말한다(제3조 제63항). 이 법은 범용 AI모델 중 시스템적 위험이 있는 범용 AI 모델을 분류하고(제51조), 이를 기반으로 만든 AI 시스템을 위험도에 따라 4가지로 분류하며 각각에 대해 서로 다른 제한과 의무를 규정하고 있다.

② 금지된 AI 시스템

금지된 AI 시스템의 유형에는 인간의 잠재의식 또는 특정 집단의 취약점을 악용하여 피해를 유발할 수 있는 시스템, 사회적 행동이나 개인의 특성에 기반하여 생성 · 수집된 정보로 개인이나 집단의 '사회적 점수(social score)'를 도출하여 불리한 대우를 유발할 수 있는 시스템, 프로파일링이나 성격 특성만을 토대로 개인의 범죄 가능성을 예측 · 평가하는 시스템, 직장 및 교육기관에서 개인의 감정 추론을 위해 사용하는 시스템, 공공장소에서의 실시간 원격 생체 인식 시스템(납치 · 인신매매 · 성적 착취 피해자 및 실종자 수색, 테러 위협 방지, 범죄자 및 범죄 용의자 신원 및 위치 파악을 위해 예외적으로 허용됨) 등이 포함된다(제5조).

③ 고위험 AI 시스템

고위험 AI 시스템이란 EU 법률의 적용을 받는 부품 · 제품으로 사용되며 적합성 평가를 받아야 하는 AI 시스템 및 「EU 인공지능법」 부속서 III에 명시된 8가지 목적[금지되지 않는 생체 인식 · 분류, 중요 인프라의 관리 · 운영, 교육 및 직업훈련, 고용, 근로자 관리 및 자영업, 필수 민간서비스 및 공공서비스에 대한 접근 및 혜택의 향유, 법 집행, 이민, 망명 및 국경 통제 관리, 사법행정(사법기관에서 분쟁 해결에 유사한 방식으로 사용하기 위한 AI시스템) 및 민주적 절차]을 위해 사용되는 AI 시스템을 말한다(제6조). EU 인공지능법은 고위험 AI 시스템의 이해관계자를 7개 유형(제공자, 배포자, 공인대리인, 수입업자, 유통업자, 제품 제조업자, 공급자)으로 구체화하여 각자에게 필요한 의무와 책임을 지우도록 이해관계자 유형별 의무사항을 규정하고 있는바 이 중 제공자와 배포자의 의무를 보면 다음과 같다.

〈표 4-2〉 고위험 AI시스템 제공자 의무와 배포자의 의무

구분	의무
고위험 AI 시스템 제공자(provider)의 의무(제16조)	• 시스템상에 이름, 상호 · 상표, 주소 등을 표시 또는 첨부 문서에 표시 • 품질 관리 시스템 보유 • 고위험 AI 시스템에서 자동으로 생성된 로그를 보관 • EU 시장 출시 또는 서비스 투입 전 적합성 평가 및 EU 적합성 선언 작성 • 'CE 마크'를 부착하거나 포장 또는 첨부 문서에 적합성 표시 • EU 집행위원회가 관리하는 EU 데이터베이스에 등록 • 필요한 시정 조치 및 필요한 정보제공 • 「지침(EU) 2016/2102」 및 「지침(EU) 2019/882」)에 따른 접근성 요구사항 준수 확인 등
고위험 AI 시스템 배포자(deployer)의 의무(제26조)	• 기술적 · 조직적 조치 및 인적 감독 조치 • 시판 후 모니터링 의무 및 위험 발생 가능성 발견 시, 사용을 중단하고 관련자 및 관할 당국에 통지 • 고위험 AI 시스템에서 자동으로 생성된 로그를 보관(최소 6개월) • 사업장에서 고위험 AI 시스템 사용 전, 근로자에게 사전 고지 • 고위험 AI 시스템 배포자가 국가 공공기관 또는 EU 기관일 경우, EU 데이터베이스에 등록 • 범죄 수사 관련 원격 생체 인식용 고위험 AI 시스템 배포자는 사법 당국에 사전 승인이 요구됨. 승인된 고위험 AI 시스템과 연결된 개인 데이터의 삭제 • 원격 생체 인식용 고위험 AI 시스템 사용에 대한 연례보고서를 국가데이터보호당국에 제출

출처 : 심소연(2024).

④ 제한적 위험 AI 시스템

제한적 위험 AI 시스템이란 의사결정 결과에 실질적 영향을 주지 않고 자연인의 건강, 안전 또는 기본권에 중대한 위해를 가할 위험이 없는 AI 시스템을 말한다. 제한적 AI 시스템 제공자와 사용자는 투명성 의무를 가진다. 즉, 제공자는 배포자가 해당 시스템의 작동 방식, 기능과 한계를 잘 이해할 수 있도록 설계하고, 판매 시 사용 지침을 함께 제공해야 하며, 사용자도 해당 시스템을 통해 인위적으로 생성 · 조작한 콘텐츠에 대해 출처를 표시하고 공개하여야 한다.

⑤ 최소 위험 AI 시스템

최소 위험 AI 시스템이란 금지된 AI, 고위험 AI, 제한적 위험 AI에 속하지 않는 그 밖의 AI 시스템을 의미한다. 최소 위험 AI 시스템에는 별도의 규제가 없다.

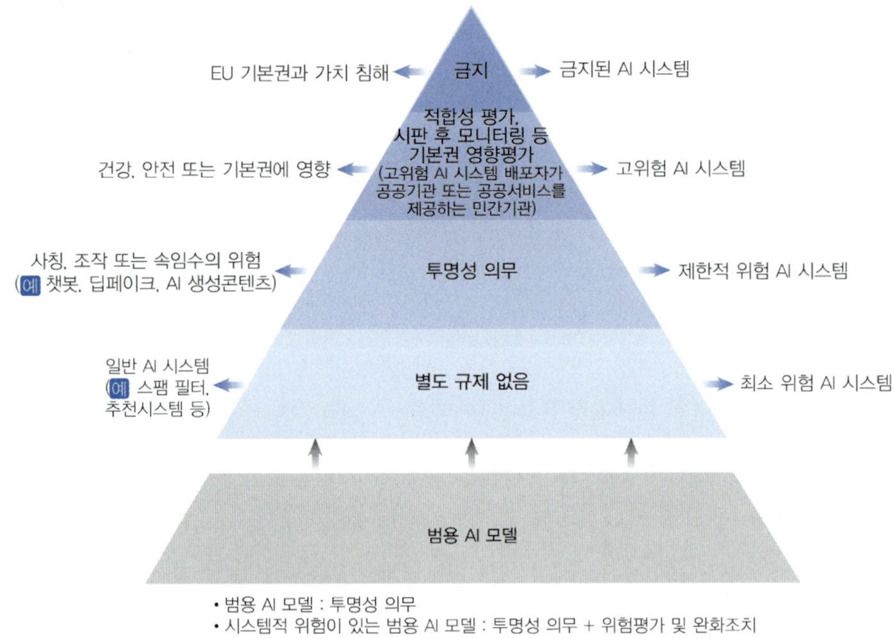

| 그림 4-1 | 위험도에 따른 AI시스템의 분류 및 차등적 규제

출처 : 심소연(2024). 유럽의회조사처(EPRS) 자료 재구성.

2) 미국의 AI 관련 행정명령

미국의 인공지능(AI) 관련 행정명령 제14110호는 2023년 10월 30일 바이든 대통령이 서명한 명령으로 "안전하고 보안이 보장되며 신뢰할 수 있는 인공지능의 개발과 사용에 관한 행정명령"이라고 불린다. 이는 AI의 안전하고 신뢰할 수 있는 개발 및 사용을 목표로 다양한 연방 기준, 지침, 보고 요구, 개인정보 · 시민권 보호, 노동자 지원, 혁신 장려 등의 내용을 포괄하였다. 하지만 2025년 1월 28일, 트럼프 대통령에 의해 해당 명령은 폐기되었고, 이후 "AI 분야에서 미국의 리더십에 대한 장벽 제거"로 불리는 행정명령(EO 14148)이 후속으로 발령되었다.

미국 행정명령 제14110호("안전하고 신뢰할 수 있는 인공지능 개발 및 사용에 관한 행정명령")의 주된 내용은 AI 개발과 활용에 대한 안전, 신뢰, 투명성 확보를 위한 연방 기준 마련 및 안전 테스트, 보고 의무에 관한 것이다. 제14110호 명령은 AI 리스크 관리와 각종 안전장치 도입, NIST 중심의 표준 개발 지침 강화, 생성형 AI의 위험 평가 체계 확립, 개인정보 보호, 소비자 및 근로자 권익, 차별 방지, 미국인의 시민권 증진, 혁신 촉진과 글로벌 리더십 강화 등 8대 원칙과 주요 정책 방향을 내포하고 있다.

제14110호에서 말하는 생성형 AI에 관한 8대 원칙은 다음과 같다.

- **AI의 안전성 · 신뢰성 확보** : AI 시스템의 위험 평가, 안전성 검사, 보안 기준 수립 및 표준화
- **책임 있는 혁신 · 경쟁 · 협력 구현** : AI 관련 연구 · 교육 · 기술 및 시장 경쟁 환경 조성, 소규모 개발자와 기업의 성장 지원
- **근로자 권익 및 노동환경 보호** : AI로 인한 직업 변화에 대응, 부당한 근로자 감시 · 노동 조건 악화 · 고용 불안 방지, 고용주 · 노동자 참여 확대
- **형평성과 시민권 촉진** : AI가 차별 · 편향을 심화하지 않도록 법적 · 기술적 규제와 감독 강화
- **소비자 권익 보호** : AI 제품 · 서비스 이용 시 소비자 피해 예방, 개인정보 및 프라이버시 권리 강화
- **프라이버시와 시민 자유 보호** : 데이터 수집 · 활용 시 개인정보 보호와 투명성 · 적법성 강화, 프라이버시 향상 기술 지원
- **연방정부 활용 · 리스크 관리 강화** : 공공 서비스 · 행정 효율화에 AI 활용, 공무원 및 전문가 역량 강화, 안전한 정보 인프라 구축
- **국제 협력 · 글로벌 리더십 강화** : 동맹국 및 파트너와 AI 안전 · 윤리 원칙 공동 개발 및 확산, 글로벌 AI 거버넌스 선도

또한 제14110호에서 제시한 주요 정책(예시)은 다음과 같다.

> 주요 정책 조치(예시)
> • AI 안전 기준 및 가이드라인 마련, 위험성 있는 AI에 대한 사전검사 및 보고 절차 의무화
> • 복합적 기술(생성형 AI, 바이오 안보 등) 관련 특별 규제 및 기술적 관리 강화
> • AI가 초래하는 노동시장 변화 및 고용불안에 대응하기 위한 교육 · 훈련 정책
> • AI 기반 콘텐츠와 데이터의 인증 · 추적(위변조 · 딥페이크 방지 등) 시스템 구축
> • 지식재산권, 소비자보호, 신산업 진흥, 사회적 투명성 및 책임성 제고

즉, 행정명령 제14110호는 AI 개발과 활용 전반에 걸쳐 연방정부와 관련 기관(상무부, 에너지부, 국토안보부, 노동부 등)이 안전성, 신뢰성, 투명성 확보 공공성, 경쟁력을 원칙으로 공통된 대응 및 후속 정책을 마련하도록 규정된 것이다.

한편 2025년 1월, 트럼프 대통령은 취임 직후 행정명령 제14110호를 폐지하고, 미국의 AI 산업 경쟁력 강화와 규제 완화에 초점을 맞춘 새로운 행정명령에 서명하여 제14110호 폐기하고 새로운 명령(트럼프 정부 행정명령 제14148호, 'AI 분야에서 미국의 리더십에 대한 장벽 제거')을 제정하였다. 제14148호는 AI 규제 완화, 혁신 및 민간 주도 강화, 연방 정부기관의 AI 발전 저해 행위 제거, AI 인프라 투자 촉진, 해외 수출 지원, 이념 편향(진보적 AI 위험)에 대한 통제 등이 핵심이고 트럼프 대통령의 명령에 따라 'America's AI Action Plan'(미국 AI 행동계획)이나 "'AI 분야에서 미국의 리더십 장벽 제거' 행정명령" 등이 발표되었으며, 규제 탑다운 방식 배제 및 국가안보 · 경제경쟁력이 우선 강조되었다.

미국 행정명령 제14148호 중 AI 관련 조항의 주요 5개의 내용은 다음과 같다.

> 1. 2023년 10월 30일 발령된 AI 안전 · 신뢰성 강화 정책 행정명령(제14110호)을 폐지한다.
> 2. AI 분야에서 강화된 규제와 엄격한 안전시험, 보고 의무 등 기존 규제를 전면 철회한다.
> 3. 연방정부는 AI 혁신과 산업 경쟁력 강화를 위해 규제 완화를 추진하고 민간 주도 AI 생태계 활성화를 지원한다.
> 4. AI 인프라 투자와 인재 양성에 주력하며, 불필요하거나 혁신을 저해하는 연방 규제를 재검토 · 폐지하도록 지시한다.
> 5. AI 관련 정책에서 이념 편향을 배제하고, 경쟁력과 경제성장을 위한 실용적 · 비정치적 접근 방식을 강조한다.

즉, 행정명령 제14148호는 바이든 정부의 AI 규제 강화 정책을 폐기하고, 미국 AI 산업의 빠른 성장과 글로벌 리더십 확보를 위한 규제 완화와 혁신 촉진 정책으로 전환을 명확히 하는 내용을 담고 있다.

미국의 행정명령 제14110호와 제14148호를 비교하면 다음과 같다.

〈표 4-3〉 미국의 행정명령 제14110호와 제14148호의 비교

구 분	행정명령 제14110호 (바이든, 2023)	행정명령 제14148호 (트럼프, 2025)
목 적	AI의 안전성, 신뢰성, 투명성을 확보하여 공공의 이익과 시민권 보호	기존 AI 안전 규제 폐지, 규제 완화와 경쟁력 강화 중심 정책 전환
주요 정책 방향	AI 위험 평가 및 안전성 검사 강화, 생성형 AI 포함 위험 관리 및 규제	AI 안전 · 신뢰성 강화 정책 폐지, 민간 주도 혁신과 산업 경쟁력 중시
정부 역할	연방정부 주도 AI 표준, 안전 지침 마련, 노동자 권익 보호, 차별 방지	AI 관련 규제 · 지침 철회, 연방기관 AI 규제 완화 및 혁신 지원 강조
AI 산업에 미치는 영향	엄격한 시험, 보고 의무로 안전성 보장과 사회적 책임 강화	규제 경감으로 산업 성장과 글로벌 경쟁력 강화 촉진
기술 및 국제 협력 방향	국제 AI 윤리 협력 및 동맹국과 안전 기준 공동 개발	규제 완화 및 미국 AI 기술 수출 활성화, 국가안보 및 경제 발전 중점

위와 같이 제14110호는 AI 안전성과 시민권 보호를 강조하는 규제 강화 정책이고, 제14148호는 그 정책을 폐지하여 AI 산업의 혁신과 경쟁력 강화를 목표로 연방정부 규제를 완화하는 정책으로 전환한 것이다.

3) 한국의 인공지능 발전과 신뢰 기반 조성 등에 관한 기본법

한국은 2025년 1월 21일 국회에서 「인공지능발전과 신뢰 기반 조성 등에 관한 기본법(약칭 '인공지능기본법')(법률 제20676호)」이 통과되어 제정되었고 1년의 유예기간이 지난 2026년 1월 22일 시행될 예정이다.

국회에서 밝힌 인공지능기본법의 제안 이유는 "인공지능은 모든 산업뿐만 아니라 사회를 바꾸는 기반 기술로 최근 인공지능의 성능이 비약적으로 발전함에 따라 우리 사회 각 분야에서 인공지능의 활용이 급속히 확대되고 있음. 특히,

생성형 인공지능의 등장에 따라 인공지능이 가져올 잠재적 혜택과 함께 위험성에 대한 우려가 전 세계적으로 주목받고 있음. 인공지능의 건전한 발전을 지원하고 인공지능사회의 신뢰 기반 조성에 필요한 기본적인 사항을 규정함으로써 국민의 권익과 존엄성을 보호하고 국민의 삶의 질 향상과 국가경쟁력을 강화하는데 이바지할 수 있는 대한민국 인공지능의 새로운 기준을 마련하고자 함"으로 밝히고 있다(인공지능기본법 의안 전문).

법안의 주요 내용은 다음과 같다(인공지능기본법 의안 전문 발췌).

가. 인공지능의 건전한 발전과 신뢰 기반 조성에 필요한 사항을 규정함으로써 국민의 권익과 존엄성을 보호하고 국민의 삶의 질 향상과 국가경쟁력을 강화하는 데 이바지함을 목적으로 함(제1조).

나. 인공지능, 고영향 인공지능, 생성형 인공지능, 인공지능윤리 및 인공지능사업자 등에 대하여 정의함(제2조).

다. 과학기술정보통신부장관은 3년마다 인공지능기술 및 인공지능산업의 진흥과 국가경쟁력 강화를 위하여 인공지능 기본계획을 국가인공지능위원회의 심의 · 의결을 거쳐 수립 · 시행하고, 기본계획에는 인공지능 정책의 기본 방향, 전문인력 양성, 신뢰 기반 조성 등에 관한 사항이 포함되어야 함(제6조).

라. 인공지능산업의 진흥 및 인공지능 신뢰 기반 조성을 위한 주요 정책 등에 관한 사항을 심의 · 의결하기 위하여 대통령 소속의 국가인공지능위원회를 두고, 국가인공지능위원회는 기본계획의 수립, 인공지능 활용 촉진, 고영향 인공지능 규율 등에 관한 사항을 심의 · 의결함(제7조 및 제8조).

마. 과학기술정보통신부장관은 인공지능 관련 정책의 개발과 국제규범 정립 · 확산을 위하여 인공지능정책센터를 지정할 수 있고, 인공지능안전을 확보하기 위하여 인공지능안전연구소를 운영할 수 있음(제11조 및 제12조).

바. 정부는 인공지능기술의 개발 활성화와 안전하고 편리한 이용을 위하여 국내 · 외 동향 및 관련 제도의 조사, 기술의 실용화, 연구개발 등의 사업을 지원할 수 있고, 과학기술정보통신부장관은 인공지능기술과 관련된 표준화를 위하여 표준 제정 등의 사업을 추진할 수 있음(제13조 및 제14조).

사. 과학기술정보통신부장관은 인공지능기술의 개발 및 인공지능산업의 진흥을 위하여 관련 전문인력을 양성하고, 해외 전문인력의 확보를 위한 각종 시책을 추진할 수 있음(제21조).

아. 국가 및 지방자치단체는 인공지능산업의 진흥과 인공지능 개발 · 활용의 경쟁력 강화를 위하여 인공지능 및 인공지능기술의 연구 · 개발을 수행하는 기업, 기관이나 단체의 기능적 · 물리적 · 지역적 집적화를 추진할 수 있음(제23조).

자. 정부는 인공지능윤리의 확산을 위하여 안전성 · 신뢰성, 접근성, 사람의 삶과 번영에의 공

헌 등의 사항을 포함하는 인공지능 윤리원칙을 제정 · 공표할 수 있고, 과학기술정보통신부장관은 인공지능 윤리원칙의 실천방안을 수립하고 이를 공개 및 홍보 · 교육하여야 함(제27조).

차. 과학기술정보통신부장관은 법인 · 기관 · 단체 등이 인공지능 안전성 · 신뢰성 확보를 위하여 자율적으로 추진하는 검증 · 인증 활동을 지원하기 위한 사업을 추진할 수 있음(제30조).

카. 고영향 인공지능 또는 생성형 인공지능을 이용한 제품 또는 서비스를 제공하는 인공지능사업자는 해당 사실을 이용자에게 사전에 고지하여야 하며, 생성형 인공지능 또는 이를 이용한 제품 또는 서비스를 제공하는 경우 그 결과물이 생성형 인공지능에 의하여 생성되었다는 사실을 표시하여야 하고, 인공지능시스템을 이용하여 실제와 구분하기 어려운 가상의 결과물을 제공하는 경우 그 사실을 이용자가 명확하게 알 수 있도록 고지 또는 표시하여야 함(제31조).

타. 인공지능사업자는 학습에 사용된 누적 연산량이 대통령령으로 정하는 기준 이상인 인공지능시스템의 안전성을 확보하기 위하여 위험 식별 · 평가 · 완화 등의 사항을 이행하여야 함(제32조).

파. 인공지능사업자는 고영향 인공지능 또는 이를 이용한 제품 · 서비스를 제공하는 경우 안전성 · 신뢰성을 확보하기 위한 조치를 이행하여야 함(제34조).

하. 과학기술정보통신부장관은 이 법에 위반되는 사항을 발견하거나 혐의가 있음을 알게 된 경우 인공지능사업자에 대하여 자료를 제출하게 하거나 소속 공무원으로 하여금 필요한 조사를 하게 할 수 있고, 위반 사실이 있다고 인정되면 위반행위의 중지나 시정을 위하여 필요한 조치를 명할 수 있음(제40조).

인공지능기본법은 제1조(목적)에서 "이 법은 인공지능의 건전한 발전과 신뢰 기반 조성에 필요한 기본적인 사항을 규정함으로써 국민의 권익과 존엄성을 보호하고 국민의 삶의 질 향상과 국가경쟁력을 강화하는 데 이바지함을 목적으로 한다"고 규정하고 있다. 또한 제2조 제1호에서 인공지능의 정의를 "'인공지능'이란 학습, 추론, 지각, 판단, 언어의 이해 등 인간이 가진 지적 능력을 전자적 방법으로 구현한 것을 말한다"고 규정하고 있으며, 제4호에서 "'고영향 인공지능'이란 사람의 생명, 신체의 안전 및 기본권에 중대한 영향을 미치거나 위험을 초래할 우려가 있는 인공지능시스템으로서 다음 각 목의 어느 하나의 영역에서 활용되는 것을 말한다"고 규정하면서 「에너지법」 제2조 제1호에 따른 에너지의 공급, 「먹는물관리법」 제3조 제1호에 따른 먹는물의 생산 공정, 「보건의료기본법」 제3조 제1호에 따른 보건의료의 제공·이용체계의 구축 및 운영, 「의료기기법」 제2조 제1항에 따른 의료기기 및 「디지털의료제품법」 제2조 제2호에 따른 디지털의료기기의 개발 및 이용, 「원자력시설 등의 방호 및 방사능 방재 대책법」 제2조 제1호에 따른 핵물질과 같은 항 제2호에 따른 원자력시설의 안전한 관리 및 운영, 범죄 수사나 체포 업무를 위한 생체인식정보(얼굴 · 지문 · 홍채 및 손바닥 정맥 등 개인을 식별할 수 있는 신체적 · 생리적 · 행동적 특징에 관한 개인정보를 말한다)의 분석 · 활용, 채용, 대출 심사 등 개인의 권리 · 의무 관계에 중대한 영향을 미치는 판단 또는 평가, 「교통안전법」 제2조 제1호부터 제3호까지에 따른 교통수단, 교통시설, 교통체계의 주요한 작동 및 운영, 공공서비스 제공에 필요한 자격 확인 및 결정 또는 비용징수 등 국민에게 영향을 미치는 국가, 지방자치단체, 「공공기관의 운영에 관한 법률」 제4조에 따른 공공기관 등(이하 "국가기관등"이라 한다)의 의사결정, 「교육기본법」 제9조 제1항에 따른 유아교육 · 초등교육 및 중등교육에서의 학생 평가, 그 밖에 사람의 생명 · 신체의 안전 및 기본권 보호에 중대한 영향을 미치는 영역으로서 대통령령으로 정하는 영역을 사례로 들고 있다. 또한 제2조 제5호에서 "'생성형 인공지능'이란 입력한 데이터(「데이터 산업진흥 및 이용촉진에 관한 기본법」 제2조 제1호에 따른 데이터를 말한다. 이하 같다)의 구조와 특성을 모방하여 글, 소리, 그림, 영상, 그 밖의 다양한 결과물을 생성하는 인공지능시스템을 말한다"고 규정하고 있다.

인공지능기본법은 인공지능의 윤리 확보를 위해 "제4장 인공지능윤리 및 신뢰성 확보"라는 제목하에 여러 조문을 두고 있는바 대표적인 조문은 다음과 같다.

> **제27조(인공지능 윤리원칙 등)** ① 정부는 인공지능윤리의 확산을 위하여 다음 각 호의 사항을 포함하는 인공지능 윤리원칙(이하 "윤리원칙"이라 한다)을 대통령령으로 정하는 바에 따라 제정 · 공표할 수 있다.
> 1. 인공지능의 개발 · 활용 등의 과정에서 사람의 생명과 신체, 정신적 건강 등에 해가 되지 않도록 하는 안전성과 신뢰성에 관한 사항
> 2. 인공지능기술이 적용된 제품 · 서비스 등을 모든 사람이 자유롭고 편리하게 이용할 수 있는 접근성에 관한 사항
> 3. 사람의 삶과 번영에의 공헌을 위한 인공지능의 개발 · 활용 등에 관한 사항

제28조(민간자율인공지능윤리위원회의 설치 등) ① 다음 각 호의 기관 또는 단체는 윤리원칙을 준수하기 위하여 민간자율인공지능윤리위원회(이하 "민간자율위원회"라 한다)를 둘 수 있다.

제29조(인공지능 신뢰 기반 조성을 위한 시책의 마련) 정부는 인공지능이 국민의 생활에 미치는 잠재적 위험을 최소화하고 안전한 인공지능의 이용을 위한 신뢰 기반을 조성하기 위하여 다음 각 호의 시책을 마련하여야 한다.

1. 안전하고 신뢰할 수 있는 인공지능 이용환경 조성
2. 인공지능의 이용이 국민의 일상생활에 미치는 영향 등에 관한 전망과 예측 및 관련 법령 · 제도의 정비
3. 인공지능의 안전성 · 신뢰성 확보를 위한 안전기술 및 인증기술의 개발 및 확산 지원
4. 안전하고 신뢰할 수 있는 인공지능사회 구현 및 인공지능윤리 실천을 위한 교육 · 홍보
5. 인공지능사업자의 안전성 · 신뢰성 관련 자율적인 규약의 제정 · 시행 지원
6. 인공지능사업자, 이용자 등으로 구성된 인공지능 관련 단체(이하 "단체등"이라 한다)의 인공지능의 안전성 · 신뢰성 증진을 위한 자율적인 협력, 윤리지침 제정 등 민간 활동의 지원 및 확산
7. 그 밖에 인공지능의 안전성 · 신뢰성 확보를 위하여 대통령령으로 정하는 사항

제30조(인공지능 안전성 · 신뢰성 검 · 인증등 지원) ① 과학기술정보통신부장관은 단체등이 인공지능의 안전성 · 신뢰성 확보를 위하여 자율적으로 추진하는 검증 · 인증 활동(이하 "검 · 인증등"이라 한다)을 지원하기 위하여 다음 각 호의 사업을 추진할 수 있다.

1. 인공지능의 개발에 관한 가이드라인 보급
2. 검 · 인증등에 관한 연구의 지원
3. 검 · 인증등에 이용되는 장비 및 시스템의 구축 · 운영 지원
4. 검 · 인증등에 필요한 전문인력의 양성 지원
5. 그 밖에 검 · 인증등을 지원하기 위하여 대통령령으로 정하는 사항

③ 인공지능사업자가 고영향 인공지능을 제공하는 경우 사전에 검 · 인증등을 받도록 노력하여야 한다.

④ 국가기관등이 고영향 인공지능을 이용하려는 경우에는 검 · 인증등을 받은 인공지능에 기반한 제품 또는 서비스를 우선적으로 고려하여야 한다.

제31조(인공지능 투명성 확보 의무) ① 인공지능사업자는 고영향 인공지능이나 생성형 인공지능을 이용한 제품 또는 서비스를 제공하려는 경우 제품 또는 서비스가 해당 인공지능에 기반하여 운용된다는 사실을 이용자에게 사전에 고지하여야 한다.

② 인공지능사업자는 생성형 인공지능 또는 이를 이용한 제품 또는 서비스를 제공하는 경우 그 결과물이 생성형 인공지능에 의하여 생성되었다는 사실을 표시하여야 한다.

③ 인공지능사업자는 인공지능시스템을 이용하여 실제와 구분하기 어려운 가상의 음향, 이미지 또는 영상 등의 결과물을 제공하는 경우 해당 결과물이 인공지능시스템에 의하여

생성되었다는 사실을 이용자가 명확하게 인식할 수 있는 방식으로 고지 또는 표시하여야 한다. 이 경우 해당 결과물이 예술적 · 창의적 표현물에 해당하거나 그 일부를 구성하는 경우에는 전시 또는 향유 등을 저해하지 않는 방식으로 고지 또는 표시할 수 있다.

제32조(인공지능 안전성 확보 의무) ① 인공지능사업자는 학습에 사용된 누적 연산량이 대통령령으로 정하는 기준 이상인 인공지능시스템의 안전성을 확보하기 위하여 다음 각 호의 사항을 이행하여야 한다.

1. 인공지능 수명주기 전반에 걸친 위험의 식별 · 평가 및 완화
2. 인공지능 관련 안전사고를 모니터링하고 대응하는 위험관리체계 구축

제33조(고영향 인공지능의 확인) ① 인공지능사업자는 인공지능 또는 이를 이용한 제품 · 서비스를 제공하는 경우 그 인공지능이 고영향 인공지능에 해당하는지에 대하여 사전에 검토하여야 하며, 필요한 경우 과학기술정보통신부장관에게 고영향 인공지능에 해당하는지 여부의 확인을 요청할 수 있다.

특히 EU의 AI기본법이 AI 시스템의 위험도를 4단계(허용 불가능한 위험/고위험/제한적 위험/최소 위험)로 분류한 것과 달리 한국의 인공지능기본법은 인공지능 중 고영향 인공지능만을 별도로 규정하여 인공지능기본법 제34조에서 고영향 인공지능과 관련한 사업자에게 다음과 같은 책무를 부여하고 있다.

제34조(고영향 인공지능과 관련한 사업자의 책무) ① 인공지능사업자는 고영향 인공지능 또는 이를 이용한 제품 · 서비스를 제공하는 경우 고영향 인공지능의 안전성 · 신뢰성을 확보하기 위하여 다음 각 호의 내용을 포함하는 조치를 대통령령으로 정하는 바에 따라 이행하여야 한다.

1. 위험관리방안의 수립 · 운영
2. 기술적으로 가능한 범위 내에서의 인공지능이 도출한 최종결과, 인공지능의 최종결과 도출에 활용된 주요 기준, 인공지능의 개발 · 활용에 사용된 학습용데이터의 개요 등에 대한 설명 방안의 수립 · 시행
3. 이용자 보호 방안의 수립 · 운영
4. 고영향 인공지능에 대한 사람의 관리 · 감독
5. 안전성 · 신뢰성 확보를 위한 조치의 내용을 확인할 수 있는 문서의 작성과 보관
6. 그 밖에 고영향 인공지능의 안전성 · 신뢰성 확보를 위하여 위원회에서 심의 · 의결된 사항

이와 같이 우리나라에서도 인공지능에 대한 기본법이 제정되었으나 아직 시행되지 않고 있고, 인공지능기본법이 위임하는 시행령이 완비되지 않은 상태이므로 향후 인공지능기본법의 발전방향을 지켜보아야 할 것이다.

4. AI · 디지털과 저작권

인공지능 기술의 발전과 활용 확대는 저작권법 영역에서 다양한 쟁점을 불러일으키고 있으며, 특히 생성형 인공지능의 등장은 저작권 산업과 제도에 큰 변화를 불러오고 있다. 이 가운데 입법적 논의가 집중되는 부분은 인공지능이 저작물을 학습할 때 저작권 침해 여부를 어떻게 판단할 것인지에 관한 문제이다. 인공지능이 대량의 데이터를 학습하는 과정에서는 상당수의 저작권이 있는 자료가 포함될 수 있고, 공개된 저작물이라 하더라도 일반적으로는 저작권자의 허락이 있어야만 사용이 가능하다. 그러나 실제로는 방대한 양의 저작물에 대해 일일이 저작권자로부터 동의를 얻는 것이 현실적으로 어렵다. 이에 따라 인공지능의 저작물 학습이 저작권법 제35조의5에 따른 포괄적 공정이용에 해당해 면책될 수 있는지, 아니면 별도의 입법을 통해 면책 조항을 신설해야 하는지에 대한 논의가 활발하게 이루어지고 있다.

1) 저작권 침해 가능성과 공정이용

인공지능 모델이 저작물을 학습할 때는 해당 저작물의 복제 및 전송이 발생한다. 이러한 과정에서 저작권자의 허락이나 저작권 제한 규정(예 공정이용 등)과 같은 정당한 권원이 없이 저작물을 사용할 경우, 저작권 침해에 해당할 수 있다. 그러나 실제로는 방대한 양의 데이터를 기계적으로 분석하고 학습하는 과정에서 수많은 저작권자로부터 각각 동의를 받는 것이 현실적으로 매우 어렵다. 이에 따라 공정이용과 같은 예외 조항에 해당하지 않는다면, 저작권 침해가 불가피하게 발생할 수밖에 없게 된다.

저작권 면책과 관련한 입법 방식은 통상 포괄적 공정이용과 TDM(Text-Data Mining) 면책 조항으로 구분된다. 한국과 미국은 포괄적 공정이용을 규정하고 있으며, 주요국의 저작권 면책 관련 입법 현황은 다음과 같다(신용우, 2024).

〈표 4-4〉 주요국의 저작권 면책 관련 입법 현황

구 분	국가	관련 법령	주요 내용
공정이용 일반조항	한국	「저작권법」 제35조의5[1]	저작물의 통상적인 이용 방법과 충돌하지 않고 저작자의 정당한 이익을 부당하게 해치지 않는 경우 저작물 이용 가능
	미국	「연방저작권법」 제107조	공정이용의 요건을 충족하는 경우 비평·논평·시사보도·교수·학문·연구 등 목적으로 저작물 이용 가능
TDM	EU	「EU 디지털 단일시장 저작권 지침」	① 연구기관 및 문화유산기관의 학술목적 TDM (배제 불가), ② 적법하게 접근할 수 있는 저작물 등에 대한 TDM(저작권자가 opt-out 행사 가능) 수행 목적으로 저작물 및 데이터베이스의 복제·추출 허용
	영국	「저작권법」 제29A조	비상업적 목적에 한하여 TDM 허용
	일본	「저작권법」 제30조의4, 제47조의5	• '정보해석 용도 제공' 등 저작물에 표현된 사상이나 감정을 자신 또는 타인이 향수할 목적이 아닌 경우 면책 • '정보해석의 실시 및 결과 제공' 등 컴퓨터를 이용한 정보처리를 통해 새로운 지식·정보를 창출함으로써 저작물의 이용촉진에 기여하는 행위를 하는 자가 일정한 행위에 부수하여 경미하게 이용하는 것은 면책

1) **저작권법** 제35조의5(저작물의 공정한 이용) ① 제23조부터 제35조의4까지, 제101조의3부터 제101조의5까지의 경우 외에 저작물의 일반적인 이용 방법과 충돌하지 아니하고 저작자의 정당한 이익을 부당하게 해치지 아니하는 경우에는 저작물을 이용할 수 있다.

② 저작물 이용 행위가 제1항에 해당하는지를 판단할 때에는 다음 각 호의 사항등을 고려하여야 한다.

1. 이용의 목적 및 성격
2. 저작물의 종류 및 용도
3. 이용된 부분이 저작물 전체에서 차지하는 비중과 그 중요성
4. 저작물의 이용이 그 저작물의 현재 시장 또는 가치나 잠재적인 시장 또는 가치에 미치는 영향

공정이용 일반조항 + TDM	싱가포르	「저작권법」 제243조, 제244조 등	• 목적 내 이용 및 저작물 등에 대한 적법한 접근 권한 등의 요건하에, 컴퓨터 데이터 분석 및 그 준비작업 목적으로 저작물 이용 허용

출처 : 신용우(2024).

2) ChatGPT 등 생성형 인공지능이 타인의 저작물을 학습하여 결과물을 산출하는 데 있어 문제되는 저작권법상의 문제

(1) 생성형 AI와 복제권

생성형 AI는 대량의 데이터를 학습하는 과정에서 수많은 저작물의 복제가 이루어진다. 대형 언어모델(Large Language Model) 방식으로 수백 기가바이트에 달하는 텍스트를 훈련시키며, 인간과 유사한 답변을 생성할 수 있도록 설계되어 있다. 또한 인간 피드백을 반영한 강화학습(RLHF : Reinforcement Learning from Human Feedback) 방법을 통해 생성형 AI(예 ChatGPT)는 다양한 데이터에 대한 피드백 과정을 거친다. 이 과정에서 저작권이 있는 데이터의 복제가 불가피하게 발생한다.

이러한 복제가 저작권자의 허락 없이 이루어진 경우, 저작권법 제16조에 따라 복제권 침해에 해당할 수 있다. 이때, 저작권법상 허용되는 '일시적 복제' 규정(저작권법 제35조의2)에 따라 면책될 수 있는지가 논란이 된다. 해당 조항은 "컴퓨터에서 저작물을 이용하는 경우 원활하고 효율적인 정보처리를 위하여 필요하다고 인정되는 범위 안에서 저작물을 컴퓨터에 일시적으로 복제할 수 있다"고 규정하고 있다. 그러나 생성형 AI의 학습 과정에서 저작물이 일시적으로만 복제되는지, 그리고 학습 데이터가 독립적인 경제적 가치를 가지는지에 따라 면책 여부가 달라질 수 있다. 실제로는 학습 데이터가 일시적 복제에 해당하지 않거나, 독립적 가치를 인정받기 어렵다는 점에서 면책 적용은 쉽지 않다.

(2) 생성형 AI와 2차적 저작물 작성권

2차적 저작물 작성권은 저작자가 자신의 저작물을 바탕으로 번역, 편곡, 변형, 각색, 영상제작 등으로 새로운 저작물을 만들 권리를 의미한다(저작권법 제22조). 2차적 저작물은 원저작물과 동일하지는 않지만, 실질적으로 유사한 새로운 창작물로 간주된다(저작권법 제5조).

생성형 AI는 질문에 대한 답변 형식으로 텍스트를 생성하는데, 이 과정에서 학습된 텍스트와 완전히 동일하지는 않지만, 실질적으로 유사한 결과물이 나올 수 있다. 실제로 인공지능 관련 소송에서는 2차적 저작물 작성권 침해 여부가 핵심 쟁점이 되고 있다. 미국에서 진행 중인 미드저니(Midjourney), 스태빌리티 AI(Stability AI), 깃허브(GitHub) 관련 소송에서도 이러한 문제가 다투어지고 있다.

(3) 생성형 AI와 데이터베이스 저작권

데이터베이스 제작자는 데이터베이스의 전부 또는 상당 부분을 복제 · 배포 · 방송 또는 전송할 권리를 가진다(저작권법 제93조 제1항). 데이터베이스란 소재를 체계적으로 배열하거나 구성한 편집물로, 개별적으로 소재에 접근하거나 검색할 수 있도록 한 것을 의미한다(저작권법 제2조 제19호).

생성형 AI는 웹크롤링 등으로 인터넷 자료를 수집하는데, 이 과정에서 데이터베이스 제작자가 관리하는 자료를 복제할 수 있다. 만약 생성형 AI 회사가 언론사나 뉴스 데이터베이스 제작자의 동의 없이 데이터를 사용했다면, 복제권 침해와 별도로 데이터베이스 제작자의 권리 침해 문제가 발생할 수 있다.

(4) ChatGPT와 저작인격권(동일성유지권, 성명표시권)

저작인격권 관점에서는 동일성유지권과 성명표시권 침해 여부가 논란의 소지가 있다. 동일성유지권은 저작물의 내용, 형식, 제호의 동일성을 유지할 권리를 의미하며(저작권법 제13조 제1항), 생성형 AI는 학습한 저작물의 내용을 변경하거나 수정하여 답변을 생성하기 때문에 이 권리를 침해할 수 있다.

성명표시권은 저작자가 자신의 실명이나 이명을 저작물에 표시할 권리를 뜻한다(저작권법 제12조 제1항). 생성형 AI가 학습한 데이터 중 저작자가 있는 저작물의 비중이 높은데, 생성형 AI는 텍스트 생성 과정에서 저작자의 이름을 표시하지 않는 경우가 많다. 따라서 성명표시권 침해 가능성도 존재한다.

이처럼 생성형 AI는 저작권법상 복제권, 2차적 저작물 작성권, 데이터베이스 저작권, 저작인격권 등 다양한 권리 침해 논란이 제기될 수 있다. 각각의 권리 침해 여부는 실제 소송과 입법 논의에서 중요한 쟁점으로 부상하고 있다.

3) 향후 입법과제 논의

생성형 AI가 학습 과정에서 저작권 침해 문제를 겪고 있다는 점은, 향후 입법에서 반드시 고려해야 할 핵심 과제임을 시사한다. 현재 저작권법은 저작물의 복제, 2차적 저작물 작성, 데이터베이스 이용, 저작인격권 보호 등 다양한 영역에서 인공지능의 학습 및 활용에 대한 명확한 기준을 제공하지 못하고 있다. 이에 따라 다음과 같은 입법과제가 도출된다.

(1) 저작물 학습에 대한 법적 근거 마련

인공지능이 저작권이 있는 데이터를 학습할 때, 저작권 침해를 막기 위해 명확한 법적 근거가 필요하다. 이는 공정이용 범위의 확대, 일시적 복제 규정의 명확화, 또는 저작권 면책 규정 신설 등 다양한 방식으로 접근할 수 있다.

(2) 학습데이터 투명성 및 공개 의무화

AI 개발사가 학습에 사용한 데이터를 공개하거나 공표할 의무를 부과함으로써, 저작권 침해 여부에 대한 투명성을 확보할 필요가 있다. 이는 EU, 미국 등에서 논의되고 있는 방향과도 일치하며, 한국적 맥락에서도 적용 가능한 제도이다.

(3) 저작권자 보호 및 보상체계 구축

AI 학습에 사용된 저작물의 저작권자에게 적절한 보상이나 수익 분배가 이루어지도록, 라이선스 계약 체결, 데이터 구매 및 가공, 저작권 집중관리 제도 등 다양한 제도적 장치를 도입해야 한다.

(4) AI 플랫폼의 책임 기준 명확화

생성형 AI 플랫폼이 생성한 결과물로 인한 법적 문제 발생 시 플랫폼의 책임 기준을 명확히 하여, 단순 도구 제공자에서 벗어나 주의 의무를 부과하는 방향의 입법이 필요하다. 신고 시스템 강화, 사전 필터링 기술 도입 등도 함께 검토해야 한다.

(5) 2차적 저작물 작성권 및 데이터베이스 저작권 보호 강화

생성형 AI가 생성한 결과물이 2차적 저작물에 해당하는지, 데이터베이스 저작권을 침해하는지에 대한 판단 기준을 명확히 하고, 저작권자 보호를 강화하는 입법이 요구된다.

(6) 저작인격권(동일성유지권, 성명표시권) 보호 방안 마련

생성형 AI가 학습 및 결과물 생성 과정에서 저작인격권을 침해하지 않도록, 동일성유지권 및 성명표시권 보호를 위한 구체적인 방안을 마련해야 한다.

이처럼 생성형 AI 학습과정에서의 저작권 침해 문제는 다양한 입법적 과제를 도출하며, 기술 발전과 저작권 보호의 균형을 이루기 위한 법적 · 제도적 대응이 필요하다. 특히 투명성, 저작권자 보호, 플랫폼 책임 기준, 저작인격권 보호 등은 향후 입법 논의에서 반드시 고려되어야 할 핵심 요소라고 할 수 있다.

05
CHAPTER

교육현장을 위한 AI · 디지털 리터러시

1. 학습관리시스템(LMS)
2. 교육용 앱과 소프트웨어
3. 온라인 협업 도구

05 CHAPTER

교육현장을 위한 AI · 디지털 리터러시

1. 학습관리시스템(LMS)

학습관리시스템(LMS)은 교육 환경에서 교수자와 학습자 간의 상호작용을 증진시키고, 학습 경험을 개인화하는 데 중요한 역할을 하고 있다. LMS는 교수 설계 및 학습 과정 운영에 있어 필수적인 도구로 자리 잡고 있으며, 교수자들이 적합한 LMS를 선택하고 활용하는 데 실질적인 도움을 주기 위한 기능 분석이 이루어지고 있다. 이 장에서는 Moodle, Blackboard, Google Classroom 등 다양한 LMS의 교수자 지원 기능을 분석하여, 각 시스템의 강점과 약점을 규명하고 교수자들이 필요로 하는 기능들을 명확히 하였다. 이는 LMS의 효과적인 활용을 위한 기초 자료를 제공하며, 교수자들이 자신의 교육 목적에 맞는 시스템을 선택할 수 있도록 돕는다.

1) LMS의 주요 기능

(1) 학습 지원

LMS의 학습 지원 기능은 학습자가 효과적으로 학습할 수 있도록 다양한 도구를 제공한다. 이를 통해 학생들은 과목 정보를 쉽게 조회하고, 필요한 자료에 접근할 수 있다. 또한 문제 은행에서 출제된 시험을 수행함으로써 자신의 이해도를 점검할 수 있으며, 과제에 대한 피드백을 통해 학습 내용을 보완하고 개선할 수 있다. 이러한 기능들은 학습자의 자율성과 참여도를 높여주며, 개인 맞춤형 학습 경험을 제공한다.

(2) 교수 지원

교수 지원 기능은 강사가 수업을 효율적으로 운영할 수 있도록 돕는 다양한 도구를 포함한다. 강의 계획서를 등록하고 관리하는 기능은 교수자가 수업 일정을 체계적으로 구성할 수 있게 하며, 동영상 콘텐츠를 업로드하여 강의 자료를 학생들에게 손쉽게 제공할 수 있다. 또한 학생 현황 조회 기능을 통해 교수자는 각 학생의 학습 진행 상황과 성취도를 실시간으로 확인할 수 있어, 필요에 따라 적절한 피드백과 지원을 제공할 수 있다.

(3) 운영 지원

운영 지원 기능은 LMS의 전반적인 관리와 운영을 원활하게 하는 데 필수적이다. 과정 등록 관리 기능은 학생들이 원하는 과목에 쉽게 등록할 수 있도록 하여, 교육 과정의 접근성을 높인다. 성적 통계 및 성적표 생성 기능은 교수자가 학생들의 성적을 효과적으로 관리하고 분석할 수 있게 하여, 학습 성과를 평가하는 데 도움을 준다. 이러한 운영 지원 기능들은 교육 기관이 효율적으로 운영될 수 있도록 기여하며, 전체적인 교육 품질 향상에 중요한 역할을 한다.

팬데믹 이후 학습관리시스템(LMS)의 사용이 급증하였는데, 이는 대면 수업보다 더 효율적인 학습 환경을 제공하기 때문이다. LMS는 학생들이 자율적으로 학습할 수 있는 기회를 제공하고, 교수자에게는 수업 관리와 학생 평가를 용이하게 한다. 현재 LMS 시장은 연평균 31.4%의 성장률을 기록하고 있으며, 이러한 성장은 디지털 교육의 필요성이 증가하고, 원격 학습 방식이 보편화됨에 따라 더욱 가속화되고 있다.

LMS(학습관리시스템)는 이러닝 분야에서 교수자와 학습자 간의 지원 및 개별화된 맞춤형 학습 경험을 제공하는 중요한 도구로 진화해 왔다. LMS는 기술적 특징과 사용 목적에 따라 여러 가지 유형으로 분류될 수 있으며, 여기서는 오픈소스 기반 LMS, 서비스형 LMS(SaaS), 상용화 LMS의 세 가지 주요 유형을 살펴본다.

2) LMS의 유형별 특징

(1) 오픈소스 기반 LMS

오픈소스 기반 LMS는 소스 코드가 공개되어 있어 사용자가 자유롭게 수정하고 배포할 수 있는 시스템이다. 이러한 LMS는 비용 효율성이 뛰어나고, 사용자가 필요에 따라 기능을 추가하거나 변경할 수 있는 유연성을 제공한다. 대표적인 오픈소스 LMS로는 Moodle과 Sakai가 있다.

- **Moodle** : 전 세계적으로 가장 널리 사용되는 오픈소스 LMS로, 교육 기관과 기업에서 폭넓게 활용된다. Moodle은 다양한 플러그인과 커스터마이징 기능을 제공하여 학습자의 요구에 맞게 조정할 수 있다.

출처 : www.moodle.org

- **Sakai** : 주로 고등 교육 기관에서 사용되는 오픈소스 LMS로, 협업 및 프로젝트 기반 학습을 지원하는 기능이 강화되어 있다. 사용자 친화적인 인터페이스와 커뮤니케이션 도구를 제공한다.

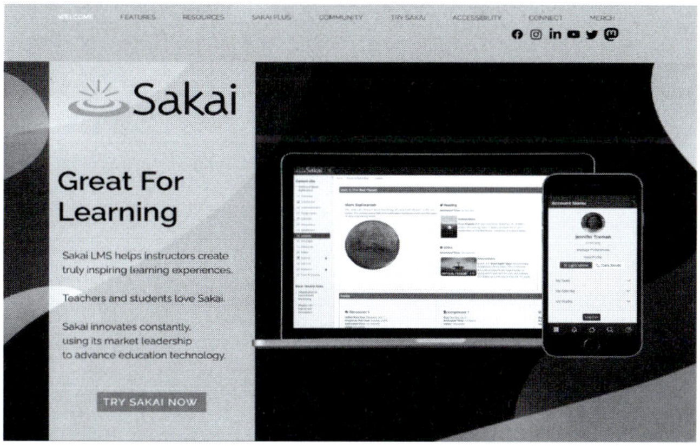

출처 : www.slack.com

오픈소스 기반 LMS는 비용 절감과 맞춤형 개발이 가능하다는 장점이 있지만, 기술적 지원이 부족할 수 있다는 단점도 존재한다. 따라서 이를 활용하기 위해서는 일정 수준의 기술적 이해가 필요하다.

(2) 서비스형 LMS(SaaS)

서비스형 LMS(SaaS)는 클라우드 기반으로 제공되는 시스템으로, 사용자가 인터넷을 통해 접근하여 사용할 수 있는 형태이다. 이 모델은 유지보수와 업데이트가 공급자에 의해 관리되므로 사용자에게 더 큰 편리함을 제공한다. 대표적인 사례로는 TalentLMS와 Google Classroom이 있다.

- **TalentLMS** : 기업 교육 및 훈련에 최적화된 SaaS LMS로, 사용자 친화적인 인터페이스와 다양한 보고 기능을 제공한다. 기업의 특정 요구에 맞춘 커스터마이징이 가능하며, 모바일 기기에서도 쉽게 접근할 수 있다.

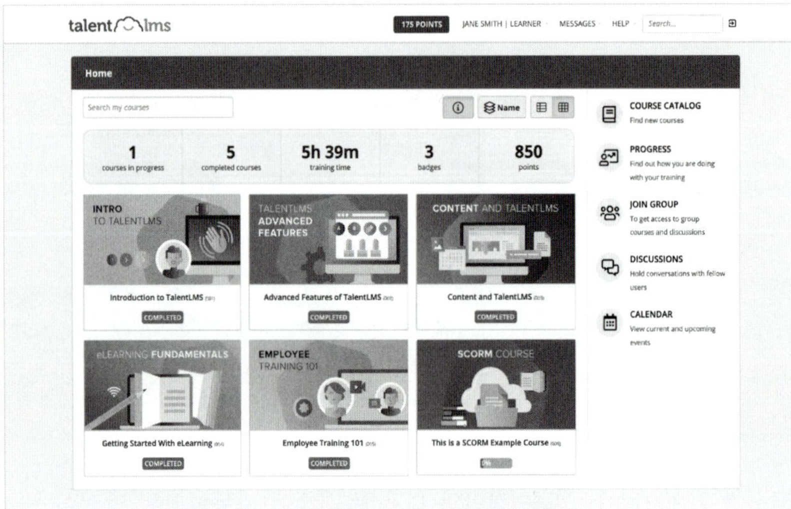

출처 : https://www.talentlms.com/

- **Google Classroom** : 교육 기관에서 널리 사용되는 무료 서비스로, 교사와 학생 간의 소통을 원활하게 하고 과제를 관리하는 데 유용하다. Google의 다른 서비스와 통합되어 있어 사용 편의성이 높다.

출처 : www.google.com/workspace

SaaS 모델은 초기 투자 비용이 낮고, 유지보수가 용이하다는 장점이 있지만, 데이터 보안 문제나 인터넷 연결 의존성이 단점으로 지적될 수 있다.

(3) 상용화 LMS

상용화 LMS는 기업이나 교육 기관에서 상업적으로 판매되는 제품으로, 일반적으로 고급 기능과 기술 지원을 포함한다. 이들 시스템은 대규모 교육 운영에 적합하도록 설계되어 있으며, 데이터 분석 및 보고 기능이 강화되어 있다. 대표적인 예로는 Blackboard와 Canvas가 있다.

- **Blackboard** : Blackboard는 전 세계적으로 널리 사용되는 클라우드 기반 학습관리시스템(LMS)으로, 교육 기관과 기업에서 학습 및 교육 과정을 효율적으로 관리하는 데 도움을 준다. 사용자 친화적인 인터페이스와 강력한 커스터마이징 기능을 통해 교수자는 강의 계획서를 작성하고 학습 자료를 쉽게 업로드할 수 있으며, 학습자는 자신의 학습 진행 상황을 실시간으로 확인할 수 있다. Blackboard는 또한 상호작용 및 협업 도구를 제공하여 교수자와 학습자 간의 소통을 촉진하며, 학습 분석 도구를 통해 학생들의 성과를 추적하고 필요한 지원을 제공할 수 있도록 한다.

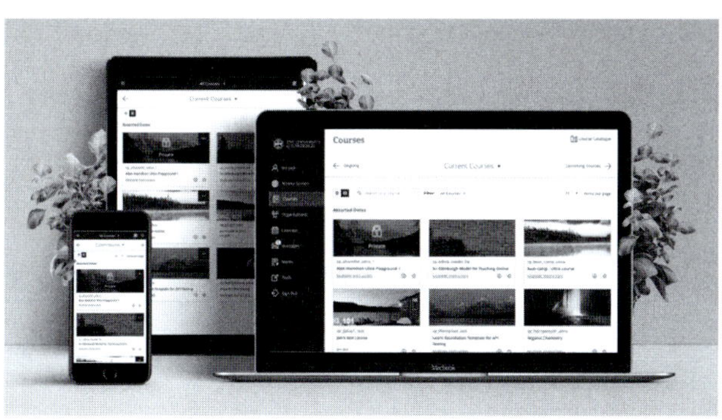

출처 : www.blackboard.com

- **Canvas** : 현대적인 UI/UX를 갖춘 상용 LMS로, 다양한 통합 기능과 모바일 접근성을 지원한다. 교수자들이 콘텐츠를 쉽게 생성하고 관리할 수 있도록 돕는 직관적인 인터페이스가 특징이다.

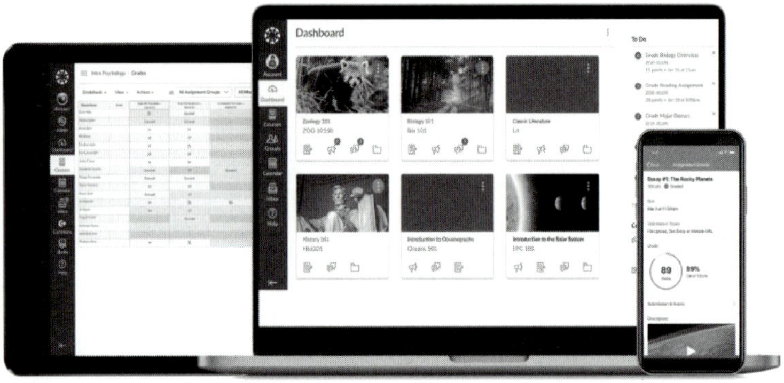

출처 : www.canvas.com

상용화 LMS는 일반적으로 안정성과 신뢰성을 제공하지만, 라이센스 비용이 발생하고 커스터마이징에 제한이 있을 수 있다.

LMS는 이러닝 환경에서 교수자와 학습자 간의 상호작용을 증진하고 맞춤형 학습 경험을 제공하는 핵심 도구이다. 오픈소스 기반, 서비스형(SaaS), 상용화 LMS 각각은 고유한 장점과 단점을 가지고 있으며, 사용자 요구에 따라 적절한 유형을 선택하는 것이 중요하다. 이러한 다양한 유형의 LMS는 교육의 질을 높이고 학습자의 참여도를 증진시키는 데 기여하고 있다. 앞으로도 기술 발전과 함께 LMS는 더욱 진화하여 교육 환경에 긍정적인 영향을 미칠 것으로 기대된다.

활용 TIP 시나리오

- **시나리오** : LMS 활용을 통한 맞춤형 학습 경험 제공
- **상황** : 고등학교에서 수학을 가르치는 김 선생님은 학생들의 학습 수준과 스타일이 다양하다는 것을 잘 알고 있습니다. 그는 학습관리시스템(LMS)을 활용하여 각 강좌를 커스터마이즈하고, 학생들에게 보다 개인화된 학습 경험을 제공하고자 합니다.

① 강좌 커스터마이징

- 상황

  김 선생님은 이번 학기 '미적분' 강좌를 개설하기로 결정했습니다. 그는 LMS의 커스터마이징 기능을 활용하여 강좌를 설정합니다.

• 활동

강좌 개설 후, 김 선생님은 각 주차별로 학습 목표와 과제를 명확히 설정합니다.
다양한 학습 자료(비디오, 문서, 퀴즈)를 업로드하여 학생들이 선택할 수 있도록 합니다.
학생들이 자신의 이해도를 평가할 수 있는 진단 퀴즈를 첫 주에 배포하여, 그 결과를 바탕으로 추가 자료를 제공하기로 결정합니다.

• 결과

학생들은 자신에게 맞는 자료를 선택하여 학습할 수 있으며, 김 선생님은 각 학생의 진도와 이해도를 실시간으로 확인할 수 있습니다.

② 피드백 활용

• 상황

한 달 후, 김 선생님은 첫 번째 단원에 대한 과제를 제출받았습니다. 그는 LMS의 피드백 기능을 통해 신속하게 학생들에게 피드백을 제공합니다.

• 활동

김 선생님은 각 학생의 과제를 검토한 후, LMS의 댓글 기능을 사용하여 구체적인 피드백을 남깁니다.
예를 들어, "이 문제는 잘 해결했지만, 다음번에는 풀이 과정을 좀 더 자세히 설명해 주세요."라는 식으로 피드백을 작성합니다.
또한 학생들이 자주 실수하는 부분에 대한 공통적인 피드백을 게시판에 공유하여 모든 학생이 참고할 수 있도록 합니다.

• 결과

학생들은 빠른 피드백 덕분에 자신의 약점을 즉시 파악하고 개선할 수 있으며, 김 선생님은 이를 바탕으로 다음 수업에서 다룰 내용을 조정합니다. 예를 들어, 특정 개념에 대한 이해가 부족한 학생들을 위해 추가적인 보충 수업을 계획합니다.

2. 교육용 앱과 소프트웨어

교육용 앱과 소프트웨어는 다양한 형태로 제공되며, 학습자에게 맞춤형 학습 경험을 제공한다. 이러한 도구들은 기술의 발전과 함께 진화하고 있으며, 학생들이 보다 효과적으로 학습할 수 있도록 돕는 데 중점을 두고 있다. 교육용 앱은 일반적으로 모바일 기기에서 사용되며, 소프트웨어는 데스크톱 또는 웹 기반으로 제공되는 경우가 많다. 이들 각각의 특징과 기능을 살펴본다.

1) 교육용 앱의 특징

교육용 앱과 소프트웨어는 현대 교육 환경에서 학습자의 참여와 흥미를 유도하는 중요한 도구로 자리 잡고 있다. 첫째, 인터랙티브 콘텐츠는 퀴즈, 게임화된 학습 모듈, 시뮬레이션 등을 통해 학습자가 능동적으로 참여하도록 유도한다. 예를 들어, Duolingo와 같은 언어 학습 앱은 게임처럼 진행되는 학습 과정을 통해 사용자가 재미있게 언어를 배울 수 있도록 설계되어 있다. 이러한 접근은 학습자의 동기를 높이고, 학습 효과를 극대화하는 데 기여한다.

둘째, 진도 추적 기능은 사용자가 얼마나 학습했는지를 기록하고 분석하여 개인 맞춤형 학습 경로를 제시한다. 이를 통해 학생들은 자신의 강점과 약점을 파악하고 필요한 부분에 집중할 수 있으며, 이는 자기주도적인 학습을 촉진한다. 예를 들어, Memrise는 사용자가 학습한 단어와 시청한 동영상 등을 기반으로 자신의 능숙도를 평가하고 진도를 관리할 수 있는 시스템을 제공한다.

셋째, 커뮤니케이션 도구는 학생과 교사 간의 원활한 소통을 지원하는 기능을 포함하여 질문이나 피드백을 쉽게 주고받을 수 있도록 한다. Edmodo와 같은 플랫폼은 이러한 커뮤니케이션 기능을 통해 학습 공동체를 형성하고, 학생들이 서로 협력하여 학습할 수 있는 환경을 조성한다. 이러한 도구들은 교수자와 학습자 간의 상호작용을 강화하고, 효과적인 피드백 루프를 형성하여 전반적인 학습 경험을 향상시킨다.

결론적으로, 교육용 앱과 소프트웨어는 다양한 기능과 장점을 통해 현대 교육에서 필수적인 요소로 자리 잡고 있으며, 앞으로도 기술 발전에 따라 더욱 다양화되고 진화할 것으로 기대된다.

2) 교육용 소프트웨어의 특징

교육용 소프트웨어는 보다 복잡한 기능을 제공하며, 일반적으로 다음과 같은 요소를 포함한다.

- **콘텐츠 저작 도구** : 교수자가 강의 자료를 생성하고 관리할 수 있는 도구를 제공한다. 예를 들어, Articulate Storyline은 교수자가 인터랙티브한 온라인 강의를 손쉽게 제작할 수 있도록 돕는다.
- **학습 관리 기능** : 학생들의 성적 및 출석 정보를 관리하고 분석할 수 있는 기능이 포함되어 있어, 교수자는 학습자의 진행 상황을 쉽게 모니터링할 수 있다.
- **협업 도구** : 그룹 프로젝트나 공동 작업을 지원하는 다양한 기능이 포함되어 있어, 학생들이 팀원들과 협력하여 과제를 수행할 수 있도록 한다. Google Workspace는 문서 작성 및 스프레드시트 관리 등 다양한 협업 기능을 제공한다.

3) 교육용 앱과 소프트웨어의 장점

교육용 앱과 소프트웨어는 여러 가지 장점을 제공한다. 첫째, 접근성이 뛰어나며, 모바일 기기와 인터넷만 있으면 언제 어디서나 학습할 수 있어 시간과 장소에 구애받지 않는다. 이러한 특징은 학습자가 자율적으로 학습할 수 있는 환경을 조성한다. 둘째, 개인화된 학습 경험을 통해 학생들은 자신의 학습 스타일과 속도에 맞춰 학습할 수 있으며, 이는 자기주도적인 학습을 촉진한다. 예를 들어, 많은 교육용 앱은 사용자의 진행 상황을 분석하여 강점과 약점을 파악하고, 이에 맞는 맞춤형 콘텐츠를 제안한다. 마지막으로, 비용 효율성 또한 중요한 장점이다. 많은 교육용 앱과 소프트웨어가 무료 또는 저렴한 가격으로 제공되어, 교육 기관이나 개인이 부담 없이 사용할 수 있다. 이는 교육의 기회를 확대하고 더 많은 사람들이 다양한 학습 자원에 접근할 수 있도록 한다. 이러한 장점들은 교육용 앱과 소프트웨어가 현대 교육 환경에서 필수적인 도구로 자리잡게 만든 요인이다.

교육용 앱과 소프트웨어는 현대 교육에서 필수적인 도구로 자리 잡고 있으며, 기술 발전에 따라 지속적으로 진화하고 있다. 이들은 교수자와 학습자 모두에게 유익한 경험을 제공하며, 교육의 질을 높이는 데 중요한 역할을 하고 있다. 앞으로도 이러한 도구들이 더욱 발전하여 다양한 교육 환경에서 효과적으로 활용될 것으로 기대된다.

활용 TIP 시나리오

- **시나리오** : Kahoot!와 Google Classroom을 통한 학습 경험 향상
- **상황** : 중학교 2학년 영어 과목을 담당하는 이 선생님은 학생들의 참여를 유도하고, 수업 내용을 효과적으로 복습하기 위해 Kahoot!와 Google Classroom을 활용하기로 결정했습니다. 이 시나리오는 두 가지 도구를 통합하여 수업의 효과를 극대화하는 방법을 보여줍니다.

① Kahoot!를 통한 게임화된 학습

- 상황

이 선생님은 수업의 마지막에 Kahoot!를 사용하여 학생들이 배운 내용을 복습할 계획입니다. 수업 중 학생들은 새로운 어휘와 문법 구조를 배웠습니다.

- 활동

이 선생님은 Kahoot! 플랫폼에 접속하여 퀴즈를 생성합니다. 퀴즈에는 학생들이 배운 어휘와 문법 문제를 포함시킵니다.

수업이 끝난 후, 학생들에게 Kahoot! 링크를 공유하고, 각자 자신의 기기로 접속하도록 안내합니다.

학생들은 실시간으로 퀴즈에 참여하며, 점수를 경쟁하며 흥미를 느낍니다.

- 결과

Kahoot!의 게임화된 요소 덕분에 학생들은 즐겁게 복습할 수 있었고, 동시에 서로의 성과를 비교하며 학습 동기를 높였습니다. 이 선생님은 퀴즈 결과를 통해 학생들의 이해도를 평가하고, 어떤 부분에서 추가적인 설명이 필요한지 파악할 수 있었습니다.

② Google Classroom을 통한 협업 및 피드백

- 상황

퀴즈가 끝난 후, 이 선생님은 Google Classroom을 활용하여 학생들이 그룹 프로젝트를 수행하도록 합니다. 주제는 “우리의 꿈”이며, 각 조는 자신의 꿈에 대한 프레젠테이션을 만들어야 합니다.

- 활동

이 선생님은 Google Classroom에서 각 조별로 과제를 생성하고, 프로젝트 템플릿 파일을 공유합니다.

각 조장은 템플릿 파일을 자신의 조원들과 공유하여 공동 작업을 시작합니다. 이 과정에서 Google Docs와 Slides를 사용하여 자료를 작성하고 프레젠테이션을 만듭니다.

이 선생님은 학생들이 작업하는 동안 실시간으로 피드백을 제공하고, 질문이 있을 경우 즉시 답변합니다.

- 결과

학생들은 Google Classroom의 협업 기능 덕분에 원활하게 작업할 수 있었고, 각자의 의견을 자유롭게 나누며 팀워크를 발휘했습니다. 이 선생님은 각 조의 진행 상황을 모니터링하면서 필요한 지원을 제공할 수 있었고, 최종 프레젠테이션 제출 후에는 개별 피드백을 통해 학습 성과를 강화했습니다.

3. 온라인 협업 도구

온라인 협업 도구는 팀원들이 함께 작업하고 소통할 수 있는 플랫폼으로, 현대의 원격 근무 환경에서 필수적인 요소로 자리 잡고 있다. 이러한 도구들은 프로젝트 관리, 커뮤니케이션, 파일 공유 및 일정 관리 등 다양한 기능을 제공하여 팀의 효율성을 극대화한다. 특히 COVID-19 팬데믹 이후 재택근무와 하이브리드 근무 방식이 확산되면서 온라인 협업 도구의 중요성이 더욱 부각되었다.

1) 주요 온라인 협업 도구

구 분	내 용
Slack	• 실시간 커뮤니케이션을 위한 인기 있는 플랫폼으로, 팀 채팅, 파일 공유 및 영상 통화 기능을 제공 • 다양한 채널을 생성하여 업무별로 소통할 수 있도록 하며, 외부 앱과의 통합이 용이하여 협업 효율성을 높임
Zoom	• 고화질 비디오 회의와 화면 공유 기능을 제공하는 화상 회의 도구로, 팀원 간의 원활한 소통을 지원 • 웨비나와 온라인 데모를 주최할 수 있는 기능도 갖추고 있어, 원격 환경에서도 효과적인 협업이 가능

Google Workspace	• 문서 작성, 스프레드시트 관리 및 이메일 서비스 등 다양한 도구를 통합한 플랫폼으로, 실시간 협업과 클라우드 저장 기능을 제공 • 사용자들이 언제 어디서나 쉽게 작업할 수 있도록 지원
Trello	• 프로젝트 관리 도구로, 카드 기반의 시각적 인터페이스를 통해 작업을 쉽게 정리하고 관리 • 팀원 간의 업무 할당과 마감일 설정이 용이하여 생산성을 향상시키는 데 기여
Notion	• 올인원 워크스페이스를 제공하는 협업 도구로, 문서 작성, 데이터베이스 관리 및 프로젝트 관리를 통합하여 사용 가능 • 직관적인 인터페이스를 통해 팀원들과의 실시간 협업을 지원하며, 다양한 형식으로 정보를 시각화
Padlet	• 사용자가 텍스트, 이미지, 비디오, 링크 등 다양한 형식의 콘텐츠를 게시할 수 있는 '디지털 게시판' 역할을 하며, 이를 통해 학습자들은 자신의 생각과 자료를 쉽게 공유

2) 온라인 협업도구의 교육적 활용

온라인 협업 도구는 교육 환경에서 교수자와 학습자 간의 상호작용을 증진시키고, 학습 경험을 향상시키는 데 중요한 역할을 한다. 이러한 도구들은 비대면 수업에서 효과적인 커뮤니케이션을 지원하고, 학생들이 함께 작업할 수 있는 공간을 제공한다. 특히 COVID-19 팬데믹 이후 원격 교육이 보편화됨에 따라 이러한 도구의 활용이 더욱 중요해졌다.

(1) 상호작용 증진

온라인 협업 도구는 학습자와 교수자 간의 상호작용을 활성화하는 데 기여한다. 예를 들어, Jamboard와 Mentimeter와 같은 도구는 실시간으로 의견을 공유하고 피드백을 받을 수 있는 환경을 조성한다. 이러한 도구들은 학습자가 수업에 적극적으로 참여하도록 유도하며, 교수자는 학생들의 반응을 즉각적으로 파악하여 수업 내용을 조정할 수 있다.

(2) 그룹 프로젝트 및 협업

학습자 간의 협력을 촉진하기 위해 Google Slides나 Padlet과 같은 도구가 사용된다. 이러한 플랫폼은 학생들이 공동으로 작업할 수 있는 공간을 제공하여, 팀 프로젝트를 수행하는 데 필요한 자료를 공유하고 의견을 교환할 수 있도록 한다. 특히 Gather.town과 같은 가상 공간에서는 학생들이 실제로 모여서 논의하고 협력하는 경험을 제공하여, 원격 환경에서도 팀워크를 강화할 수 있다.

(3) 게임화된 학습

Kahoot!와 QuizN과 같은 게임화된 학습 도구는 학습 내용을 재미있고 흥미롭게 전달하는 데 효과적이다. 이러한 도구들은 퀴즈 형식으로 학습 내용을 복습하고 평가할 수 있는 기회를 제공하여, 학생들의 참여도를 높이고 학습 효과를 극대화한다. 게임 요소를 포함함으로써 학생들은 자연스럽게 경쟁심과 흥미를 느끼며 학습에 몰입할 수 있다.

(4) 데이터 기반 피드백

온라인 협업 도구는 학습자의 진행 상황과 성과를 추적하고 분석하는 데에도 활용된다. 예를 들어, Google Docs와 같은 문서 작성 도구는 실시간 피드백 기능을 제공하여 교수자가 학생의 작업을 즉시 검토하고 피드백을 줄 수 있도록 한다. 이를 통해 학습자는 자신의 강점과 약점을 파악하고, 필요한 부분에 집중하여 개선할 수 있는 기회를 갖게 된다.

앞으로도 교육 현장에서 온라인 협업 도구의 활용도는 더욱 높아질 것으로 기대된다. 교수자는 이러한 도구들을 적극적으로 활용하여 보다 나은 교육 환경을 조성해야 할 것이다. 이를 위해 교수자는 다양한 협업 도구의 기능과 활용 사례를 이해하고, 이를 효과적으로 수업에 통합하는 방법을 배워야 한다. 결국 온라인 협업 도구는 교수자-학습자 간의 소통을 강화하고, 더 나은 학습 결과를 이끌어 내는 데 중요한 역할을 할 것이다.

활용 TIP 시나리오

- **시나리오** : Trello와 Zoom을 통한 팀 프로젝트 관리 및 소통 강화
- **상황** : 고등학교에서 과학을 가르치는 박 선생님은 학생들이 팀워크를 통해 프로젝트를 수행할 수 있도록 돕기 위해 Trello와 Zoom을 활용하기로 결정했습니다. 이번 학기 주제는 "지속가능한 에너지"이며, 각 팀은 자신이 선택한 에너지 자원에 대한 연구 결과를 발표해야 합니다.

① Trello를 통한 프로젝트 관리

- **상황**

  박 선생님은 각 팀이 프로젝트를 효율적으로 관리할 수 있도록 Trello 보드를 생성합니다.
- **활동**

  박 선생님은 Trello에서 "지속가능한 에너지 프로젝트"라는 제목으로 보드를 만들고, 각 팀의 이름으로 리스트를 생성합니다.

  각 팀은 자신의 리스트에 카드(작업 항목)를 추가하여 프로젝트의 주요 단계(주제 선정, 자료 조사, 발표 준비 등)를 설정합니다.

  마감일과 담당자를 명확히 지정하여 각 카드에 체크리스트를 추가하고, 진행 상황을 실시간으로 업데이트하도록 안내합니다.
- **결과**

  학생들은 Trello를 통해 각자의 역할과 마감일을 명확히 이해하고, 프로젝트 진행 상황을 한눈에 확인할 수 있습니다. 박 선생님은 보드를 통해 각 팀의 진행 상황을 모니터링하며 필요한 지원을 제공할 수 있습니다.

  들의 이해도를 높이고, 프로젝트의 방향성을 조정할 수 있습니다.

② Zoom을 통한 정기적인 비디오 회의

- **상황**

  프로젝트 진행 중 박 선생님은 학생들과 정기적인 비디오 회의를 통해 소통을 강화하고, 그룹 활동을 지원합니다.
- **활동**

  박 선생님은 Zoom을 사용하여 매주 정해진 시간에 모든 팀이 참여하는 비디오 회의를 개최합니다.

  회의에서는 각 팀이 현재 진행 중인 작업에 대해 업데이트하고, 발생한 문제나 질문에 대해 논의할 수 있는 시간을 가집니다.

박 선생님은 화면 공유 기능을 사용하여 각 팀의 진행 상황 문서를 함께 검토하며 피드백을 제공합니다.

- 결과

학생들은 정기적인 회의를 통해 서로의 진행 상황을 공유하고, 필요한 도움을 요청할 수 있는 기회를 갖습니다. 박 선생님은 직접적인 소통을 통해 학생하면서 필요한 지원을 제공할 수 있었고, 최종 프레젠테이션 제출 후에는 개별 피드백을 통해 학습 성과를 강화했습니다.

06
CHAPTER

에듀테크의 이해와 실제

1. 에듀테크의 개념 및 정의
2. 에듀테크의 역할과 필요성
3. 교실 수업에서의 에듀테크 도구 활용
4. 학습관리시스템(LMS)의 수업 활용

06 CHAPTER

에듀테크의 이해와 실제

미래 교육은 단순히 교실에서 이루어지는 학습을 넘어, 개인의 잠재력을 극대화하고 지속가능한 학습 문화를 조성하는 방향으로 나아가고 있다. 이러한 변화 속에서 에듀테크(EduTech)는 미래 교육의 핵심 동력으로 떠오르고 있다. 에듀테크는 첨단 기술을 활용하여 교육의 접근성과 효과를 높이고, 개인화된 학습 경험을 제공하며, 전통적인 교육 시스템의 한계를 극복하려는 혁신적인 시도이다. 인공지능(AI), 가상현실(VR), 증강현실(AR), 빅데이터 분석 등 다양한 기술이 교육의 모든 측면에서 변화를 이끌며, 새로운 학습 생태계를 만들어 가고 있다.

이 장에서는 미래 교육의 비전과 에듀테크의 역할을 심도 있게 탐구한다. 먼저, 미래 교육이 추구하는 가치와 목표를 살펴보고, 에듀테크가 교육 현장에서 어떻게 구현되고 있는지 구체적인 사례를 통해 설명한다. 이어서, 에듀테크가 가져올 기회와 도전 과제를 분석하고, 이를 통해 우리가 준비해야 할 방향성을 제시한다.

미래 교육은 더 이상 선택이 아닌 필수이다. 에듀테크를 통해 교육의 새로운 가능성을 모색하고, 보다 포용적이고 창의적인 학습 환경을 만들어 가는 여정에 대해 함께 탐구해 보기 바란다.

1. 에듀테크의 개념 및 정의

에듀테크(EduTech)는 'Education Technology'의 약자로, 교육과 기술의 융합

을 의미한다. 즉, 교육의 효율성과 효과성을 높이기 위해 기술을 활용하는 모든 방법을 포괄하는 개념이다. 에듀테크는 교사와 학습자 간의 상호작용을 강화하고, 학습자 맞춤형 학습 경험을 제공하며, 교육 과정 전반을 디지털화하여 혁신적인 학습 환경을 조성하는 데 핵심적인 역할을 한다.

에듀테크는 단순히 전통적인 교육에 디지털 도구를 더하는 것만이 아니다. 기술을 통해 교육의 패러다임을 변화시키고, 새로운 학습 방법을 제시하며, 교육의 물리적, 시간적 한계를 뛰어넘을 수 있는 기회를 제공한다. 이를 통해 교육은 교실이라는 물리적 공간을 벗어나 언제 어디서나 학습이 가능한 환경으로 변모하고 있다.

에듀테크는 다음과 같은 요소들을 포함하여 정의할 수 있다.

- **교육 과정에서의 기술 활용** : 에듀테크는 수업 계획, 교육 자료 제작, 학습자 평가 등 교육의 모든 단계에서 기술을 활용하는 것을 의미한다. 여기에는 학습관리시스템(LMS), 온라인 강의 플랫폼, 디지털교과서, AI 기반 학습 도구 등이 포함된다.
- **개인 맞춤형 학습** : 에듀테크는 인공지능(AI)과 빅데이터를 통해 학습자 개개인의 성향, 학습 속도, 학습 스타일에 맞춰 교육 콘텐츠를 제공하는 개인 맞춤형 학습을 가능하게 한다. 이를 통해 학습자들은 자신의 필요와 능력에 맞춰 더 효과적으로 학습할 수 있다.
- **실시간 소통과 피드백 강화** : 온라인 학습 플랫폼이나 퀴즈 도구, 협업 도구를 활용해 교사와 학습자, 그리고 학습자 간의 실시간 상호작용이 강화된다. Mentimeter나 Kahoot! 같은 도구는 수업 중 실시간으로 학습자들의 반응을 즉각적으로 수집하고, 이를 바탕으로 교사는 수업을 조정하거나 피드백을 제공할 수 있다.
- **다양한 학습 경험 제공** : 에듀테크는 기존의 교실 학습을 보완하거나 확장하는 역할을 한다. 가상현실(VR), 증강현실(AR), 시뮬레이션, 게임 기반 학습 등 학습자들이 실제 상황을 경험하거나 실습할 수 있는 몰입형 학습을 제공한다. 이를 통해 학습자들은 추상적인 개념을 시각적으로 이해하거나 실습

을 통해 능동적으로 학습할 수 있다.

- **자동화된 학습 관리 및 분석** : 학습관리시스템(LMS) 및 데이터 분석 도구를 통해 학습자들의 성과를 자동으로 추적하고 분석할 수 있다. 교사는 이러한 데이터를 활용해 개별 학습자에게 맞는 피드백을 제공하고, 학습 효과를 개선할 수 있다. 또한 학습자들이 어떤 부분에서 어려움을 겪고 있는지 파악하여 교육 과정을 조정하는 데에도 활용된다.

2. 에듀테크의 역할과 필요성

1) 교육의 접근성 확대

에듀테크는 물리적 제약을 넘어, 전 세계 어디에서든지 학습자가 교육에 접근할 수 있도록 돕는다. 디지털 교재, 온라인 강의, 그리고 비대면 학습 도구들은 특히 원격지나 교육 자원이 부족한 지역에서 중요한 역할을 한다. 또한 학습자들은 시간에 구애받지 않고 자기주도적으로 학습할 수 있는 환경을 제공받는다.

2) 교육의 질 향상

에듀테크는 학습 자료의 시각화, 맞춤형 학습 경로 제공, 실시간 피드백 등을 통해 학습의 질을 높이는 데 기여한다. 특히 복잡한 개념을 시각적, 체험적 방식으로 이해할 수 있도록 도와주며, 학습자의 참여를 적극적으로 유도할 수 있다. 이를 통해 학습자는 더 깊이 있는 학습을 경험하게 되고, 교사는 더욱 효과적인 교수 방법을 적용할 수 있다.

3) 미래 교육을 위한 필수 도구

4차 산업혁명 시대를 맞아, 에듀테크는 단순한 보조 도구가 아닌 미래 교육의 필수 요소로 자리 잡고 있다. 앞으로는 AI와 같은 첨단 기술을 기반으로, 교육이 더욱 개인화되고 유연화되며, 학습자들이 주도적으로 지식을 습득할 수 있는 환경이 필요하다. 에듀테크는 이러한 환경을 구현하는 데 필수적인 역할을 한다.

4) 에듀테크의 기술적 진화

에듀테크는 시간이 지남에 따라 지속적으로 발전하고 있으며, 그 범위와 영향력 또한 확대되고 있다. 과거에는 단순한 전자 기기(컴퓨터, 스마트보드 등)를 활용한 교육 방식에 머물렀다면, 현재는 AI 기반 학습, 빅데이터 분석, VR/AR 기술, IoT(사물인터넷) 등을 통해 더 혁신적인 방식으로 교육을 제공하고 있다. 예를 들어, AI 튜터는 학습자가 어려움을 느끼는 부분을 자동으로 분석하고 그에 맞는 맞춤형 피드백을 제공한다.

또한 에듀테크는 비대면 교육과 하이브리드 학습 모델의 핵심 요소로 자리 잡았다. 팬데믹 이후 온라인 학습이 일상화되면서, 에듀테크의 필요성은 더욱 강조되었다. 전통적인 교실 학습에 기술을 접목해 학생들이 언제 어디서나 배울 수 있는 환경을 제공하는 것은 미래 교육의 중요한 방향 중 하나이다.

에듀테크는 단순히 기술을 교육에 적용하는 것에 그치지 않고, 교육의 새로운 비전을 제시한다. 이를 통해 학습자는 더 나은 학습 환경에서 자신만의 학습 여정을 만들어 갈 수 있으며, 교사는 더욱 창의적이고 혁신적인 교육 방법을 도입할 수 있다. 에듀테크의 발전은 교육의 질을 높이고, 모든 학습자에게 평등한 학습 기회를 제공하는 데 기여할 것이다. 에듀테크는 미래 교사들이 필수적으로 익혀야 할 개념이자 도구이며, 디지털 시대의 교육 혁신을 선도하는 중요한 요소로 계속해서 진화할 것이다.

3. 교실 수업에서의 에듀테크 도구 활용

디지털 교육 환경에서 학생들의 참여와 상호작용을 극대화하기 위한 다양한 도구들이 존재한다. 이러한 도구들은 각기 다른 특성과 목적을 가지고 있어, 수업의 상황과 성격에 맞게 적절히 선택하여 활용할 수 있다. 에듀테크 도구들은 특히 온라인 또는 하이브리드 학습 환경에서 그 진가를 발휘하며, 교사와 학생 간의 실시간 소통을 촉진하고 학습 경험을 더욱 풍부하게 만들어 준다.

대표적인 에듀테크 도구로는 Mentimeter, Padlet, Kahoot!, Slido, Poll Everywhere, Quizlet, 그리고 Pear Deck 등이 있다. 각각의 도구는 고유한 특징을 가지고 있으며, 수업의 목적에 맞춰 적절히 선택할 수 있다.

〈표 6-1〉 다양한 에듀테크 도구들

도 구	주요 기능	특 징	주요 활용 목적
Kahoot!	실시간 퀴즈 플랫폼	• 게임기반 퀴즈 • 이미지/비디오	수업 복습, 평가
Mentimeter	실시간 설문, 투표, 퀴즈, 워드클라우드	• 응답결과 시각화 • 학습자 응답	강의 중 설문, 투표, 즉각적 피드백 확인
Padlet	온라인 협업 게시판	• 실시간 협업 툴 • 산출물 전시, 의견 공유, 다양한 미디어 게시 가능	브레인스토밍, 프로젝트 협업
Pear Deck	상호작용 프레젠테이션	• 실시간 학습자 반응 • 개별화된 피드백 • 구글 슬라이드 통합	강의 및 수업 중 형성평가, 피드백
Poll Everywhere	실시간 투표 및 설문	• 다양한 질문 유형 • 대규모 청중 반응 • 프레젠테이션	강의, 회의, 컨퍼런스
Slido	Q&A, 투표, 퀴즈	• 실시간 Q&A 세션 • 다양한 투표 • 이벤트 통합 기능	강의 및 컨퍼런스
Quizlet	플래시카드, 학습게임	• 학습자 제작 참여 • 다양한 학습 툴	자기주도학습, 어휘학습

이러한 에듀테크 도구들은 교사와 학생 간의 소통을 강화하고, 학습 경험을 더 역동적이고 상호작용적으로 만들어 준다. 각각의 도구들은 수업의 목적과 상황에 맞게 적절히 선택해 활용할 수 있으며, 대부분 무료로 제공되는 기본 기능을 통해 손쉽게 사용할 수 있다. 특히 온라인 또는 하이브리드 학습 환경에서 이러한 도구들을 적절히 활용함으로써 학생들의 참여도를 높이고 학습 효과를 극대화할 수 있다. 스마트 기기의 적극적인 활용은 교육 현장에서 새로운 가능성을 열어줄 것이다.

1) 수업 계획의 각 단계별로 활용할 수 있는 에듀테크 도구 소개

효과적인 교수 · 학습 과정은 체계적인 계획과 다양한 도구를 활용한 교육 설계에서 시작된다. 특히 디지털 환경에서의 교육은 에듀테크 도구를 적절히 활용함으로써 수업의 효율성을 극대화할 수 있다.

구체적으로, 교육 계획 단계에서는 다양한 아이디어를 효과적으로 시각화하고 체계화할 수 있으며, 강의계획서 및 수업지도안 작성 단계에서는 AI 기반 도구를 활용하여 교사들의 업무 부담을 줄이고, 더욱 창의적인 콘텐츠를 생산할 수 있게 된다. 교수 · 학습 자료 제작 과정에서는 시각적 자료나 동영상 제작을 통해 학습자들의 이해도를 높이고, 실습 환경 구성 단계에서는 실제 환경과 유사한 가상 실습을 제공함으로써 학습자들이 보다 실질적인 경험을 쌓을 수 있다. 또한 퀴즈나 평가 도구를 통해 학습자들의 이해도를 즉각적으로 평가하고, 이를 바탕으로 피드백을 제공하여 학습자들의 학습 경로를 조정할 수 있다. 교육 진행 중에는 실시간 피드백과 참여 유도를 통해 학습자들이 적극적으로 수업에 참여하도록 독려할 수 있으며, 마지막으로 학습자들의 성과를 분석하고 교육 효과를 평가하는 도구를 통해 전체 교육 과정을 돌아보고 향후 개선점을 찾을 수 있다.

이와 같이 이 절에서는 교수 · 학습 과정을 각 단계별로 구분하고, 그 단계에서 활용할 수 있는 주요 에듀테크 도구들을 다음과 같이 소개하였다.

(1) 교육 계획 및 설계 단계

교육의 첫 단계는 전체 과정의 틀을 잡고, 수업 내용과 진행 계획을 세우는 것이다. 이 단계에서는 대표적인 에듀테크 툴로 Trello와 MindMeister를 매우 유용한 도구로 활용할 수 있다.

- **Trello** : 프로젝트 관리 도구로, 교육의 주요 일정과 세부 과제들을 시각적으로 관리할 수 있다. 각 단계별로 필요한 작업을 카드 형태로 정리하고, 팀원들과 협력하여 진행 상황을 실시간으로 공유할 수 있다.
- **MindMeister** : 브레인스토밍과 마인드맵 도구로, 교육 과정의 주요 개념과 흐름을 시각적으로 정리할 수 있다. 이를 통해 교육 내용을 보다 체계적으로 구상할 수 있다.

(2) 강의계획서 및 수업지도안 작성 단계

강의계획서 및 수업지도안은 학습자의 이해도를 높이고 교육 목표를 달성하는 데 필수적인 요소이다. 이 단계에서는 Brisk, Gamma, ChatGPT, Grammarly 같은 도구들이 교수자에게 큰 도움을 준다.

- **Brisk** : 자동으로 프레젠테이션을 생성해 주는 도구로, 교사가 자료를 입력하면 슬라이드가 자동으로 만들어진다. 시간과 노력을 절약할 수 있다.
- **Gamma** : 대화형 프레젠테이션을 제작할 수 있는 도구로, 교육의 흐름에 맞춘 역동적인 프레젠테이션을 만들 수 있다.
- **ChatGPT** : 생성형 AI 기반 도구로, 수업지도안 초안 작성 및 아이디어 제공을 통해 교사의 작업을 보조한다. 복잡한 개념 설명이나 교육 목표 설정에 효율적인 지원을 받을 수 있다.
- **Grammarly** : 작성한 강의계획서 및 수업지도안의 문법과 맞춤법을 검사해 주어, 정확하고 매끄러운 문장을 완성할 수 있도록 도와준다.

(3) 교수 · 학습 자료 제작 단계

효과적인 교수 · 학습 자료는 학생들이 학습 내용을 더 잘 이해할 수 있도록 도와준다. 이 단계에서는 시각 자료와 비디오 편집 도구들이 유용하다.

- **Canva** : 다양한 템플릿을 제공하여 인포그래픽이나 시각 자료를 쉽게 제작할 수 있다. 교육 자료에 필요한 이미지를 효율적으로 만들 수 있다.
- **Piktochart** : 데이터 시각화 도구로, 복잡한 데이터나 정보를 인포그래픽 형태로 정리하여 시각적으로 전달할 수 있다.
- **Camtasia** : 스크린 캡처 및 동영상 편집 도구로, 수업 내용을 동영상으로 제작하거나 실습 과정을 녹화해 제공할 수 있다.
- **Vrew** : 다양한 AI기반의 기능을 갖춘 동영상 편집도구로, AI보이스 더빙, 다양한 그래픽 효과 등을 삽입할 수 있다.

(4) 퀴즈 및 평가 도구 제작 단계

교육에서 학습자들의 이해도를 평가하는 과정은 매우 중요하다. 이 단계에서는 퀴즈나 평가 도구 제작이 필수적이다.

- **Kahoot!** : 대화형 퀴즈 도구로, 게임화된 퀴즈를 통해 학습자들의 참여를 유도하고 수업 중간중간 학습 내용을 점검할 수 있다.
- **Google Forms** : 설문 조사 및 평가 양식을 제작할 수 있는 도구로, 사전 평가와 사후 평가에 적합하다.
- **Quizlet** : 플래시카드 기반 학습 도구로, 개념 복습이나 어휘 학습에 유용하다. 학습자들이 쉽게 접근하여 학습할 수 있는 자료를 제공한다.

(5) 실습 환경 구성 단계

데이터베이스 보안이나 코딩 교육과 같은 실습 중심의 교육에서는 실습 환경을 제공하는 것이 필수이다. Docker와 GitHub를 통해 가상 환경을 구성하고 실습 자료를 공유할 수 있다.

- Docker : 가상화된 데이터베이스 환경을 구성할 수 있어, 학습자들이 실습에 필요한 안전한 환경을 구축할 수 있다.
- GitHub : 코드 및 실습 자료를 저장하고 공유하는 플랫폼으로, 팀 간 협업을 지원한다.

(6) 교육 진행 단계

실제 교육이 진행되는 단계에서는 온라인 강의 도구와 실시간 피드백 도구가 필요하다.

- Zoom 또는 Google Meet : 온라인 강의를 진행할 수 있는 화상 회의 도구이다. 교사와 학생이 실시간으로 소통할 수 있으며, 강의 녹화도 가능하다.
- Miro : 협업 화이트보드 도구로, 수업 중 브레인스토밍을 하거나 토론을 진행할 때 유용하다.
- Mentimeter : 실시간 피드백 및 투표 도구로, 강의 중 학생들의 의견을 즉각적으로 수집하고 반영할 수 있다.

(7) 학습자 관리 및 피드백 단계

교육이 진행된 후에는 학습자들의 진행 상황을 관리하고 피드백을 제공하는 것이 중요하다.

- Google Classroom : 학습자들의 과제 제출, 성적 관리 및 피드백 제공을 위한 플랫폼이다.
- Slack : 학습자 간 소통 및 질의응답을 위한 실시간 메시징 도구로, 학습자들이 자유롭게 질문하고 교사와 상호작용할 수 있다.

(8) 교육 평가 및 분석 단계

마지막으로 교육이 종료된 후에는 교육 효과를 분석하고 학습자들의 만족도를 평가할 필요가 있다.

- SurveyMonkey : 교육 후 설문 조사를 통해 교육의 질과 학습자 만족도를 평가할 수 있다.
- Google Analytics : 학습 자료의 사용 현황을 분석해 학습자들이 어떻게 자료를 활용했는지 데이터를 통해 파악할 수 있다.

이처럼 각 단계에서 적절한 에듀테크 도구를 활용하는 것은 교사와 학습자 모두에게 많은 이점을 제공한다. 교사는 더 효율적인 교육 과정을 운영할 수 있고, 학습자는 더 개인화된 학습 경험을 통해 주도적인 학습을 할 수 있다. 나아가 이러한 도구들은 온·오프라인 환경을 아우르는 하이브리드 학습 모델에서도 강력하게 작용하여, 미래 교육의 패러다임을 변화시키는 중요한 요소가 될 것이다. 에듀테크의 적극적인 활용은 현대 교육의 질을 높이고, 보다 혁신적인 학습 환경을 구축하는 데 중요한 역할을 하게 될 것이다.

2) 에듀테크 수업활용 Tip

(1) 퀴지즈 레슨(Quizizz Lesson)으로 소통하는 수업 만들기

디지털 교육 환경에서 '소통'은 수업의 핵심적인 키워드이다. 그러나 실제로 수업에서 원활한 소통을 이끌어 내는 것은 말처럼 쉽지 않다. 그럴 때 도움이 될 만한 디지털 도구로 '퀴지즈 레슨(Quizizz Lesson)'을 활용할 수 있다. 퀴지즈는 단순한 퀴즈 플랫폼을 넘어서 학생과의 실시간 상호작용을 강화할 수 있는 강력한 도구 중의 하나이다. 학생들이 즉각적으로 반응하고 참여할 수 있는 환경을 제공함으로써 수업 속에서 진정한 소통을 실현할 수 있게 돕는다. 퀴지즈 레슨의 효과적인 활용법을 하나씩 살펴보자.

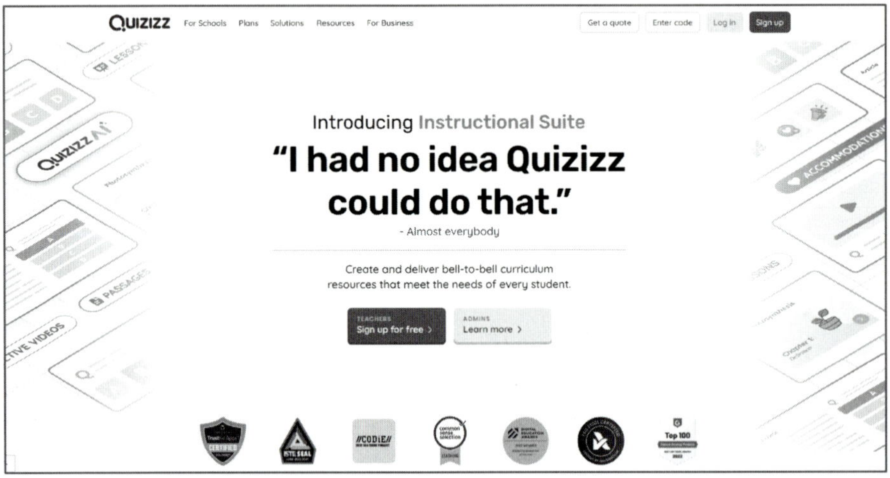

수업 시간의 소통을 위한 퀴지즈 레슨 도구를 활용하기 위해 먼저, 퀴지즈 웹사이트(https://quizizz.com)에 접속하여 회원가입을 하고, 왼쪽 메뉴바에서 '만들기(create)'를 선택한다.

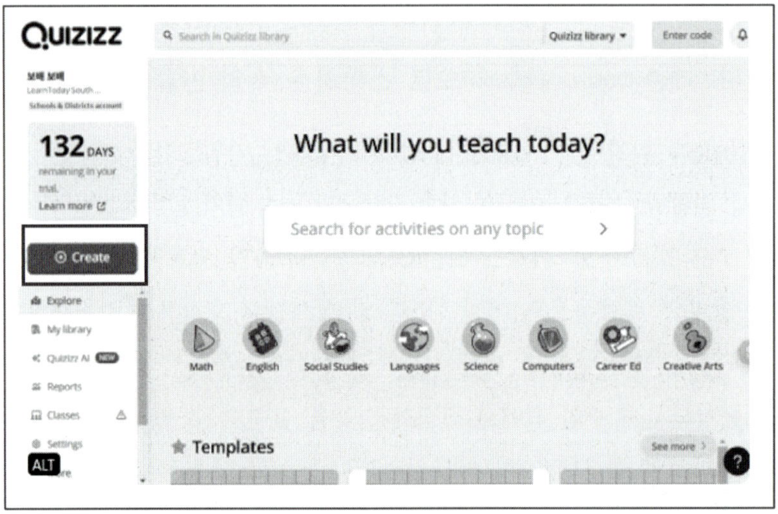

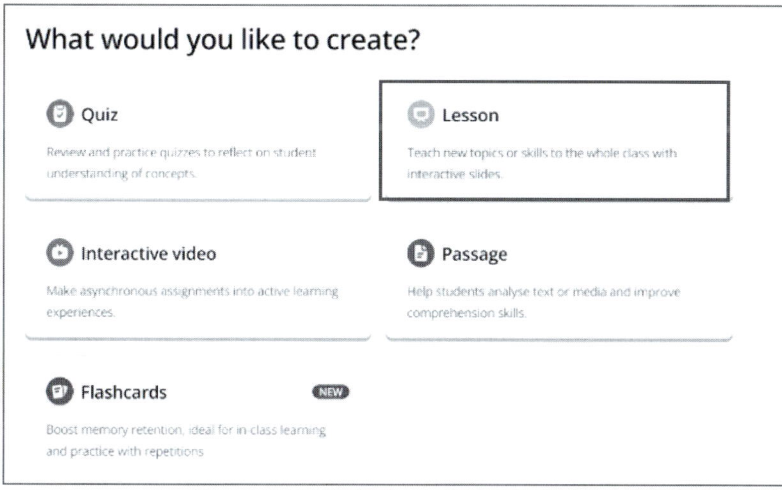

회원가입이 완료되면 위의 화면과 같이 다양한 선택메뉴들이 나오는데, 여기에서는 'Lesson'을 선택한다.

다음, 파일 찾기를 선택하여 본 수업 시간에 사용하고자 하는 PPT를 업로드한다. 이때 편집 가능한 버전으로 선택하면 폰트가 깨질 수 있으니 편집 불가 모드를 추천한다.

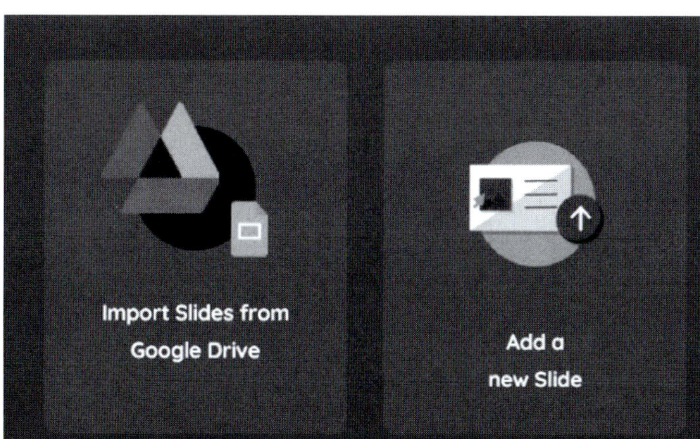

그럼 다음 화면과 같이 슬라이드별로 나열되어 들어온다.

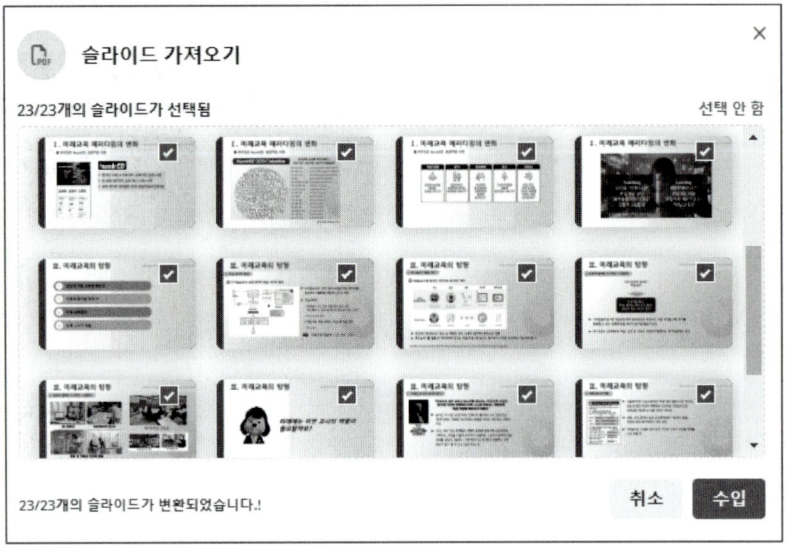

슬라이드 사이사이에 퀴즈를 넣을 수 있다. 이렇게 슬라이드를 넣고 퀴즈 또는 다양한 활동을 넣고 완성할 수 있다. 퀴즈는 '퀴즈생성'을 클릭하면 AI 기반으로 자동생성할 수 있다.

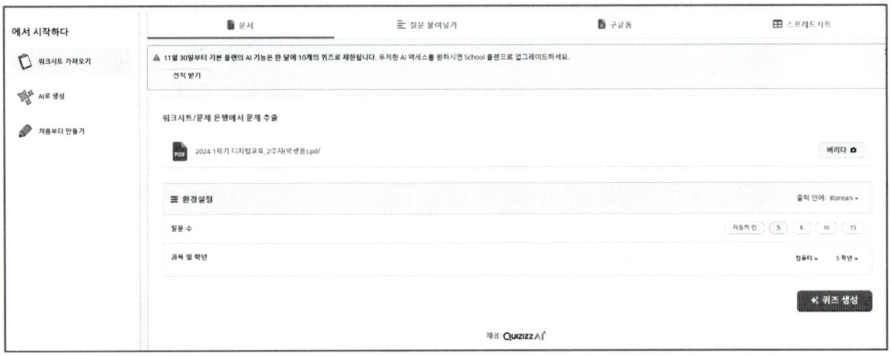

그럼 위의 화면과 같이 퀴즈생성이 1분 만에 완료된다.

다음 수업진행은 마이 라이브러리에서 'Start a live lesson'을 선택해서 시작할 수 있다.

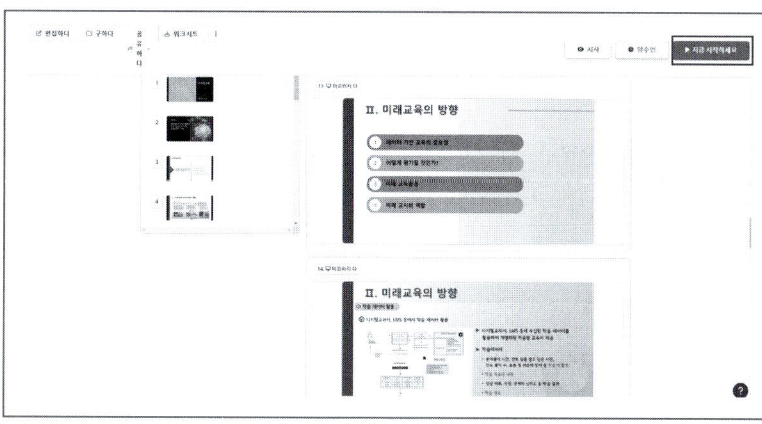

그럼 업로드된 슬라이드가 위의 화면과 같이 나열된다. '시작' 버튼을 클릭하여 강의를 시작하면, PPT처럼 슬라이드를 열어서 설명을 하거나 판서도 할 수 있다. 교수자가 판서를 하면 접속한 학생들의 화면에서도 교수자의 판서가 실시간으로 보이게 된다. 이를 통해 온라인에서 실시간 소통을 할 수 있다.

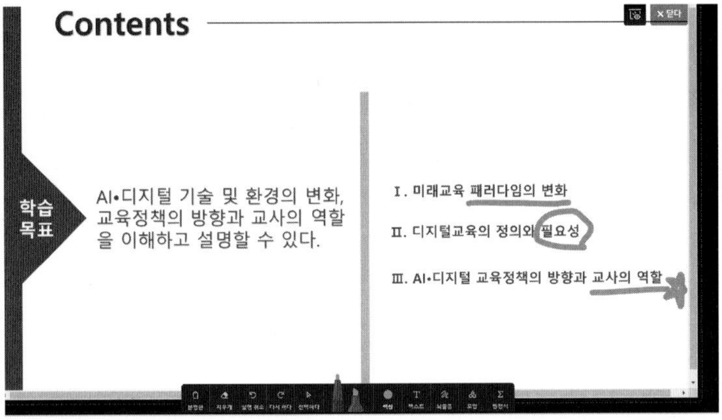

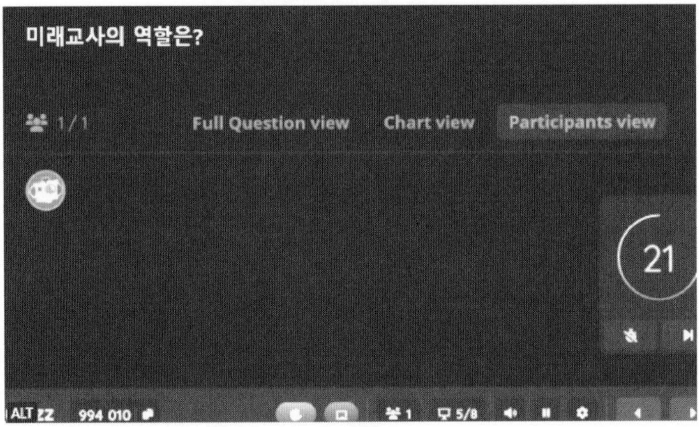

뿐만 아니라, 중간에 삽입한 퀴즈를 슬라이드 설명 후 바로 풀 수 있으며, 학생들의 화면에서는 문제 풀이 화면이 뜨게 된다. 그리고 학습자가 중간에 질문이나 요청이 있다면 하단의 손버튼을 눌러 교수자에게 의견을 전달할 수도 있다.

앞서 언급한 바와 같이, '소통'은 수업에서 가장 중요한 요소 중 하나이지만 결코 쉽지 않다. 퀴지즈 레슨 하나만으로 모든 소통의 문제가 단번에 해결되지는 않겠지만, 그럼에도 불구하고 다양한 디지털 도구를 수업 속에서 소통의 도구로 활용한다면 새로운 학습 경험을 만들어 낼 수 있을 것이다.

(2) 디핏(Diffit)으로 흥미로운 학습활동지 만들기

교육 현장에서 학습활동지는 학생들의 학습 내용을 정리하고 응용하는 데 매우 중요한 역할을 한다. 특히 활동지의 구성과 디자인에 따라 학습자들의 참여도와 흥미가 크게 달라지는데, 이러한 과정에서 에듀테크 도구 디핏(Diffit)은 교육자들이 보다 창의적이고 흥미로운 학습활동지를 쉽게 제작할 수 있도록 돕는 혁신적인 도구이다. 이 도구는 사용자 친화적인 인터페이스를 통해 간단한 조작만으로도 고품질의 학습 자료를 제작할 수 있어 수업 준비에 많은 시간을 들이지 않고도 학생들의 집중을 유도하는 다양한 활동지를 만들 수 있다. 디핏(Diffit)을 활용하면 기존의 활동지 제작 방식을 넘어, 학생 맞춤형 자료를 제작하는 데도 큰 도움이 될 것이다.

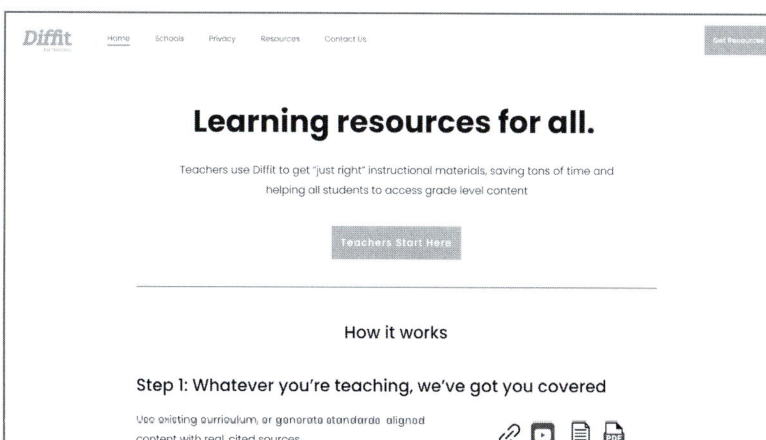

디핏(Diffit, https://web.diffit.me) 플랫폼은 수업내용을 기반으로 활동지를 만들어 주면서도 매우 심플한 수업지원 도구이다.

위와 같이 첫 화면을 통해 크게 ① 키워드 주제, ② 사이트 URL 또는 유튜브 영상, ③ 텍스트 세 가지의 방법으로 학습자료를 만들 수 있다.

이 세 가지 중 적절한 방법을 선택하여 활용한다. 예시로 '구성주의'라는 키워드를 넣어보았다.

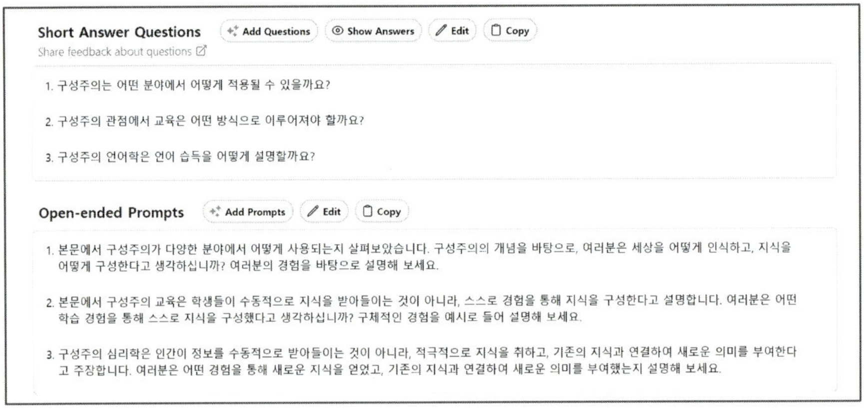

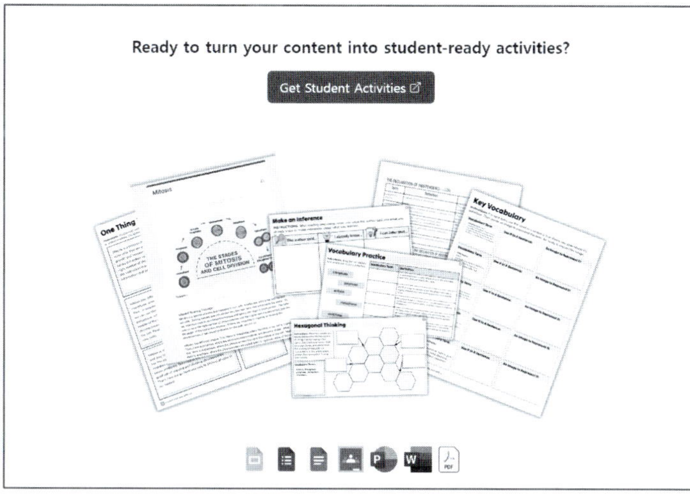

결과물은 위와 같이 구성주의에 대한 다양한 유형의 학습활동 질문을 생성해 주고, 학습자의 지식형성을 돕는 구성주의에 대한 개념 요약, 용어 설명, 퀴즈 등도 함께 제시해 준다. 이를 바탕으로 다양한 유형의 학습활동지를 제작할 수 있다.

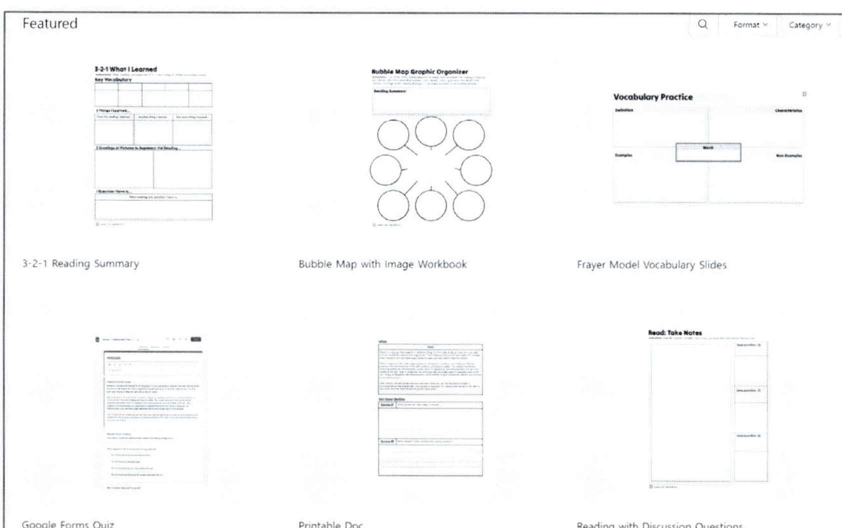

다양한 유형의 활동지 중에서 적절한 디자인을 선택하면, 다음과 같이 편집하여 필요한 유형의 파일로 다운로드 받을 수 있다.

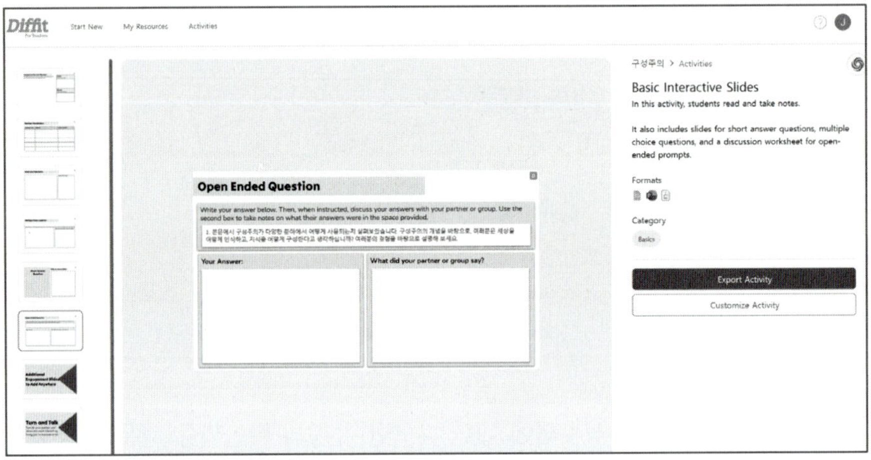

적극적인 참여를 이끌어 내는 면에서 디핏(Diffit)은 분명히 큰 도움이 된다. 학생들의 흥미를 유도할 수 있는 활동지를 손쉽게 제작할 수 있다는 점에서 수업의 질을 높이는 데 매우 유용할 수 있다. 뿐만 아니라, 교수자가 매 주차 활동지를 만드는 것은 시간이 많이 소모되는 작업이다. 그러나 디핏(Diffit)과 같은 AI 기반의 에듀테크 도구가 이를 지원해 준다면, 보다 효율적으로 수업을 준비할 수 있고, 반복적인 작업에서 벗어나 창의적인 교육 활동에 더 많은 시간을 투자할 수 있게 된다.

(3) 냅킨 AI(Napkin AI)로 복잡한 개념을 그림으로 쉽게 제시하기

시각 자료는 학습자들이 개념을 더 쉽게 이해하고 기억하는 데 중요한 역할을 한다. 냅킨 AI(Napkin AI)는 이러한 시각 자료를 간단하고 빠르게 제작할 수 있는 도구로, 복잡한 아이디어나 개념을 그림으로 간단히 표현하는 데 최적화되어 있다. 이 도구를 활용하면, 복잡한 정보를 직관적이고 명확한 시각적 형태로 변환할 수 있어 학생들이 한눈에 이해할 수 있도록 돕는다. 특히 수업 시간에 실시간으로 개념을 시각화해야 할 때 매우 유용하여, 교수자에게는 창의적인 수업 설계를 위한 효과적인 도구가 될 수 있다.

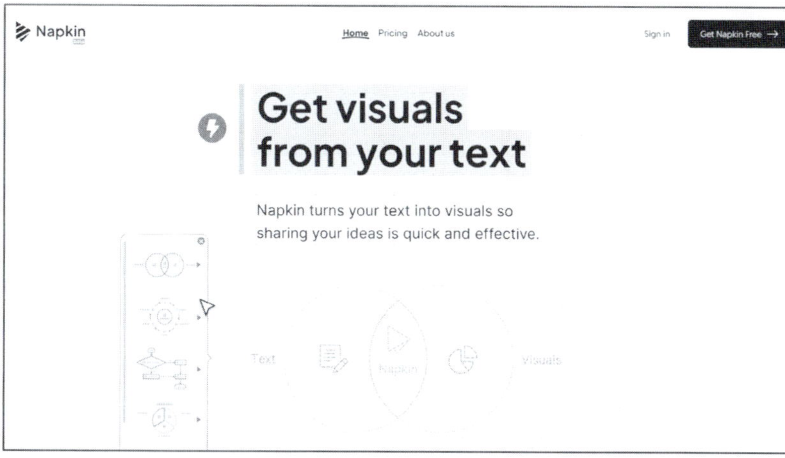

냅킨 AI(Napkin AI, https://napkin.ai)는 텍스트를 시각화하는 데 도움을 주는 AI 기반의 에듀테크 도구이다. 즉, 텍스트를 넣으면 관련된 이미지를 제안해 준다. 상의 슬라이드를 제작할 때 슬라이드를 도식화하는 소모적인 작업을 더욱 수월하게 할 수 있다.

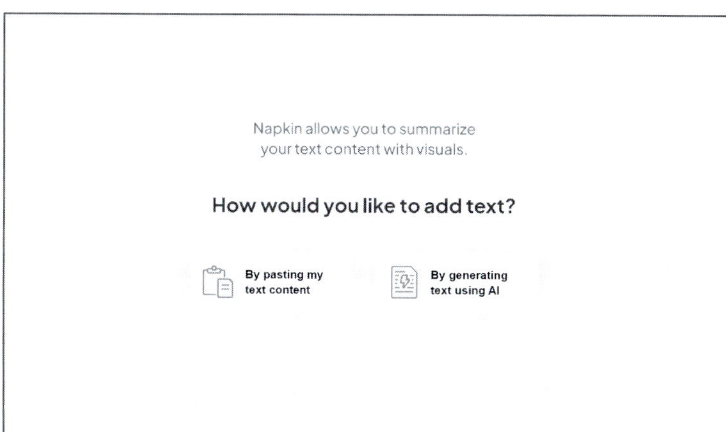

첫 화면에 들어가면 위와 같이 텍스트를 직접 입력할 것인지, AI로 자동 생성할 것인지 선택할 수 있다.

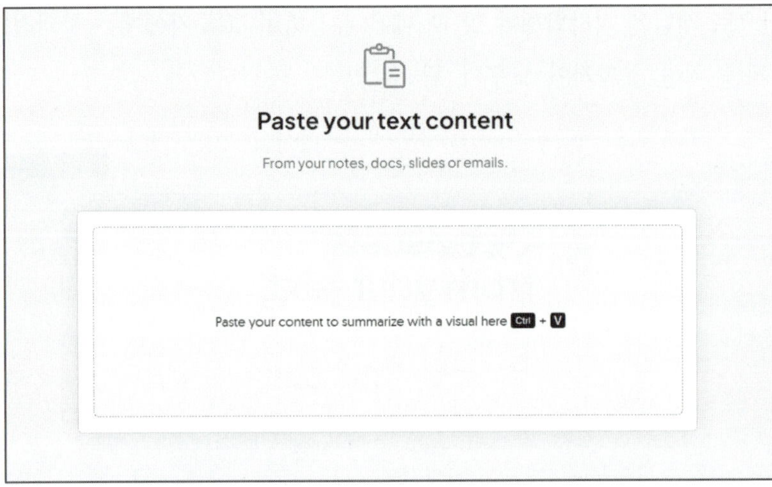

예시로 텍스트를 직접 입력하는 것을 선택하면 위의 화면에 기존 텍스트를 복사하여 넣을 수 있다.

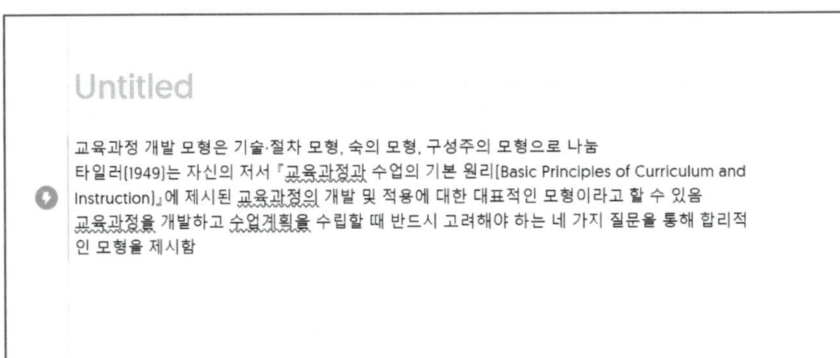

텍스트를 붙여넣기 하면, 어느 부분을 시각화할 것인지를 선택할 수 있다. 예시화면에서는 첫 단락에 번개 모양 아이콘을 클릭하여 시각화하였다.

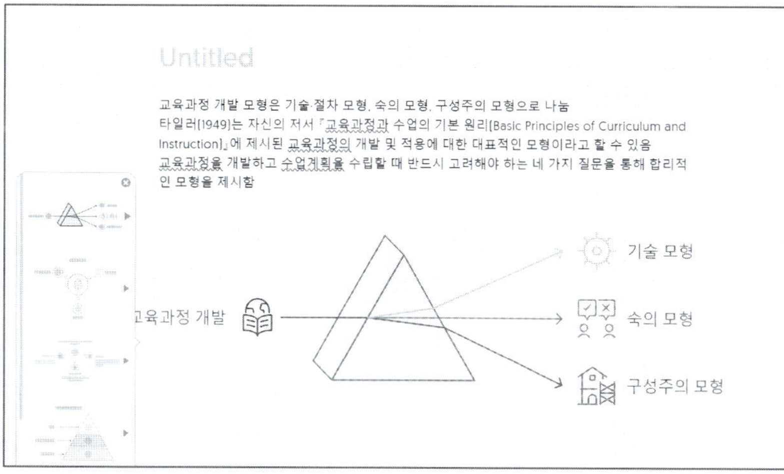

위의 화면과 같이 다양한 도식화 예시가 제시되고, 적절한 그림을 선택하여 다운로드 받을 수 있다.

이처럼 냅킨 AI(Napkin AI)는 복잡한 개념을 간단하고 명료한 그림으로 표현할 수 있게 해주는 효과적인 도구이다. 이를 통해 학생들은 추상적이거나 어려운 내용을 시각적으로 쉽게 이해할 수 있으며, 교수자 역시 설명에 필요한 시간과 노력을 줄일 수 있다. 더 이상 복잡한 개념을 설명하는 데 어려움을 느낄

필요 없이 냅킨 AI(Napkin AI)를 활용해 학생들에게 더욱 직관적이고 효과적인 학습 경험을 제공할 수 있다. 시각화를 통해 학습자의 이해도를 높이고, 수업의 질을 한층 더 향상시킬 수 있을 것이다.

4. 학습관리시스템(LMS)의 수업 활용

1) 학습관리시스템(LMS)의 정의

학습관리시스템(LMS : Learning Management System)은 교육과 학습 과정을 전자적으로 관리, 운영, 평가하는 통합 플랫폼이다. LMS는 교사와 학습자 간의 상호작용을 지원하고 학습자가 학습 자료에 접근할 수 있는 온라인 환경을 제공하는 도구로, 교육의 디지털 전환 과정에서 핵심적인 역할을 하고 있다. LMS는 주로 학습 콘텐츠 제공, 학습자 평가 및 피드백, 성과 추적, 실시간 소통과 같은 다양한 기능을 통해 학습 과정을 체계적으로 관리하고, 특히 온라인 및 하이브리드 교육에서 필수적인 도구로 자리 잡고 있다.

LMS의 주된 목적은 학습 과정을 디지털화하여 교사와 학습자 간의 소통을 원활하게 하고, 교육의 전반적인 질을 향상시키는 것이다. 이를 통해 학습자는 시간과 장소에 구애받지 않고 학습에 접근할 수 있으며, 교사는 학습 자료 제공 및 평가 업무를 더 효율적으로 관리할 수 있다. LMS는 특히 대규모 학습 환경에서 교육을 표준화하고 일관된 방식으로 제공할 수 있어, 교사와 학습자 모두에게 많은 이점을 제공한다.

2) LMS의 주요 기능

(1) 콘텐츠 제공 및 관리

LMS의 가장 기본적인 기능은 학습 자료를 저장하고 제공하는 것이다. 교사들은 텍스트 자료, 비디오 강의, 이미지, 링크, PDF 등 다양한 형태의 자료를 LMS에 업로드할 수 있으며, 학습자들은 언제 어디서나 이러한 자료에 접근할 수 있다. 이를 통해 교사는 학습 자료를 체계적으로 관리하고, 학습자들은 자료를 손쉽게 열람하여 자기주도적인 학습을 할 수 있다.

(2) 과제 및 평가 관리

LMS는 과제 제출과 시험 관리의 효율성을 크게 향상시킨다. 학습자들은 LMS를 통해 과제를 제출하고, 교사는 해당 시스템에서 과제를 평가하며, 평가 결과와 피드백을 즉각적으로 제공할 수 있다. LMS는 또한 자동 채점 기능을 지원해 대규모 학습자들을 대상으로 한 시험이나 퀴즈를 효율적으로 관리할 수 있다.

(3) 학습자 성과 추적 및 분석

LMS는 학습자들의 학습 성과와 참여도를 실시간으로 추적할 수 있는 기능을 제공한다. 학습자의 출석, 과제 제출, 시험 결과 등을 통합적으로 관리하고 분석하여 교사가 개별 학습자의 성취도를 파악할 수 있도록 돕는다. 이를 바탕으로 맞춤형 피드백을 제공하거나 추가 학습 자료를 배포하는 등 학습자의 성장을 촉진할 수 있다.

(4) 실시간 소통 및 상호작용

LMS는 교사와 학습자, 학습자 간의 실시간 소통을 지원한다. 이를 위해 토론 게시판, 실시간 채팅, 그룹 활동 등 다양한 상호작용 기능을 제공한다. 학습자들은 교사와의 실시간 피드백을 통해 자신의 학습 과정을 개선할 수 있고, 협력 학습을 통해 동료 학습자들과 교류하며 심화된 학습 경험을 할 수 있다.

(5) 평가 및 피드백 제공

LMS를 통해 학습자는 자신의 성과에 대한 피드백을 실시간으로 제공받을 수 있다. LMS는 다양한 평가 방법(퀴즈, 프로젝트, 서술형 평가 등)을 통해 학습자의 학습 성취를 측정하고, 이를 기반으로 맞춤형 피드백을 제공할 수 있다. 특히 대규모 수업에서 교사의 평가 부담을 줄이고, 학습자 개개인의 성취도를 보다 체계적으로 관리할 수 있다.

3) LMS의 교육적 필요성

(1) 온라인 및 하이브리드 학습 환경 지원

LMS는 전통적인 대면 수업뿐만 아니라 온라인 교육, 하이브리드 학습 환경에서 필수적인 도구이다. 팬데믹 이후 비대면 학습이 일상화됨에 따라 LMS는 전 세계적으로 널리 사용되고 있으며, 학습자들이 물리적 제약 없이 언제 어디서든 학습할 수 있는 환경을 제공한다. LMS는 교실 밖에서도 학습의 연속성을 유지하며, 교육의 접근성을 크게 향상시킨다.

(2) 개인 맞춤형 학습 제공

LMS는 학습자 개개인의 학습 성향과 속도에 맞춘 개인화된 학습 경로를 제공할 수 있다. 이를 통해 학습자들은 자신에게 맞는 속도로 학습을 진행하고, 필요한 경우 반복 학습을 할 수 있다. 교사는 LMS에서 제공하는 데이터를 기반으로 학습자 맞춤형 피드백을 제공하여 학습자의 성장을 돕는다.

(3) 교육 관리의 효율성 향상

LMS는 교육자가 학습 과정 전반을 체계적으로 관리할 수 있는 도구이다. 수업 자료를 한 곳에서 관리하고, 성적, 과제, 출석 등의 데이터를 통합적으로 관리할 수 있어 교육 운영의 효율성을 높인다. 또한 LMS는 학습자들이 성적과 과제 상태를 실시간으로 확인할 수 있게 하여, 학습자 스스로 학습 성과를 관리하는 데 도움을 준다.

(4) 평가 자동화 및 성과 분석

LMS의 자동 채점 기능은 특히 대규모 강의에서 평가의 효율성을 크게 향상시킨다. 퀴즈나 시험에서 자동으로 점수가 계산되고, 학습자는 즉각적으로 결과를 확인할 수 있다. 교사는 LMS를 통해 성적 데이터를 분석하고, 이를 바탕으로 학습자들의 학습 성향을 파악하며 수업을 조정할 수 있다.

4) LMS의 교육적 활용 사례

(1) 과제 관리 및 피드백 제공

LMS를 통해 교사는 학습자들의 과제를 관리하고 실시간으로 피드백을 제공할 수 있다. 예를 들어, Google Classroom이나 Moodle 같은 LMS에서는 학습자들이 과제를 온라인으로 제출하고, 교사는 해당 시스템에서 과제를 검토한 후 피드백을 남길 수 있다. 이를 통해 학습자들은 제출한 과제에 대한 피드백을 즉시 확인하고, 다음 과제를 준비하는 데 참고할 수 있다.

(2) 실시간 소통 및 협업 지원

Blackboard나 Canvas와 같은 LMS는 교사와 학습자 간의 실시간 소통을 지원하며, 학습자 간 협업 활동을 장려한다. 예를 들어, 온라인 토론 게시판을 통해 학습자들이 주제에 대해 토론하고, 교사는 이에 대한 피드백을 제공하며 학습 과정을 지원한다. 또한 그룹 프로젝트나 공동 과제 활동을 통해 협력 학습을 촉진할 수 있다.

(3) 개별 학습 경로 제공 및 추적

LMS는 학습자 개인별 학습 경로를 제공하여 개별화된 학습을 가능하게 한다. 예를 들어, 학습자들이 자신의 학습 수준에 맞춘 학습 자료를 선택하거나, 학습 진도에 따라 맞춤형 피드백을 받을 수 있다. 교사는 LMS에서 제공하는 학습 데이터를 분석하여 학습자들의 학습 성과를 추적하고, 개별화된 피드백을 제공한다.

학습관리시스템(LMS)은 현대 교육에서 필수적인 도구로, 교육과정 전반을 체계적으로 관리하고 학습자들에게 효과적인 학습 경험을 제공하는 데 핵심적인 역할을 한다. LMS는 학습 자료 제공, 과제 관리, 실시간 소통, 평가 자동화 등 다양한 기능을 통해 교육의 질을 높이고, 학습자들이 더욱 적극적으로 참여할 수 있는 환경을 조성한다. 또한 LMS는 학습자 개개인의 학습 성과를 추적하고, 그에 맞는 피드백을 제공함으로써 개인 맞춤형 학습을 지원하는 중요한 도구로 자리 잡고 있다.

미래의 교사들은 LMS를 통해 더 체계적이고 효율적인 수업 운영을 할 수 있으며, 학습자들에게 보다 유연하고 접근 가능한 학습 환경을 제공할 수 있을 것이다.

07
CHAPTER

교육데이터와 학습분석

1. 교육데이터의 개념 및 필요성
2. 학습분석의 개념 및 주요 영역
3. 빅데이터 시대의 학습지원 방향

07
CHAPTER

교육데이터와 학습분석

오늘날 우리는 데이터 중심의 사회에 살고 있다. 모든 산업 분야에서 데이터는 중요한 자산이 되었으며, 교육도 예외는 아니다. 교육 현장에서 생성되는 방대한 양의 데이터는 학습자의 행동, 성과, 선호도 등을 이해하고 최적화된 학습 경험을 설계하는 데 귀중한 자원으로 활용될 수 있다. 이러한 변화에는 교육데이터(educational data)와 이를 효과적으로 활용하기 위한 학습분석(learning analytics)이 강조되고 있다.

교육데이터는 단순히 성적과 출결 같은 전통적인 지표를 넘어, 디지털 학습 환경에서 수집되는 상호작용 데이터, 학습 패턴, 심지어 정서적 반응까지 포괄한다. 학습분석은 이러한 데이터를 바탕으로 학습 과정을 분석하고, 학습자와 교육자에게 실질적인 인사이트를 제공한다. 이를 통해 학습자는 자신의 강점과 약점을 정확히 이해하고, 교육자는 보다 개인화된 학습 지원과 교육 전략을 제시할 수 있다.

이 장에서는 교육데이터의 의미와 중요성을 살펴보고, 학습분석이 교육에 어떤 변화를 가져오는지 구체적으로 논의한다. 또한 학습분석을 통해 학습의 효과성을 높이는 방법, 잠재적인 윤리적 이슈와 데이터 보호 문제를 해결하는 방안, 그리고 교육자와 학습자가 데이터를 활용해 더 나은 결과를 도출하는 전략을 제시한다.

교육데이터와 학습분석은 미래 교육의 기반을 다지는 핵심 도구이다. 데이터를 활용한 교육 혁신은 단순히 성과를 높이는 것을 넘어, 학습자가 더 의미 있는 학습 여정을 만들어 가도록 돕는 데 목적이 있다. 이 장을 통해 데이터가 교육의 패러다임을 어떻게 변화시키고 있는지 탐구해 보기 바란다.

1. 교육데이터의 개념 및 필요성

1) 교육데이터의 개념

교육데이터(Educational Data)란, 교육 과정에서 생성되고 수집되는 모든 형태의 데이터를 의미한다. 이는 전통적인 교육 환경에서 생성된 데이터뿐만 아니라, 디지털 학습 환경에서 발생하는 다양한 데이터를 포함한다. 학습자, 교육자, 교육 콘텐츠, 학습 환경 등과 관련된 모든 정보가 교육 데이터로 분류되며, 이는 학습 경험을 분석하고 개선하는 데 중요한 역할을 한다. 데이터는 학습 과정의 현황을 명확히 파악할 수 있는 도구일 뿐 아니라, 미래 교육의 방향성을 제시하는 나침반 역할을 한다.

오늘날 교육 환경은 기술 발전에 힘입어 물리적 교실을 넘어 디지털 플랫폼과 융합된 새로운 학습 생태계를 만들어 가고 있다. 이러한 변화 속에서 교육데이터는 학습의 전 과정에서 발생하는 행동, 성과, 상호작용 등을 체계적으로 기록하며, 교육 혁신의 중심축으로 자리 잡고 있다.

2) 교육데이터의 종류

(1) 학습 성과 데이터

시험 점수, 과제 결과, 학업 이수 현황 등 학습자가 달성한 성취 수준을 보여주는 데이터를 포함한다. 이러한 데이터는 전통적으로 교육에서 중요한 지표로 활용되어 왔으며, 학습자가 목표를 얼마나 달성했는지를 평가하는 데 핵심적인 역할을 한다.

(2) 행동 데이터

온라인 학습관리시스템(LMS)이나 모바일 학습 앱에서 학습자가 보여주는 행동 데이터를 의미한다. 예를 들어, 로그인 빈도, 학습 콘텐츠 열람 시간, 특정 콘텐츠에서의 정지 시간 등이 이에 해당한다. 행동 데이터는 학습자의 학습 습관과 참여도를 분석하는 데 유용하다.

(3) 사회적 상호작용 데이터

학습자 간의 협력 활동과 상호작용을 보여주는 데이터를 포함한다. 토론 게시판, 그룹 채팅, 협업 프로젝트에서 발생하는 상호작용이 기록되며, 이를 통해 학습자가 공동체 내에서 어떻게 학습하고 소통하는지를 이해할 수 있다.

(4) 생리적/정서적 데이터

감정 분석, 시선 추적, 심박수, 얼굴 인식 등을 활용하여 학습자의 정서적 상태와 주의 집중도를 측정한 데이터이다. 이는 학습자의 학습 환경이 얼마나 효과적인지를 평가하고, 정서적 상태에 따른 맞춤형 지원을 제공하는 데 유용하다.

(5) 교육 콘텐츠 데이터

교육 자료의 유형, 난이도, 학습 시간 대비 학습 효율 등을 포함한 데이터를 의미한다. 예를 들어, 특정 자료가 학습자에게 얼마나 유용했는지를 분석함으로써 콘텐츠 품질을 개선할 수 있다.

3) 교육데이터의 필요성

현대 교육에서는 데이터가 단순한 기록을 넘어, 교육의 질을 높이고 학습자의 성장을 지원하기 위한 필수적인 도구로 자리 잡았다. 교육데이터는 교육 현장에서 발생하는 다양한 정보를 분석하여 학습자와 교육자, 그리고 교육 시스템 전반에 걸쳐 실질적인 개선을 이끌어 낸다. 교육데이터가 필수적인 이유를 구체적으로 살펴보면 다음과 같다.

첫째, 학습자를 깊이 이해하고 맞춤형 학습을 지원할 수 있다.

교육데이터는 학습자의 행동과 성과를 체계적으로 분석하여 강점과 약점을 파악하는 데 도움을 준다. 예를 들어, 학습자의 시험 성적, 과제 제출 시간, 학습 콘텐츠 사용 패턴 등을 통해 학습자 개인의 학습 스타일과 효과적인 학습 방법을 파악할 수 있다. 이를 바탕으로 각 학습자에게 적합한 학습 경로를 설계함으로써, 학습자가 자신의 잠재력을 극대화할 수 있도록 돕는다. 뿐만 아니라, 데이터는 학습자가 스스로 자신의 학습 과정을 모니터링하고 목표를 설정하며, 학습 진척 상황을 조정할 수 있는 자율성을 제공한다. 이는 학습자의 자기주도 학습 능력을 강화하고, 학습 동기를 높이는 데도 기여한다. 따라서 교육데이터는 개별 학습자 중심의 맞춤형 교육을 실현하기 위한 핵심 도구이다.

둘째, 교육자의 교수 역량을 강화하고 효과적인 교육 설계를 가능하게 한다.

교육자는 데이터를 통해 학습자의 행동과 성과를 실시간으로 파악할 수 있다. 이를 통해 학습자 그룹의 전반적인 학업 상태를 점검하고, 특정 학습 활동의 효과를 객관적으로 평가할 수 있다. 예를 들어, 특정 학습 콘텐츠가 학습자들에게 얼마나 효과적인지, 참여율이 높은 활동은 무엇인지, 어려움을 겪고 있는 학습자는 누구인지 데이터를 통해 확인할 수 있다. 이러한 정보는 교육자로 하여금 기존의 교수법을 개선하거나 새로운 교수 전략을 설계하는 데 큰 도움을 준다. 또한 데이터를 기반으로 한 실시간 피드백 제공은 학습자가 학습 과정에서 겪는 문제를 즉각적으로 해결할 수 있게 하여 교육 효과를 극대화한다.

셋째, 교육 정책 수립과 자원 배분을 효율화할 수 있다.

교육데이터는 학교와 교육 기관이 데이터 기반으로 정책을 수립하고, 자원을 합리적으로 배분하는 데 중요한 역할을 한다. 예를 들어, 특정 지역이나 학교에서 학습 성과가 낮은 학생 그룹을 조기에 파악하여, 이를 개선하기 위한 자원을 집중적으로 투입할 수 있다. 또한 학습 참여도, 성취도, 학습 환경 데이터를 종합적으로 분석하여 교육 프로그램의 성과를 객관적으로 평가하고, 이를 개선하는 데 활용할 수 있다. 이는 교육의 질을 높이고, 교육 자원을 보다 효과적으로 활용하기 위한 필수적인 과정이다.

넷째, 교육의 형평성을 강화하고 학습 격차를 해소할 수 있다.

교육데이터는 학습 기회의 불균형과 학습 격차를 식별하고 이를 줄이기 위한 맞춤형 전략을 설계하는 데 유용하다. 데이터 분석을 통해 학습 참여도가 낮은 학습자를 조기에 발견하고, 이들에게 적절한 지원을 제공함으로써 교육의 형평성을 높일 수 있다. 예를 들어, 경제적 이유로 학습 자료에 접근하지 못하거나 디지털 환경에 익숙하지 않은 학습자에게는 데이터 분석을 통해 적절한 지원을 제공하여 이들의 학습 환경을 개선할 수 있다. 이는 모든 학습자가 동등한 기회를 가지고 성장할 수 있도록 보장하며, 교육의 포용성을 높이는 데 기여한다.

교육데이터는 단순히 정보를 수집하고 보관하는 데 그치는 것이 아니라, 이를 효과적으로 분석하고 활용하여 학습자 중심의 맞춤형 교육을 실현하고, 교육의 질과 형평성을 높이는 데 필수적인 도구이다. 학습자와 교육자 모두에게 실질적인 도움을 제공하고, 교육 시스템 전반의 효율성을 증진시키는 교육데이터는 미래 교육 혁신의 핵심 기반으로 자리 잡고 있다.

2. 학습분석의 개념 및 주요 영역

1) 학습분석의 정의

학습분석(Learning Analytics)은 교육 환경에서 생성되는 데이터를 체계적으로 수집하고 분석하여 학습자, 교육자, 그리고 교육 기관이 교육적 의사결정을 최적화할 수 있도록 돕는 데이터 중심의 접근 방식이다. 이는 학습자의 행동, 성과, 그리고 학습 환경에 대한 데이터를 기반으로 학습과정을 이해하고, 잠재적 문제를 예측하며, 적합한 해결 방안을 제공하는 것을 목표로 한다.

다양한 정의들이 있지만 공통적으로 학습분석은 학습자와 관련된 데이터의 측정, 수집, 분석, 보고를 통해 학습과 학습이 이루어지는 맥락에 대한 심층적인 이해를 제공하며, 이를 통해 학습 환경의 최적화를 추구한다. 학습분석은 데이터 기반 의사결정을 촉진하고, 학습자에게 보다 개인화된 학습 경험을 제공하기 위한 근본적인 방법론으로 자리 잡고 있다.

2) 학습분석의 핵심 구성요소

(1) 데이터의 수집

데이터 수집은 학습분석의 첫 단계로, 교육 환경에서 발생하는 다양한 데이터를 확보하는 과정이다. 디지털 환경에서는 LMS 로그 데이터, 동영상 강의 시청 시간, 클릭 패턴, 학습 평가 점수 등이 주요 데이터로 사용된다.

- **예시** : 한 고등학교에서 학습자가 매일 학습 앱에 접속한 시간을 추적하여 학생들의 학습 습관을 분석한 결과, 오전 시간을 효율적으로 활용하는 학생들이 높은 성적을 기록한다는 사실을 발견했다. 이를 통해 교사는 오전 시간에 고난도 학습 콘텐츠를 배치하도록 수업 설계를 변경했다.

(2) 데이터의 처리 및 정제

수집된 데이터는 가공 및 정제를 통해 분석 가능한 상태로 변환된다. 이 과정에서 결측치 처리, 중복 데이터 제거, 표준화 등의 작업이 이루어진다.

- **예시** : 온라인 수업 출석 데이터를 정제하면서, 로그인 시간만 기록된 경우가 많다는 문제를 발견했다. 이를 보완하기 위해 출석 확인과 학습 자료 다운로드 기록을 통합하여 학습 참여도를 측정하는 새로운 기준을 도입했다.

(3) 분석과 인사이트 도출

데이터는 통계적 기법, 머신러닝 알고리즘, 데이터 마이닝 등을 통해 학습자의 행동 패턴과 학습 과정에서의 문제를 심층적으로 분석한다. 이 단계는 데이터에서 유의미한 패턴을 도출하고, 이를 통해 학습 과정과 결과를 최적화할 수 있는 실행 가능한 인사이트를 제공한다.

① 머신러닝 알고리즘 활용

머신러닝(Machine Learning)은 데이터에서 규칙이나 패턴을 학습하여 미래를 예측하거나 분류하는 데 사용된다. 학습분석에서 자주 활용되는 머신러닝 기법은 다음과 같다.

- **회귀 분석**(Regression Analysis) : 학습자의 성적이나 학습 참여도 등 연속적 변수의 변화를 예측하는 데 사용된다.
  - **예시** : 특정 학습 콘텐츠 사용 시간과 시험 점수 간의 관계를 분석하여, 학습 시간이 점수에 미치는 영향을 모델링할 수 있다. 이를 통해, 필요한 학습 시간을 예측하고 맞춤형 학습 목표를 설정할 수 있다.
- **의사결정나무**(Decision Tree) : 학습자 행동 데이터를 분류하거나 예측하는 데 효과적이다.
  - **예시** : 특정 과목에서 실패할 가능성이 높은 학습자를 예측하기 위해, 학습자의 과제 제출 횟수, 출석률, 콘텐츠 활용도를 기준으로 분류 규칙을 생성할 수 있다. 이 결과는 고위험 학습자를 조기에 식별하고 지원을 제공하는 데 활용된다.
- **클러스터링**(Clustering) : 비지도 학습 기법으로, 학습자를 유사한 그룹으로 나눈다.
  - **예시** : 학습자의 학습 스타일(시각적 학습자, 청각적 학습자 등)을 분석하여 그룹화하고, 각 그룹에 맞는 학습 콘텐츠를 설계한다.
- **랜덤 포레스트**(Random Forest) **및 부스팅**(Boosting) : 여러 개의 결정 나무를 결합하여 예측 정확성을 높이는 기법이다.
  - **예시** : 학습 성과에 영향을 미치는 여러 요인(과제 참여도, 시험 성적, 피드백 활용 등)을 분석하여, 학습자의 성공 가능성을 더욱 정확히 예측할 수 있다.
- **심층 신경망**(Deep Neural Networks) : 대량의 복잡한 데이터에서 숨겨진 패턴을 도출하는 데 활용된다.
  - **예시** : 비디오 학습 콘텐츠 시청 데이터를 분석하여, 특정 시간대에 학습자의 집중도가 가장 높은 구간을 파악할 수 있다.

② 데이터 마이닝 기법 활용

데이터 마이닝(Data Mining)은 대규모 데이터에서 유의미한 정보를 발견하는 과정을 의미하며, 학습분석에서 중요한 역할을 한다.

- **연관 규칙 분석**(Association Rule Mining) : 학습자의 행동 데이터 간 관계를 파악하여 학습 콘텐츠 활용을 최적화한다.
  - **예시** : 특정 학습 콘텐츠를 본 후 높은 성적을 기록하는 학습자를 분석하여, 콘텐츠 간 상관관계를 파악하고 유사 학습자에게 추천한다.
  - **결과** : "A 강의를 학습한 학습자는 B 콘텐츠 학습 후 성적이 향상될 가능성이 70% 이상"이라는 규칙을 발견하고, 학습자에게 B 콘텐츠를 추천
- **시퀀스 마이닝**(Sequence Mining) : 학습자가 학습 콘텐츠를 사용하는 순서를 분석하여 가장 효과적인 학습 경로를 파악한다.
  - **예시** : 학생들의 콘텐츠 활용 순서를 분석하여, '강의 영상을 먼저 시청한 학생'이 '문제 풀이를 먼저 시작한 학생'보다 시험 성적이 높다는 패턴을 도출한다.
- **이상 탐지**(Anomaly Detection) : 일반적인 패턴에서 벗어나는 데이터를 탐지하여 학습 문제를 사전에 발견한다.
  - **예시** : 학습 로그 데이터를 분석해 정기적으로 LMS에 접속하던 학생이 갑자기 접속을 중단한 경우, 학습 동기 저하나 환경적 문제를 확인하기 위해 교육자가 조치를 취한다.
- **군집 분석**(Cluster Analysis) : 학습자의 특성과 행동을 기준으로 그룹화하여, 그룹별 맞춤형 학습 전략을 개발한다.
  - **예시** : 학습자의 참여도, 시험 성적, 학습 시간 데이터를 기반으로 고성취 학습자, 저성취 학습자, 중간 성취 학습자로 그룹화하고, 각 그룹에 맞는 학습 지원 프로그램을 설계한다.

(4) 결과의 보고 및 활용

분석 결과는 시각화 도구를 통해 이해하기 쉽게 표현되며, 학습자와 교육자 모두에게 공유된다.

- **예시** : 학습 대시보드를 통해 각 학습자의 진행 상황이 그래프로 표현되고,

학습 목표 달성 여부가 색상으로 구분되어 실시간으로 제공되었다. 이는 교수자가 학습 지원이 필요한 학생을 즉각적으로 식별하고 도움을 줄 수 있도록 했다.

3) 학습분석의 목표와 필요성

(1) 학습분석의 목표

학습분석은 학습 과정과 성과를 심층적으로 이해하고 이를 통해 학습자, 교육자, 교육 기관이 효과적인 의사결정을 내릴 수 있도록 돕는 것을 목표로 한다. 학습자의 강점과 약점을 분석하여 학습 여정을 최적화하고, 교육자가 맞춤형 학습 자료와 전략을 제공할 수 있도록 지원하며, 학습 환경 전반의 질적 개선을 추구한다.

첫째, 학습 과정을 이해하고 최적화하는 데 초점이 맞추어진다. 학습자의 데이터는 단순한 행동 기록을 넘어, 학습자가 특정 주제에서 어려움을 겪고 있는지 또는 효과적으로 학습을 진행하고 있는지를 보여주는 중요한 근거로 작용한다. 예를 들어, 학습자의 학습 패턴과 콘텐츠 활용 시간을 분석하면, 어떤 방식의 학습이 성과를 높이는지 알 수 있다.

둘째, 학습 성과를 예측하고 잠재적 문제를 조기에 발견하여 해결 방안을 마련한다. 학습자가 반복적으로 과제를 제출하지 않거나 수업 참여가 저조하다면, 이를 학습 데이터에서 자동으로 탐지해 조기 경고 시스템을 통해 지원을 제공할 수 있다. 이러한 접근은 학업 중단과 같은 심각한 문제를 사전에 방지하는 데 중요한 역할을 한다.

셋째, 학습자의 성향과 학습 목표를 기반으로 개인화된 학습 환경을 제공한다. 개인화된 학습은 학습자의 성과를 극대화할 수 있는 효과적인 방법으로, 학습분석은 데이터를 활용해 맞춤형 콘텐츠와 학습 경로를 설계하는 데 필수적이다.

마지막으로, 학습분석은 교육 정책과 전략 수립에도 중요한 정보를 제공한다.

데이터를 통해 학습 성과와 참여도를 종합적으로 분석하면, 자원의 효율적 배분과 함께 효과적인 교육 프로그램 설계가 가능하다.

(2) 학습분석의 필요성

학습분석의 필요성은 학습자 중심의 교육을 실현하고, 교육 환경을 혁신하며, 나아가 교육의 형평성과 질적 수준을 강화하는 데 있다.

먼저, 학습분석은 학습자의 동기를 높이고 학습 참여를 증진시키는 데 기여한다. 데이터 기반 피드백은 학습자 스스로 자신의 학습 진행 상황을 이해하고 개선 방향을 모색할 수 있게 하며, 이는 자기주도 학습을 강화한다.

또한 학습분석은 교육 혁신의 기반이 된다. 교육 기관은 데이터를 활용해 학습자의 행동을 정밀히 분석하고, 이를 바탕으로 전통적인 교수법의 한계를 보완하거나 새로운 교육 방식을 개발할 수 있다.

마지막으로, 학습분석은 교육의 질적 향상을 도모한다. 학습자는 개별적인 필요를 충족시키는 맞춤형 지원을 받을 수 있으며, 교육자는 학습 효과를 극대화할 수 있는 효율적인 전략을 설계할 수 있다. 이 모든 과정은 데이터 중심의 학습 환경을 통해 이루어지며, 이는 현대 교육에서 점차 필수적인 요소로 자리잡고 있다.

3. 빅데이터 시대의 학습지원 방향

1) 학습자 중심의 맞춤형 지원 강화

학습분석의 가장 중요한 목적은 학습자 중심의 지원 체계를 강화하는 것이다. 이는 학습자의 행동 데이터를 심층적으로 분석하여 각 개인의 학습 성향, 학업 수준, 학습 동기 등을 파악하는 것에서 시작된다. 이러한 데이터를 바탕으로 학습자는 자신의 학습 과정에서 어떤 부분이 강점이고, 어떤 부분이 개선이 필요한지를 명확히 이해할 수 있다. 교육자는 이를 통해 각 학습자의 학습 니즈에 맞춘 맞춤형 콘텐츠와 학습 전략을 제안할 수 있다.

예를 들어, 시각적 학습자가 많은 수업에서는 동영상 콘텐츠나 다이어그램 중심 자료를 더 많이 제공하고, 텍스트 기반 학습을 선호하는 학습자에게는 상세한 문서 자료를 추가로 제공하는 방식으로 개인화된 학습을 구현할 수 있다. 이러한 맞춤형 지원은 학습자의 학업 성취도를 높이는 동시에 학습 만족도를 향상시키며, 학습에 대한 몰입도를 강화하는 데 기여한다.

또한 학습자 중심 지원은 단순히 학업 성과를 높이는 것을 넘어, 학습자의 자기주도 학습 능력을 개발하는 데에도 중요한 역할을 한다. 데이터를 통해 자신의 학습 경로를 명확히 이해한 학습자는 더 나은 학습 목표를 설정하고 이를 달성하기 위한 전략을 스스로 계획할 수 있게 된다.

2) 데이터 기반 의사결정과 전략적 학습 관리

학습분석은 교육자와 교육기관이 직관적인 판단에서 벗어나 데이터 기반의 의사결정을 내릴 수 있도록 지원합니다. 데이터는 학습자의 실제 학습 행동과 성과를 객관적으로 보여주기 때문에, 교수법을 개선하거나 학습 환경을 조정하는 데 보다 신뢰할 수 있는 근거로 작용한다.

예를 들어, 과거에는 학생들의 학업 성취도를 교수의 관찰이나 시험 성적에만 의존해 평가했다면, 학습분석은 출석 기록, 학습 콘텐츠 활용 빈도, 과제 제출 시간 등 다양한 데이터를 결합하여 학습자의 학업 성과를 더욱 정교하게 평가할 수 있다. 이를 통해 교육자는 강의 내용이 특정 학습자 그룹에 비효율적이거나 학습 자료가 충분히 활용되지 않는 문제를 발견하고, 이를 기반으로 개선 전략을 수립할 수 있다.

또한 데이터 기반 접근법은 자원의 효율적 배분에도 기여한다. 학습분석을 통해 자원이 부족한 부분을 식별하거나, 추가적인 지원이 필요한 학습자를 발견하여 보다 효과적으로 지원할 수 있는 환경을 조성할 수 있다.

3) 실시간 학습 지원 시스템 구축

실시간 데이터를 활용한 학습 지원 시스템은 학습자가 학습 과정에서 직면하는 문제를 즉각적으로 해결할 수 있도록 돕는다. 이러한 시스템은 학습자가 특정 강의나 과제에서 어려움을 겪을 경우 이를 즉각적으로 감지하고, 학습자가 필요한 자료를 적시에 제공받을 수 있도록 설계된다.

예를 들어, 학습관리시스템(LMS)은 학습자가 강의를 여러 번 반복 시청하거나 특정 문제에서 오랜 시간을 소비하는 경우, 이를 학습자가 어려움을 겪고 있다는 신호로 인식하고, 관련 학습 자료나 동영상 튜토리얼을 추천할 수 있다. 이러한 시스템은 학습자가 학습 과정에서 좌절하지 않고 문제를 해결할 수 있도록 돕는 데 중요한 역할을 한다.

실시간 학습 지원은 학습자의 참여도와 몰입도를 유지하는 데도 효과적이다. 학습자가 즉각적인 피드백을 받을 수 있다는 사실은 학습 동기를 높이며, 학습 과정에서의 만족감을 증진시킨다. 이는 특히 온라인 학습 환경에서 학습자가 고립감을 느끼지 않도록 하는 데 큰 기여를 한다.

4) 학습성과 평가와 개선을 위한 데이터 통합

학습분석은 학습 과정과 결과를 평가하고, 이를 기반으로 지속적인 개선 방안을 마련하는 데 핵심적인 역할을 한다. 특히 다양한 출처에서 생성된 학습 데이터를 통합하여 학습자의 학업 전반을 한눈에 파악할 수 있는 체계를 구축하는 것이 중요하다.

데이터 통합은 학습자 개인의 성과를 총체적으로 이해하는 데 도움을 준다. 예를 들어, 시험 점수뿐만 아니라 출석률, 과제 제출 빈도, 학습 활동 참여 데이터를 통합 분석하면, 단순히 성적만으로는 파악할 수 없는 학습자의 학업 태도와 참여도를 이해할 수 있다. 이를 통해 학습자의 강점과 약점을 더욱 정확히 진단할 수 있으며, 장기적인 학습 목표를 설정하는 데 유용한 정보를 제공한다.

또한 데이터 통합은 교육 프로그램의 개선에도 기여한다. 특정 강좌의 학습 성과가 다른 강좌보다 낮은 경우, 이를 데이터로 분석하여 문제의 원인을 진단하고, 교육 내용이나 교수법을 개선하는 전략을 수립할 수 있다.

5) 윤리적 데이터 활용과 개인정보 보호

학습분석이 교육에서 점차 중요한 역할을 하고 있지만, 데이터 활용 과정에서 반드시 윤리적 고려와 개인정보 보호가 이루어져야 한다. 학습자의 데이터를 수집, 분석, 활용하는 모든 과정은 학습자의 동의를 기반으로 이루어져야 하며, 데이터가 부적절하게 사용되지 않도록 철저한 보안 체계를 마련해야 한다.

학습 데이터를 익명화하거나 암호화하여 민감한 정보를 보호하는 것은 학습분석 시스템 구축의 기본 요건이다. 또한 데이터를 활용하는 목적과 방식에 대한 투명한 절차를 유지함으로써 학습자와 교육자 모두에게 신뢰를 제공해야 한다. 윤리적 데이터 활용은 학습분석의 지속가능성을 확보하는 중요한 요소로, 교육기관이 학습자와의 신뢰 관계를 유지하는 데 핵심적인 역할을 한다.

학습분석을 활용한 학습지원 방향은 학습자의 개별적인 학습 니즈를 반영하여 맞춤형 학습 환경을 조성하고, 데이터 기반으로 학습 성과를 향상시키는 데 중점을 둔다. 이를 통해 학습자는 자신의 학습 과정을 명확히 이해하고 성장할 수 있으며, 교육자는 효율적이고 효과적인 교수 전략을 설계할 수 있다. 윤리적이고 투명한 데이터 활용을 바탕으로 학습분석은 앞으로도 교육 환경 혁신에 중요한 도구로 자리 잡을 것이다.

08

CHAPTER

인공지능과 교육

CHAPTER 08

인공지능과 교육

1. 인공지능의 개념 및 원리

1) 인공지능의 개념

(1) 인공지능

인공지능을 흔히 '사람을 흉내 낸 인공적인 존재로서, 사람처럼 스스로 생각하고 판단할 수 있는 기계'로 이해할 수 있다. 두산백과에서는 인공지능(Artificial Intelligence, 이하 AI)을 인간의 인지, 추론, 판단 등의 능력을 컴퓨터로 구현하기 위한 기술이나 연구 분야로 정의하고 있으며, AI는 인간의 학습 능력, 추론 능력, 지각 능력을 인공적으로 구현하려는 컴퓨터 프로그램으로 실현되는 기술로 설명하고 있다. 현재의 AI는 인공협소지능(Artificial Narrow Intelligence, 이하 ANI)으로 약인공지능(weak AI)이라 할 수 있다. 이 단계를 넘어서는 AI는 인공일반지능(Artificial General Intelligence, 이하 AGI) 또는 강인공지능(strong AI)이라 불린다. AGI는 스스로 학습 코드를 편집하고, 자율적으로 행동하여 인간과 유사하거나 더 나은 방법으로 복잡한 문제를 해결하는 범용 AI이다(송경빈, 2024). AI의 발전 단계를 통해 긍정적인 측면과 부정적인 측면을 이해하고, 이를 바탕으로 미래의 변화에 적응할 수 있는 인재로 성장해야 한다.

① 인공지능의 시작

AI의 '인공'이라는 용어는 초기에는 자연이나 인간을 모방하는 단순한 의미로 사용되었다. 1956년 미국 아이비리그 연구 대학인 다트머스 대학교(Dartmouth College)에서 열린 워크숍에서 존 매카시(John McCarthy)는 최초의 인공지능 프로그램인 Logic Theorist를 발표하며 '인공지능(Artificial Intelligence)'이라는 용어를 처음으로 사용하게 되었다(Crevier, D., 1993). 매카시는 AI를 '고도의 지능을 가진 컴퓨터 디바이스[1]를 만들기 위한 과학과 공학'이라는 의미로 정의하였다. 이러한 사고의 바탕에는 1950년 앨런 튜닝이 제안한 '튜링 테스트'가 있다. 이 테스트에 따르면, 기계가 사람과 구별될 수 없을 정도로 대화를 할 수 있다면 그 기계는 지능을 가지고 있다고 판단할 수 있다. 인간을 종합적으로 평가하는 것은 불가능하지만, 이는 기계가 인간처럼 행동할 수 있는지 탐색하는 최초의 시도였다. AI라는 용어는 일반인들에게 AI가 기학적 정리 증명이나 영어 학습을 가능하게 하여, 마치 사람처럼 스스로 판단하고 생각할 수 있을 것이라는 기대를 불러일으켰다. AI 기술은 큰 주목을 받으며 관련 연구가 활발히 진행되었고, 1958년 심리학을 전공한 신경생물학자 프랭크 로젠블랫(Frank Rosenblatt)이 사람 뇌가 작동하는 기초적인 방식을 재현한 '퍼셉트론'을 개발하였다. 이러한 과정을 통해 데이터를 활용하여 기계의 성능을 개선할 수 있다는 '기계학습' 개념이 등장하게 되었다.

② 1974~1980년, 인공지능의 겨울

AI는 복잡한 문제를 해결하는 과정에서 컴퓨터의 성능과 함께 퍼셉트론의 한계라는 높은 장벽에 부딪히게 된다. 당시의 데스크톱 성능은 1MIPS[2] 정도로, 현재의 30만 MIPS에 비교할 때, 그 시기의 컴퓨터 성능으로는 AI를 구현하는 것이 사실상 불가능했다고 볼 수 있다.

1969년 퍼셉트론의 한계를 설명한 마빈 민스키(Marvin Lee Minsky)와 시모어 페퍼트(Seymour Papert)는 저서 『퍼셉트론』을 통해 AI의 한계를 논의하였다. 이

1) 디바이스(device)는 특정한 기능이나 목적을 수행하기 위해 설계나 장치로 전자기기, 컴퓨터, 스마트폰, 센서 등 다양한 형태로 존재하며, 특정 작업을 수행하거나 정보를 처리하는 데 사용된다.

2) CPU의 성능을 나타내는 MIPS(밉스, million instructions per second)로, 초당 100만 개의 명령을 수행할 수 있는 능력을 의미한다.

에 따라 AI의 발전에 대한 부정적인 인식이 확산하였고, AI에 관한 관심과 열기가 식으면서 예산 지원이 축소되고 연구도 줄어들게 되었다. 이 시기가 바로 첫 번째 '인공지능의 겨울'로 알려져 있다.

③ 1980~1987년

컴퓨터 부품을 자동으로 점검하는 시스템인 '엑스콘(XCON)'의 개발로 인해 AI 연구가 재개되었다. 이 자동화 시스템은 경비 감소 효과를 인정받아 주목받았으며, 오차역전파 알고리즘으로 단층 퍼셉트론의 단점을 극복하는 듯 보였다. 그러나 엑스콘 업데이트 비용 증가와 더불어 데스크탑 컴퓨터의 고성능이 효율적으로 변화하면서, 다시금 관심이 줄어들었다. 인공지능 연구는 다시 겨울을 맞이하여 1990년대 초까지 암흑기에 접어들었다. 이러한 과정을 거치며 연구자들은 인간과 유사한 지능 개발보다 특정 분야에 AI 기술을 응용하는 방향으로 연구를 전환하였다.

여러 한계에도 AI 연구는 꾸준히 진행되었고, 2000년대부터는 대규모 산술 연산에 최적화된 GPU(Graphics Processing Unit)의 발전이 딥러닝 기술에 긍정적인 영향을 미쳤다. 결국 2010년대 들어서면서 AI 분야에 마침내 눈에 띄는 성과를 보여주게 되었다.

④ 인공지능 연구 이후 첫 성공

60년간의 연구에서 첫 성공 사례로는 1997년 5월 IBM에서 개발한 체스 특화 AI인 '딥 블루(Deep Blue)'가 세계 체스 챔피언이었던 게리 카스프로프(Garry Kasparov)를 이기게 된 사건이었다. 이에 따라 AI와 인간 간의 대결은 AI에 관한 관심을 불러일으키게 되었다. 2011년에는 미국의 유명 TV 퀴즈쇼인 '제퍼디!(Jeopardy!)'에서 IBM AI 슈퍼컴퓨터 왓슨(Watson)이 전설적인 퀴즈 달인들과 경쟁하여 우승을 차지함으로써 퀴즈왕에 올랐다. 왓슨은 3년간 백만 권의 책에서 지식을 축적하고 데이터를 연결했으며, 인간의 복잡하고 미묘한 자연어를 이해하는 최초의 AI로서, 사람의 말을 이해하고 질문에 적합한 답변을 제공하게 되었다.

한국인에게는 2016년 구글 딥마인드의 '알파고(AlphaGo)'와 이세돌 9단의 대국을 통해 AI에 대한 놀라움을 안겨주었다. 이세돌은 8년 후 구글코리아 사장과의 인터뷰에서 AI 발전은 상상할 수 없을 정도로 절대적인 기술이 될 것이라고 언급하였다.

이세돌 9단과 알파고의 대국 장면은 AI 한계를 논할 때 자주 언급되는 사진으로, 손이 없는 알파고를 대신한 황 박사가 컴퓨터에 상대방의 수를 입력하고 나온 다음 수를 대신 놓는 장면을 담고 있다(한선관 외, 2021). 이는 AGI 시대를 대비하여 인간은 AI와 어떻게 협업이 이루어져야 하는지 끊임없이 고민해야 함을 보여준다.

제퍼디! 퀴즈쇼에서 왓슨과 퀴즈 달인들

출처 : IBM연구소 제공.

이세돌 9단과 알파고의 대국

출처 : 구글 제공.

⑤ 일상에서는 인공지능의 사례

AI 기술은 우리의 일상생활은 물론 산업 전반에 걸쳐 광범위하게 영향을 미치며, 앞으로 더 많은 혁신을 끌어낼 것으로 기대된다.

'챗봇'의 기본 기능은 단순한 정보 전달을 넘어, 자연스러운 대화를 통해 맥락에 맞는 답변을 제공하는 것이다. 특히 얼굴을 마주 보지 않은 비대면 서비스의 확대로 인해 대형 병원, 은행, 병무청, 국세청 등 다양한 분야에서 '챗봇' 서비스를 확인할 수 있게 되었다. 이러한 변화는 고객 서비스의 효율성을 올리고, 사용자 경험을 개선하게 해 주고 있다.

우리 주변 곳곳에 방범용 CCTV 카메라를 쉽게 찾아볼 수 있다. 관제센터에서는 이러한 CCTV 카메라 영상을 실시간으로 분석하여 객체(사람, 고양이, 자동차 등)

를 식별하여 불법 주정차 차량을 신속하게 찾아낼 수 있다. CCTV 영상에서 차량을 인식하고, 일정 시간 동안 정차한 차량을 불법차량으로 판단한 후, 차량 번호판 사진에서 차량 번호를 추출하게 된다. 객체 인식 기술은 안면 인식에도 활용되어 얼굴을 통해 암호를 해제하고, 출입이 가능하게 해 준다. 이미지 처리 성능이 향상되면서 얼굴 인식의 정교함이 더욱 높아졌고, 심지어 화재 발생 감지와 같은 기능까지 가능해졌다. 이러한 기술들은 생활 속의 안전과 보안을 강화해 주고 있다.

아마존 고(Amazon Go)는 고객이 매장에서 물건을 선택한 후, 매장을 떠날 때 물건을 가지고 그냥 떠나기만 하면 되는 '저스트 워크 아웃(Just Walk Out)' 시스템을 도입하였다. 이 시스템은 처음에는 불가능해 보였지만, 스마트폰, QR코드, 얼굴과 손바닥 인식, 장치 식별자 등을 통해 고객의 신원을 확인하고, CCTV로 고객의 움직임과 상품을 추적하며, 선반의 센서를 통해 물건이 들어올려졌는지 또는 다시 놓였는지를 감지하는 방식으로 작동한다. 새로운 시스템에 대한 관심이 식으면서 매출이 감소했으나, AI 기술을 적용하여 시스템을 정확하고 효율적이며 안정적으로 개선한 후 스포츠 경기장 등 시간 효율성이 중요한 곳에 적극적으로 활용하고 있다(매일경제신문사).

AI 기술을 만능으로 여기는 시각에서 벗어나, AI를 효과적으로 적용할 수 있는 분야와 그 장단점을 분석해야 한다. AI의 장점으로는 반복 작업 자동화, 데이터 분석 효율성, 개인 맞춤형 서비스 제공 등을 꼽을 수 있다. 이는 사용자의 편리를 높이고 생산성 향상에 이바지한다. 반면 AI의 단점은 윤리 문제, 일자리 감소, 기술 의존성 등을 들 수 있다. AI를 현명하게 활용하면 삶의 질을 높이고, 더 많은 시간을 창의적인 활동에 투자할 수 있는 기반이 될 것이다.

(2) 머신러닝

AI와 함께 자주 언급되는 머신러닝(Machine Learning, 이하 ML)과 딥러닝(Deep Learning, 이하 DL)은 AI의 세부 분야로 실현하는 구체적인 방법론이지만, ML을 AI 전체로 오해하기도 한다. AI는 규칙 기반 알고리즘(rule-based algorithm)으로 넓은 범위를 포함하고, ML과 DL은 한 분야로서, 먼저 ML은 선형 회귀(Linear Regression)와 퍼셉트론(Perceptron), DL은 CNN(Convolutional Neural Network), RNN(Recurrent Neural Network), 트랜스포머(Transformer) 기술이 대표적이다.

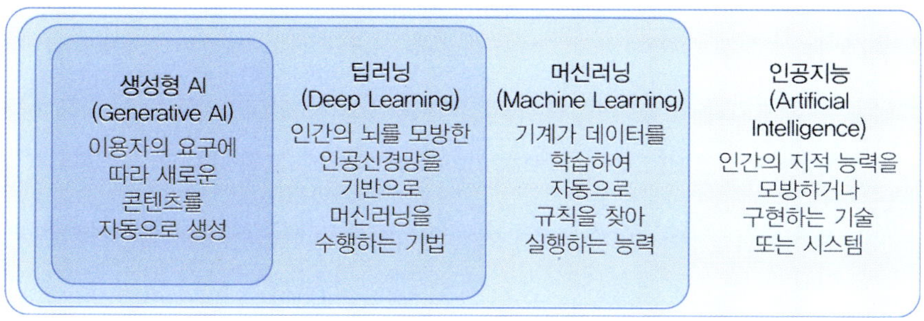

┃그림 8-1┃ AI, ML, DL, Gen-Ai 구분 관계도

ML은 고성능의 자동화 기계를 구현하는 기술로, 문제를 해결하기 위한 도구를 만드는 방법론이다(송경빈, 2024). 1959년 ML의 선구자였던 아서 새뮤얼(Arthur Lee Samuel)은 ML을 '컴퓨터가 명시적으로 프로그램되지 않고도 학습할 수 있도록 하는 연구 분야'라고 정의하였다. 즉, 기계가 데이터를 통해 학습할 수 있도록 하는 것이 바로 ML의 본질이다.

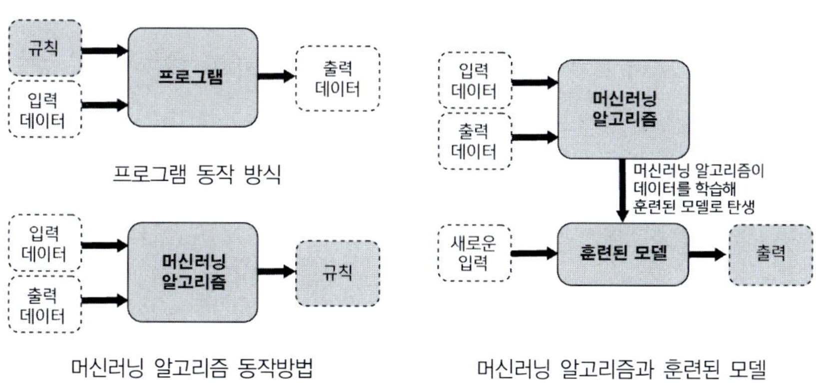

┃그림 8-2┃ 프로그램과 머신러닝 알고리즘의 동작 비교

출처 : 김현정(2022). 코딩책과 함께 보는 인공지능 개념 사전, pp. 52-53.

ML의 핵심은 데이터 기반(data-based)으로 '학습'하는 데 있다. 일반적인 '프로그램'은 입력할 수 있는 값이 정해져 있으며, 이러한 입력값은 규칙에 따라 출력값을 생성한다. 반면 ML의 '학습'은 입력 데이터와 출력 데이터의 관계를 통해 '규칙'을 발견하는 과정이다. 따라서 데이터의 양이 많고 학습 시간이 충분할수록 예외적인 '규칙'을 발견할 수 있다. 따라서 ML에서는 규칙을 일일이 정의할 필요 없이 데이터를 제공하여 '규칙'을 스스로 찾도록 한다. 발견된 규칙은 문제를 해결할 수 있는 '모델'로 발전하며, 훈련 데이터에 포함되지 않은 새로운 데이터를 입력하더라도 결괏값을 출력한다.

'학습'이란 개인의 능력을 향상시키는 과정을 의미하며, '훈련'은 특정 기술이나 지식을 가르쳐서 익히게 하는 과정이다. AI 분야에서는 '학습'과 '훈련'이라는 용어가 혼용되어 사용되며, 학습 데이터라는 용어가 훈련 데이터(training data)로 불리기도 한다. ML에서는 훈련 데이터 외에도 검증 데이터(validation data)와 테스트 데이터(test data)로 데이터를 분류한다. 검증 데이터는 모델이 '유효'한지를 검증하기 위한 데이터로 사용된다. 훈련 데이터로 모델을 훈련시키면 '과대적합(overfitting)' 문제가 발생할 수 있으며, 모델의 성능이 저하될 수 있다. 따라서 이러한 문제가 발생하지 않은 지점을 찾기 위해 검증 데이터를 활용해야 한다. 테스트 데이터는 모델의 '평가'를 위해 사용되며, 일반적으로 95%의 정확률을 보이면 매우 우수한 성능으로 간주하지만, 80%의 정확률이면 상대적으로 낮은 성능으로 평가될 수 있다. 따라서 테스트 데이터와 훈련 데이터는 서로 독립적이어야 하며, 같은 분포를 가지는 것이 바람직하다.

ML은 지도학습(Supervised Learning), 비지도학습(Unsupervised Learning), 강화학습(Reinforcement Learning) 세 가지 종류가 있다.

① 지도학습

지도학습은 마치 어린 학생이 배우는 방식과 흡사하다. 이는 입력 데이터와 그에 상응하는 정답(레이블) 간의 관계를 파악하여 모델의 함수를 정의하는 과정이다. 정답이 주어진 상황에서 학습을 진행하려면, 각 입력 데이터에 정답을 직접 할당하는 데이터 레이블링(data labeling) 작업이 우선적으로 이루어져야 한다. 그러므로 입력 데이터와 레이블이 한 쌍으로 준비되어야 하며, 방대한 양의 데이터를 활용하여 훈련을 진행하게 된다. 지도학습은 레이블 형태에 따라 회귀(regression)과 분류(classification)로 나눌 수 있다. 회귀는 연속적인 값으로 예측하는 방식이며, 분류는 이산적인 값으로 예측하는 것이다. 이산적인 값은 변수가 가질 수 있는 값의 개수가 제한적이고, 정수로 표시되는 자료를 의미하며, 특정 가구의 자녀 수, 일정 기간의 교통사고 발생 건수 등이 그 예시이다.

컴퓨터 비전에서 회귀와 분류의 예로는 이미지 분류, 이미지 내 객체의 위치 추정(localization), 객체 탐지(object detection), 이미지 분할(segmentation), 개별 객체를 식별한 후 각 객체 영역 내에서 분할을 수행하는 인스턴스 분할(instance segmentation), 자세 추정(pose estimation) 및 얼굴 랜드마크 탐지(facial landmark detection) 등이 있으며, 이는 사람의 주요 신체 부위 및 얼굴 특정 좌표 예측과 관련된다. 이러한 작업은 많은 비용과 시간을 필요로 하므로, 자기 지도학습(self-supervised learning)을 통해 해결하고자 한다. 자기 지도학습은 레이블 없는 데이터로 학습하는 방법으로 인공신경망 모델의 기반이 된다.

② 비지도학습

비지도학습은 레이블이 없는 데이터를 분석하여 숨겨진 규칙성을 발견하고자 할 때 활용된다. 레이블이 없어 출력 결과를 예측하기 어렵지만, 레이블이 없는 데이터가 많으므로 유용하게 활용된다. 대표적인 비지도학습으로는 군집화(clustering)와 차원 축소(dimension reduction)가 있다.

군집화는 비슷한 특성을 가진 데이터들을 그룹으로 묶는 방법이며, 차원 축소는 데이터의 핵심 특성을 유지하면서 복잡성을 낮추는 기법이다. 군집화를 통해 고객의 관심사를 기준으로 고객 그룹을 분류하여 프로그램 개발에 활용할 수 있으며, 차원 축소는 잡음(noise) 데이터를 제거하거나 특성 전처리 단계에서 적용하여 예측 성능을 향상시킬 수 있다.

③ 강화학습

강화학습은 특정 행동을 강화하는 학습 방법으로 행동(action)에 대한 적절한 보상(reward)을 통해 그 행동을 강화한다. 구글의 알파고 또한 이러한 강화학습을 거쳐 개발되었다. 이러한 과정은 주어진 환경과의 상호작용, 변화의 관찰, 그리고 보상에 따른 행동 조정이라는 점에서 강아지를 훈련과 유사하다. 강화학습에서는 행동의 주체인 '에이전트(agent)'가 핵심적인 역할을 수행한다. 에이전트는 환경과 상호작용하며, 어떤 행동을 취하느냐에 따라 보상 규모가 결정된다. 긍정적 행동은 높은 보상으로 이어지지만, 부정적 행동은 벌칙으로 귀결된다. 이러한 방식으로 에이전트는 더 많은 보상을 얻기 위해 행동을 지향하게 된다. 따라서 별도의 레이블 없이도 에이전트는 환경 탐험과 상호작용을 통해 스스로 최적의 행동을 결정하고 보상을 극대화한다.

'벽돌 깨기' 게임에서 사람은 아무것도 가르쳐 주지 않고 규칙만 알려준 상태에서 스스로 높은 점수(보상)을 얻기 위해 학습하게 된다. 이 과정에서 학습 시간이 길어질수록 새로운 전략을 습득하게 된다. 공을 벽돌 뒤로 넘겨서 더 높은 점수를 얻는 방법을 터득하는 것은 에이전트가 환경과 상호작용하면서 보상을 극대화하기 위해 스스로 전략을 개발하는 과정을 보여준다.

(3) 딥러닝

딥러닝(Deep Learning, 이하 DL)은 머신러닝(ML)의 한 분야로, 입력층과 출력층 사이에 여러 개의 은닉층이 깊고(deep), 여러 개의 인공신경망(deep neural network)으로 구성되어 있다. 따라서 DL의 학습은 지도학습, 비지도학습, 강화학습 모두를 활용할 수 있다. 인공신경망은 인간의 뇌에서 영감을 받아 탄생한 분야로, DL은 인공신경망의 층을 겹겹이 쌓아 만든 심층신경망이다. 우리 뇌의 뉴런이 서로 연결되어 신경망을 이루어 정보를 처리하는 것과 마찬가지로, 인공신경망도 노드들이 연결되어 정보를 처리된다.

ML과 DL은 입력 측면에서 큰 차이가 있다. ML은 사람이 특징 데이터를 도출해 주어야 하지만, DL은 입력 데이터에서 자동으로 특징을 추출한다. 예를 들어, 자동차 이미지 분류에서 ML은 자동차에 대한 특징(바퀴 개수, 너비, 높이 등)을 학습 알고리즘에 입력해야 하지만, DL은 자동차 이미지 자체를 입력하고 가중치를 업데이트하면 된다. 이러한 방법은 ML로 해결하기 어려웠던 이미지 분류를 더욱 효과적으로 처리할 수 있게 해 준다. 따라서 이미지 인식 분야, 자연어 처리, 음성처리 등의 영역에서 연구 성과를 보여준다.

① 인공신경망

인간의 뇌는 수많은 신경세포(뉴런)로 이루어진 네트워크로 구성되어 있으며, 이를 신경망(neural network)이라고 한다. 뉴런(neuron)은 신호를 전달하는 세포로, 하나의 뉴런에서 다른 뉴런으로 신호가 전달되기 위해서는 시냅스(synapse) 연결 부분이 필요하다. 뇌의 신호는 뉴런의 시냅스를 통해 흐르게 된다. 이러한 인간의 뇌에서 영감을 받아 인공신경망(artificial neural network)에 대한 연구가 진행되었다.

1958년, 사람의 뇌처럼 반응하는 학습이 가능한 소프트웨어를 고민하던 프랭크 로젠블랫(Frank Rosenblatt)은 '퍼셉트론(Perceptron)' 개념을 제안하였다. 퍼셉트론은 입력이 주어졌을 때 0 또는 1이라는 출력을 생성하는 가장 기본적인 형태의 인공신경망이다. 이는 인공신경망의 발전에 중요한 기초가 되었으며, 이후 다양한 신경망 구조와 학습 방법이 발전하는 계기가 되었다.

뉴런은 모든 입력을 평등하게 받아 처리하지 않고, 가중치(weight)를 통해 각 입력에 비중을 두어 처리한다. 입력값과 출력값이 정해져 있으므로 이 가중치를 조절하여 모델의 성능을 향상했지만, 단층 퍼셉트론에서는 '데이터를 분류할 수 없다'는 한계를 발견한다. 이러한 문제를 해결하기 위해 1986년 제프리 힌튼(Geoffrey Everest Hinton)은 여러 개 층으로 구성된 다층 퍼셉트론(Multilayer Perceptron, MLP) 개념을 제시하였다. 인공신경망이란 다층 퍼셉트론을 의미한다.

인공신경망은 뉴런이라는 노드를 이어주는 화살표로 여러 개의 뉴런이 복잡하게 연결되어 있으며, 왼쪽의 층을 입력층, 오른쪽의 층이 출력층으로 구성된다. 현재 인공신경망은 통계학적 학습 알고리즘 수준으로 발전하였다. '알고리즘'이란 어떤 문제를 해결하기 위한 코드이며, '학습 알고리즘'은 기계가 학습할 수 있도록 작성된 코드이다. DL의 대표적인 알고리즘은 합성곱 신경망(CNN)과 순환신경망(RNN)이다.

② 합성곱 신경망

다층 퍼셉트론은 각 층의 뉴런이 다음 은닉층의 모든 뉴런과 완전 연결되어 있어 복잡한 이미지 데이터 처리에는 비효율적이다. 예를 들어, 흑백의 28×28 이미지의 픽셀 수는 784개인 반면, 100×100×3 해상도 이미지는 30,000개의 픽셀을 가진다. 이 경우 모든 픽셀을 연결하는 신경망은 매우 복잡해진다. 이러한 복잡성을 줄이기 위한 방법으로 합성곱 신경망(Convolutional Neural Network, 이하 CNN)이 제시된다. 이미지 분석에 널리 사용되는 CNN은 합성곱(convolution) 레이어와 풀링(pooling) 레이어로 이루어져 있다. 합성곱 레이어는 이미지에 필터(가중치)를 적용하여 '특징 맵'을 추출하고, 이 특징 맵을 다음 단계의 입력으로 사용한다. 풀링은 신경망의 용량을 줄이기 위해 데이터 크기를 줄이는 연산으로, 주로 최대 풀링(max pooling) 방식이 사용된다. 최대 풀링은 일정 영역에서 가장 최댓값을 선택하여 특징 맵의 크기를 축소하는 방법이다. 이러한 구조 덕분에 CNN은 데이터의 중요한 특징을 효과적으로 추출하고, 풀링 레이어는 그 특징 맵의 크기를 줄여 계산 효율성을 높이는 데 기여한다. 결과적으로 CNN은 이미지 인식 및 분석 분야에 매우 강력한 도구로 자리매김했으며, 다양한 응용 분야에서 널리 활용되고 있다.

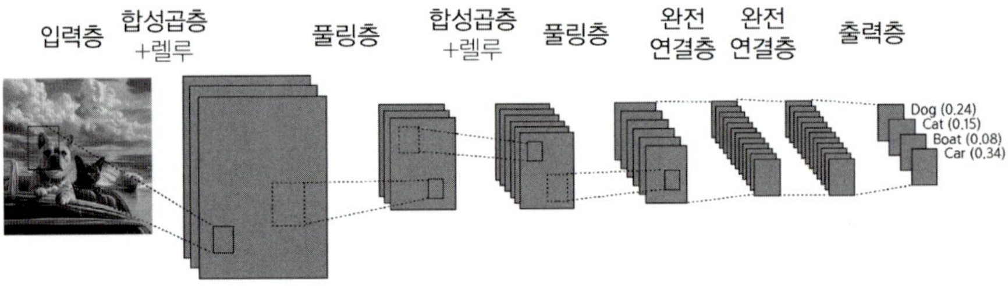

그림 8-3 합성곱 신경망(CNN) 구조

③ 순환신경망

기존 신경망은 입력 데이터에 대해 작동하지만, 연속적인 데이터 처리와 그 관계를 이해하는 데 한계가 있다. 이러한 문제를 해결하고자 시간의 흐름에 따라 변화하는 데이터를 학습할 수 있는 반복 순환신경망(Recurrent Neural Network, 이하 RNN)이 개발되었다. CNN은 은닉층에서 활성화 함수(activation function)를 거친 값을 출력층으로 전달하는 방식으로, 피드포워드(Feed Forward) 신경망 구조를 따른다. RNN은 은닉 노드에서 활성화 함수를 거친 출력을 출력층으로 전달하는 동시에, 이 출력을 다음 연산의 입력으로도 활용하는 특징이 있다. 이러한 구조적 차이로 인해 각 신경망은 특정 유형의 데이터와 문제 처리에 더욱 적합하게 된다.

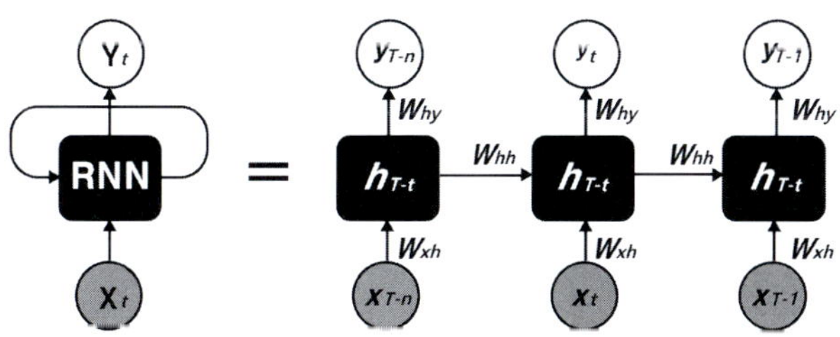

그림 8-4 순환신경망(RNN) 구조

출처 : https://velog.io/@sksmslhy/RNN

RNN의 대표적인 예시는 문장 완성 알고리즘을 들 수 있다. 문장은 의미를 전달하는 중요한 정보로, 이를 구성하는 단어 간의 관계를 활용하는 학습 알고리즘에 유용하다. 이러한 알고리즘은 음성 인식, 번역, 주가 예측 등 다양한 분야에 활용된다(김현정, 2021). 특히 Transformer 모델이 등장하기 전에는 구글 번역에서 RNN이 활용되기도 했다.

2) 인공지능의 원리

(1) 데이터와 인공지능

인공지능의 데이터는 정형 데이터, 비정형 데이터, 반정형 데이터로 구분된다.

〈표 8-1〉 데이터의 종류

데이터 종류	내 용
정형 데이터	형식이 정확히 정해져 있는 데이터로, 엑셀 파일의 테이블로 구성할 수 있는 정형 데이터는 해당 열에 각각 정해진 형식(텍스트, 숫자, 날짜 등)을 지키며 들어갈 수 있다. 이 데이터들은 표로 만들어지는데, 이를 데이터 테이블이라고 한다.
비정형 데이터	인터넷에 올린 블로그 글, SNS 데이터 등과 같이 정해진 형식이 없는 데이터이다. 글, 그림, 영상, 소리 등 다양 형식의 데이터가 뒤섞여 있다. 규칙성이 없다.
반정형 데이터	중간 형태의 데이터로, 간단한 규칙을 정해 데이터를 콤마와 같은 기호로 구분해 일관된 순서로 입력한 텍스트 파일(CSV파일)이나 인터넷 웹페이지(HTML) 문서, 컴퓨터 로그 데이터 등이 있다.

데이터를 효과적으로 다루기 위해서는 데이터 수집, 정제, 가공 과정을 거쳐 모델을 설계하고, 이를 분석 및 활용하게 된다. 그러나 데이터의 정제와 가공에는 상당한 시간과 비용이 소요될 수 있다. 정보화 시대에 접어들면서 우리는 풍부한 데이터를 수집하고, 분석할 기회를 얻게 되었다. 빅데이터라는 개념은 단순히 데이터의 양을 의미하는 것이 아니라, 정보화 기술의 발전으로 인해 다양하고 풍부한 데이터가 지속해서 생산되고 있다는 의미를 지닌다. 이러한 데이터를 낭비하지 않고 자원으로 인식하여 분석함으로써 가치를 발굴하고자 하는 인식의 전환이다. 따라서 데이터를 과학적이고 합리적인 의사결정을 위한 도구로 활용할 수 있다는 인식이 중요하다. 적은 데이터라도 활용하는 것이 사람의 직관에 의존하는 것보다 나은 결과를 가져올 수 있다. 빅데이터 관점에서 머신러닝 프로젝트는 데이터를 분석해 활용하는 여러 방법의 하나로, 빅데이터의 핵심은 '분석'이며, 분석의 중심은 '모델링'이다. 데이터 분석 모델 중에 대표적인 모델은 회귀분석으로 결과가 특정 매개변수에 의해 발생할 가능성을 살펴보는 방법이다. 또한 상관관계분석, 분산분석, 교차분석, 군집분석, 의사결정나무, 랜덤 포레스트, 딥러닝 등 다양한 기법이 있다.

데이터 활용의 예로, 서울시의 심야버스인 '올빼미버스'는 2013년에 시작된 프로젝트로, 심야 시간대에 근로자들이 효율적으로 대중교통 서비스를 사용할 수 있도록 하기 위해 시행되었다. 심야버스는 유동 인구가 적은 시간대에 운영되어 최소의 버스노선으로 최대한 많은 시민을 운송하는 것이 중요하다. 이에 따라, 대상 시간대에 서울 시민들의 이동이 가장 빈번하게 이루어지는 경로를 파악해야 했다. KT는 자정에서 새벽 5시 사이에 발생한 서울 시민들의 휴대폰 위치를 데이터를 추출하고, 이를 바탕으로 개인의 주소지와 연결하여 이동 경로를 설정하고 통계치를 산출하였다. 더 나아가, 2022년에는 약 2억 건의 빅데이터를 활용하여 시민들의 주요 이동 경로와 심야버스 사각 지역을 분석함으로써 '올빼미버스' 노선도를 확장하였다.[3] 이러한 빅데이터의 활용으로 서울시는 시민들에게 더 나은 대중교통 서비스를 제공할 수 있었다.

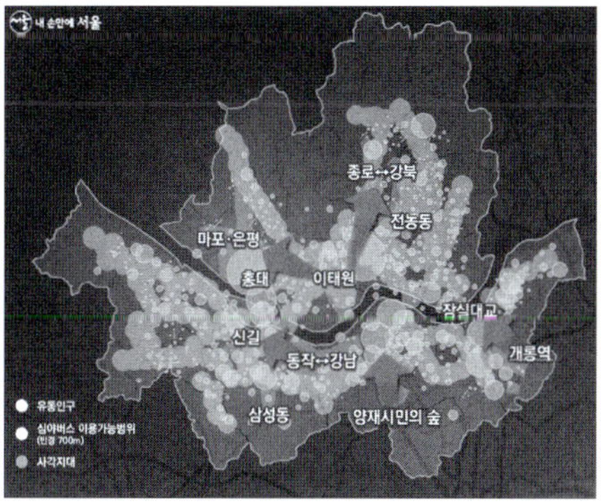

▍그림 8-5 ▍ 심야버스 이동 사각지대

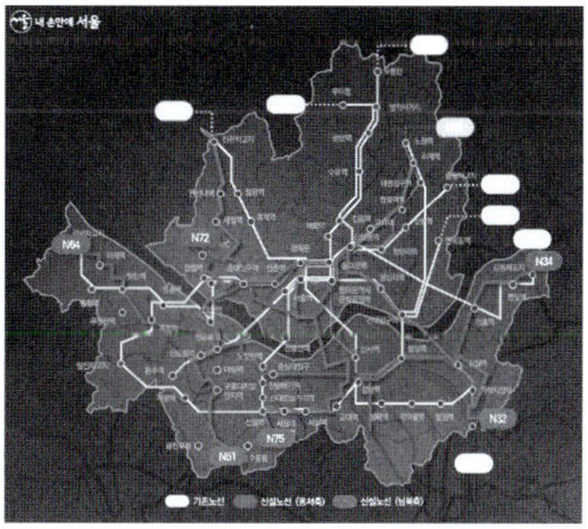

▍그림 8-6 ▍ 올빼미버스 노선도 확대

(2) 어텐션과 트랜스포머

어텐션(Attention, 2015) 기술은 계열 데이터[4]의 특정 부분에 '주의'를 기울이도록 학습하는 구조로, 문장이 길어질 때 발생하는 문제를 해결하기 위해 개발되었다. 이 구조는 입력을 압축하는 인코더(encoder)와 출력을 전개하는 디코더(decoder)로 구성되어 있다. 어텐션 이전 모델인 Seq2Seq는 RNN 기반의 딥러닝 모델로 마지막 인코더의 정보만을 디코더에 전달하는 방식이었다. 그러나 어텐

3) https://mediahub.seoul.go.kr/archives/2004216

4) 계열 데이터(시퀀스 데이터)는 동질의 데이터를 직렬로 나열한 데이터이다. 자연어 처리, 동영상 분류, 음성 인식 등은 문자, 이미지, 음성 데이터를 직렬로 나열한 데이터로 추론을 한다.

션은 모든 인코더의 정보를 디코더에 전달한다. 이 과정에서 인코더의 정보의 중요도를 점수화하여, 점수가 높은 정보만을 디코더에서 활용하도록 한다. 이는 문장 전체를 학습하는 것이 아니라, 문장에서 높은 중요도 정보만 사용함으로써 적은 비용으로도 많은 데이터를 효과적으로 학습할 수 있게 한다.

트랜스포머(Transformer)는 2017년에 발표된 딥러닝 모델로, 현재 구글 번역과 같은 자연어 처리(NLP) 분야에서 혁신적인 변화를 불러온 구조이다. 이 모델은 여러 개의 인코더와 디코더를 중첩하여 복잡한 작업에 효과적으로 대응할 수 있도록 설계되었다. 특히 '셀프 어텐션(Self-Attention)' 기법은 입력 시퀀스의 각 단어가 다른 단어와 얼마나 관련이 있는지를 평가하는 데 중요한 역할을 하는데, 이를 통해 문맥 이해의 성능이 크게 향상되었다. 예를 들면, '대통령'과 '왕'의 단어의 유사성을 파악하는 과정의 모델은 문맥 내에서의 관계로 더 잘 이해한다.

하지만 이러한 강력한 기능에도 불구하고 트랜스포머는 환각(hallucination) 문제가 있다. 이는 모델이 사실과 다르거나, 존재하지 않은 정보를 생성하는 현상으로, 정보의 정확성이 중요한 분야에서 주의가 필요하다. 하지만 트랜스포머는 BERT와 GPT와 같은 여러 후속 모델의 기반이 되었다.

BERT는 트랜스포머 기반의 딥러닝 모델이다. 이 모델은 트랜스포머의 인코딩 부분을 여러 겹으로 쌓은 구조로 되어 있으며, 문장 내에서 마스크된 단어를 예측하는 작업에 특히 능숙하다. BRT는 학습 과정을 사전 학습과 파인튜닝의 두 단계로 나누어 학습 효율을 높인다. 사전 학습 단계에서는 대량의 라벨이 없는 데이터로 범용적인 언어 규칙을 학습하게 되며, 이 과정을 통해 학습된 모델을 언어 모델이라고 한다. 이 단계는 시간이 많이 소요되지만, 일단 학습이 완료되면 파인튜닝을 통해 다양한 작업에 적용할 수 있다. 파인튜닝은 사전 학습된 모델을 기반으로 개별 작업에 맞게 추가 학습을 진행하는 과정이다. 이 방법은 처음부터 학습할 때보다 라벨링된 데이터와 학습 시간이 훨씬 적게 소요되므로, 효율적인 모델 개발이 가능하다.

2019년 발표한 GPT-2도 트랜스포머 기반의 딥러닝 모델이다. 이 모델은 트랜스포머의 디코더 부분만을 중첩하여 구성되어 있으며, 임의의 문장에 이어지는 다음 단어를 예측할 수 있다. GPT-2를 개발한 OpenAI에서는 네 종류의 사전 학습된 모델을 제공하였으며, 파라미터 수가 많을수록 모델의 정확도가 높아지는 특징이 있다. GPT-2(small)은 1억 2,400만 개의 파라미터를, GPT-2(medium)은 3억 5,500만 개, GPT-2(large)는 7억 7,400만 개, 그리고 GPT-2(xl)은 13억 개의 파라미터를 가지고 있다. 한국에서도 SK텔레콤이 40GB 이상의 텍스트로 학습시킨 KoGPT2 모델을 공개하였다.

2020년에서는 발표한 GPT-3는 사람이 쓴 것처럼 자연스러운 문장을 생성할 수 있으며, 자연어를 기반으로 프로그램의 소스 코드와 웹페이지의 레이아웃까지 생성할 수 있다. 이어서 발표한 GPT-3.5는 인간의 피드백을 활용한 강화학습을 통해 언어 모델과 인간의 제시 간의 정합성을 높인 모델이다. 이에 따라 추론의 정확도가 실용적인 수준에 도달하게 되었고, 기존 애플리케이션에도 채팅 UI가 탑재되는 등 변화를 주었다. 또한 라마인덱스와 랭체인과 같은 라이브러리들이 LLM을 활용한 애플리케이션 구축에 빠르게 진화하고 있다. GPT-4는 멀티모달 대규모 언어 모델로, 더욱 다양한 형태의 데이터를 처리할 수 있는 능력을 갖추고 있다. 2025년 공개된 GPT-5는 수학, 프로그래밍, 금융 및 다중 모드 이해 테스트인 벤치마크에서 최첨단 성능을 보였다. 응답 시간은 더 빨라졌고, 코딩과 글쓰기는 더 뛰어나며, 질문에 대한 답변도 정확해졌다.[5)]

트랜스포머는 본래 자연어 처리를 위해 개발되었지만, 이미지 분류와 이미지 생성 등 이미지 처리 분야에서도 뛰어난 성과를 보여주었다. 이에 따라 2020년에는 Image GPT가 발표되었고, 2021년에서는 CLIP과 DALL-E가 차례로 발표되었다. CLIP은 OpenAI가 개발한 모델로, 이미지와 텍스트의 연관성을 평가하는 딥러닝 모델이다. 기존의 지도학습 방식에서는 미리 정해진 카테고리로만 이미지를 분류했으나, CLIP은 추론 과정에서 자유롭게 카테고리를 지정하여 분류하는 장점을 가지고 있다. DALL-E는 텍스트와 이미지 쌍의 데이터 세트를 활용하여 텍스트로부터 이미지를 생성하도록 학습된 모델로, GPT-3의 120억 파라미

5) https://en.wikipedia.org/wiki/GPT-5

터 버전을 기반으로 하고 있다(후루카와 히데카즈, 2024). 트랜스포머 기술은 앞으로도 더욱 다양한 분야에서 그 가능성을 보여줄 것이다.

(3) 증강 인간

체스 특화 AI인 '딥 블루(Deep Blue)'는 통합 역량에 집중하여 계산하는 인지적 과정에 활용되었다. 구글 딥마인드의 알파고는 인간이 사용하지 않았던 새로운 전략을 구사할 수 있는 능력을 보여주었다(Wayne Holmes, et al., 2020). 이러한 사례들은 AI 시대의 미래 교육에 중요한 시사점을 제공한다.

AI가 뛰어난 성능을 발휘하더라도, 그것을 어떻게 활용하는지가 더욱 중요해지고 있다. AI 기술을 적절히 활용하면 인간의 인지 능력에 긍정적인 영향을 미칠 수 있으며, 이를 증강 지능(Augmented Intelligence)이라고 일컫는다. 따라서 AI 기술의 빠른 발전에 대응하여 인간은 어떻게 이를 활용해야 하는지 고민해야 한다.

케픽(Kefik)은 컴퓨터팀과 인간팀, 인간-컴퓨터팀 간의 체스 게임을 비교한 결과, 가장 뛰어난 효과를 보여주는 팀이 인간-컴퓨터팀이라고 하였다. 이는 인간과 AI의 협력이 최상의 결과를 끌어낼 수 있음을 보여주고 있으며, 교육 및 직업 환경에서 AI와 인간의 조화를 이루는 방향으로 나아가야 함을 시사한다.

〈표 8-2〉 **케픽의 체스별 장·단점 비교**

팀 구성	장 점	단 점
컴퓨터	많은 정보의 탐색으로 빠른 해답을 찾고 검증 빅데이터의 빠른 처리	현실적인 문제에 대한 불완전한 해답 제시 데이터가 현실 세계를 불완전하게 표현
인 간	현실 세계의 삶을 통한 경험 정보 여러 분야 학제간 팀들의 다양한 경험	조직 구성이 시간과 노력 비용이 많이 듦
인간 – 컴퓨터	컴퓨터와 인간의 단점을 보충하는 상호 보완적 인식으로 성과 향상	인간과 컴퓨터의 효과적인 역할 분담에 필요한 이론과 실행 방법이 필요

출처 : Kefik, M.(2017). Half-human, half-computer? Meet the modern centaur. PARC Blog.

인간은 컴퓨터와 달리 경험과 감정을 토대로 관계를 형성하는 데 뛰어난 능력을 지닌다. 더불어 복잡하게 얽힌 정보와 출처를 분석하여 질문하고 답하는 능력 또한 인간의 고유한 영역이다. 인간은 제한된 자원을 활용하여 효율적인 전략을 구성할 수 있지만, 편견이 작용할 가능성 또한 배제할 수 없다. 더불어 타인과 다채로운 방식으로 정보를 교환하고, 추상적인 가치와 철학적 문제에 대한 의사결정을 내리는 능력 역시 인간이 가진 강점이다.

한편 AI는 방대한 데이터를 신속하게 처리하고 분석하는 데 강점을 보인다. 일례로 의료 분야에서 AI는 수천 장의 이미지를 분석하여 질병을 조기 발견을 돕는다. 또한 머신러닝 알고리즘으로 데이터를 분석하여 숨겨진 패턴이나 특징을 효과적으로 찾아낼 수 있다. 이러한 능력으로 새로운 신약 개발에 획기적인 방향을 제시한 적도 있다. 나아가 AI는 자연어 처리 분야에서도 그 유용성을 발휘한다. 문장 오류를 찾거나 번역, 문장 요약 등을 통해 인간의 실수를 줄이는 데 도움을 줄 수 있다. 데이터를 기반으로 기후 모델링, 질병 확산 예측, 마케팅 캠퍼인의 성공 가능성을 예측하는 데도 활용될 수 있다.

창의적인 인간이 분석적인 AI 기술을 활용하면, 다양한 분야에서 혁신적인 결과를 끌어낼 수 있을 것이며, 문제 해결의 새로운 접근 방식을 제공하고 인간의 장점을 더욱 확장할 수 있을 것이다.

2. 인공지능 교육의 범위와 사례

1) 인공지능 교육의 범위

(1) 인공지능 교육의 방향

학령인구 저하로 앞으로의 산업인구 저하 문제, 4차 산업(Industry 4.0)으로 인한 직업군 변화로 미래 불확실성은 더욱 커지고 있다. 따라서 앞으로 필요한 인재는 변화하고 있는 사회에 적응하여 문제를 능동적으로 해결해 갈 수 있어야 한다. 그러나 모두가 같은 뛰어난 능력을 갖출 필요는 없으며, 각자 좋아하는 분야에서 창의적 사고로 문제를 해결할 수 있는 인재가 필요하다.

「일자리의 미래 보고서 2023」에서는 '창의적 사고(creative thinking)'를 '분석적 사고(analytical thinking)'보다 더 중요한 기술로 평가하였다(AI넷). 그 밖의 상위 기술로는 기술 활용 능력(technological literacy), 호기심과 평생학습(curiosity and lifelong learning), 회복 탄력성과 유연성 및 순발력(resilience, flexibility, and agility), AI 및 빅 데이터(AI and big data) 등이 있다. 중요성이 감소한 기술로는 프로그래밍(programming), 마케팅 및 미디어(marketing and media), 다국어 능력(multi-lingualism), 읽기, 쓰기 및 수학(reading, writing, and mathematics), 세계 시민의식(global citizenship), 감각 처리 능력(sensory-processing abilities), 손재주와 지구력 및 정밀성(manual dexterity, endurance and precision)이 있다. IBM의 짐 스포러(Jim Spohrer)는 지식의 폭이 넓고 깊은 사람을 T자형 인간이라고 하였고, 직업 세계의 변화를 반영해 평생 여러 전문성을 갖추어야 하는 M자형 인간이라는 용어를 만들었다. 지식은 다른 곳에서 활용할 수 있도록 전이(transfer)가 가능해야 하며, 특정 분야의 정보를 인지하고 해석하는 방법을 포함하여 고도로 발달한 수준의 전공지식을 갖추는 전문성을 목표로 해야 한다.

전 세계의 많은 국가 기관들은 AI의 미래를 위해 전략적으로 계획하고 개발하고 있다. 미국에서는 국가 인공지능 연구개발 전략 계획(미 국가과학기술위원회, 2016)을 수립하고, AI 기반의 다양한 접근 방식에 관한 연구를 진행하였다. 중국 정부는 2018년 차세대 인공지능 개발 계획(중국 정부, 2017)을 발표했다.

이처럼 교육에서 AI의 활용은 갈수록 가속화되고 있다. 지능형, 맞춤형, 개인별 학습 시스템은 이미 세계 학교들에서 사용하고 있다. 국내 대학뿐만 아니라 전 세계적으로 학생들의 정보를 데이터로 수집하고 분석하면서 AI 기반의 교육으로 가고 있다(Wayne Holmes, et al., 2020; Homes, W., et al., 2018).

AI 기반 교육에서는 전문성과 전이의 관계를 재규정하고, 지식과 정보를 어떻게 활용하는가에 더 초점을 맞춘 플립드 교육과정(flipped curriculum)처럼 개념 교육을 강화하는 교육을 활용할 수 있다. 스포러(Spohrer, 2017)는 AI가 '인식' 단계에서 '추론'이 가능한 인지 발달이고, 앞으로 자연어 발전과 역할 수행이 이루어질 것으로 보았으며, 이러한 발달은 스포러의 예상보다 더 빠르게 이루어지고 있다.

〈표 8-3〉 인공지능(AI)의 발전 예측

<table>
<tr><th colspan="2">세계 인식</th><th colspan="2">인지 발달</th><th colspan="2">관계 정립</th><th colspan="2">역할 수행</th></tr>
<tr><td>패턴 인식</td><td>동영상 이해</td><td>기억</td><td>추론</td><td>사회 교류</td><td>유창한 대화</td><td>조력 & 협력</td><td>감독 & 멘토</td></tr>
<tr><td colspan="4">훈련 데이터와 탐색으로 배우기(최적화)</td><td colspan="4"></td></tr>
<tr><td colspan="2"></td><td colspan="4">보고 읽으며 배우기(교육)</td><td colspan="2"></td></tr>
<tr><td colspan="4"></td><td colspan="4">실행하고 책임지며 배우기(탐색)</td></tr>
<tr><td>2015</td><td>2018</td><td>2021</td><td>2024</td><td>2027</td><td>2030</td><td>2033</td><td>2036</td></tr>
</table>

출처 : Jim Spohrer, IBM(2017, Cognitive Opentech Group).

학생은 쉽게 접근할 수 있는 내용을 배우는 것보다는 개념을 통해 다른 맥락에 활용할 수 있는 전이 능력과 전문성 개발에 더 많은 시간을 투자해야 한다. 교실은 더 고차원적인 학습을 이루어 학생들이 전문성과 전이 능력을 기르고 실제 삶의 문제를 해결할 수 있어야 한다(Wayne Holmes, et al., 2020).

미래 사회는 AI 기술로 인한 기하급수적인 발달이 일어날 것이고, 다양한 분야에서 혁신과 변화가 일자리 방향의 불확실성이 더 커지고 있다. 따라서 불확실한 미래의 대비 자세로는 적응력(adaptability)과 전이 가능한 유연한 학습으로 직무에 관련된 풍부(resourcefulness)한 학습이 이루어져야 한다. 삶과 일에서 적응하고 적용 가능성이 높으며, 관련성 있는 다양한 분야를 준비해서 적응력을 키워야 한다. 광범위한 미래에 실행 가능성을 높이려면 능력을 적용 및 확장하고, 전통 지식의 중요한 영역과 더불어 최신 지식을 학습해야 한다. 이를 위해 필수 내용 및 핵심 개념에 대한 이해를 토대로 다양한 분야에 적용하여 내재된 기술을 파악하는 메타지식이 필요하다.

(2) 기계 활용 수업

① 즉각적인 피드백

1920년 심리학자 시드니 프레시(Sidney Pressey)는 최초의 티칭 머신을 만들었다. 이 기계는 손다이크(Edward Thorndike)의 '효과의 법칙'을 기반으로 한 기계로 학습에는 즉각적인 피드백이 중요하다고 하였다. 초기에는 채점 기계로, 개발되어, 학생들에게 문제가 맞는지 틀렸는지만 알려 주었지만, 이후 피드백을 강조하여 더 많은 설명자료를 포함하여 제시하였고, 피드백으로 학생들을 가르칠 수 있다고 판단하였다. 프레시는 그의 논문(1926)을 통해 티칭 머신은 교사의 부담을 덜어주어 교사들이 학생들의 영감과 사고를 자극할 수 있다고 하였다.

② 강화학습

심리학자 스키너(Burrhus F. Skinner)는 티칭 머신에 강화 이론을 추가시켜, 자동적이고 즉각적인 '강화'를 제공하는 티칭 머신을 선보였다. 1958년 고안한 '스키너의 티칭 머신(Skinner's Teaching Machine)'은 행동주의 이론에 기발한 학습 촉진을 위해 주어진 모범 답안과 학생들의 대답을 즉각적으로 비교할 수 있게 하였다. 스키너의 티칭 머신은 질문이 나타나고, 다른 창에 답을 쓰고 난 후에, 답을 수정할 수 없지만 정답이 보여지는 기계로 개인 교사처럼 즉각적인 피드백을 주어 학생들의 행동을 효과적으로 강화시킬 수 있다고 하였다.

티칭 머신의 특징은 첫째, 자기주도 학습이다. 학생이 스스로 문제를 풀고, 정답을 확인할 수 있다. 둘째, 즉각적인 피드백으로 학생이 답을 입력함과 동시에 정답 여부를 확인할 수 있다. 셋째, 단계적 학습으로 학습 내용을 작은 단위로 나누어 점진적인 학습이 가능하게 하였다. 스키너는 이러한 기계를 통해 학습의 효율성을 높이고, 학생들이 학습에 능동적으로 참여할 수 있다고 주장하였다. 하지만 기계에 미리 프로그램된 내용과 즉각적인 피드백으로 학생들의 성취를 구별할 수 있으나, 이는 개별 학생의 맞춤형 교육이라고 볼 수 없다.

③ 맞춤형 학습

1950년대 노먼 크라우더(Norman Crowder)는 브랜칭 프로그램 교육(branching programmed instruction)을 통해 전자장비의 오작동을 발견하기 위해 미국 공군을 훈련할 때 사용하였다. 학생들의 정답에 따라 교재의 과정이 달라지는 개인 맞춤형으로 학생마다 다른 페이지로 학습하게 하였다.

1956년에는 고든 파스크(Gordon Pask)는 SAKI(the Self-Adaptive Keyboard Instructor)를 개발하였다. 데이터 처리에 차례로 사용되는 카드에 구멍을 뚫는 데 사용되는 수동 장치인 Hollerith 키펀치를 사용하는 방법을 배우도록 설계되었다. 1970년대까지 데이터 입력은 키펀치 연산자로 진행되었으며, 현재 SAKI는 개인의 타이핑 습관을 분석하고 그에 맞춰 최적의 키보드 레이아웃이나 입력 방식을 제안하는 시스템이나 프로그램을 뜻한다. SAKI의 특징은 '맞춤형'이다. 정확도, 응답 시간과 같은 학생의 답변을 식별하고, 측정하여 이에 따라 다음 질문을 조정하는 방식이다.

④ 컴퓨터 보조 수입

1980년대 개인용 컴퓨터가 도입되면서, 컴퓨터 보조 수업(Computer-Aided Instruction, 이하 CAI)이 널리 사용되기 시작하였다. 1960~1970년대의 초기 CAI에는 일리노이 대학(University of Illinois)에서 개발된 플라톤(PLATO : Programmed Logic for Automatic Teaching Operations)이 있다. 플라톤은 학생들이 부분 상호작용하는 표준 교재가 있으며, 원격 터미널로 1,000명 학생이 동시에 접속할 수 있었다. 여기에 포럼, 이메일, 인스턴트 메시징, 원격 화면 공유, 멀티 플레이어 게임 같은 도구와 접근 방식을 교육에 도입하였다. 스탠퍼드 대학교와 IBM은 원격 터미널로 지역 초등학교에서 사용할 수 있는 CAI를 개발하였다. 이 시스템은 수학과 언어, 예술을 위한 교재, 훈련과 연습 활동을 개인 맞춤형 학습 경험을 제공하고, 학생들이 자율적으로 학습할 수 있는 환경을 조성하였다. 브리검 영(Brighan Young) 대학교가 개발한 TICCIT (Time-Shared, Interactive, Computer-Controlled Information Television)는 주로 수학과 같은 과목에 초점을 맞춘 교육 시스템이다.

TICCIT는 학생들이 자신의 속도에 맞춰 학습할 수 있어서 개인화된 학습을 경험할 수 있었다. 또한 학생들이 문제 해결과 피드백을 받을 수 있는 상호작용 요소를 포함하여 이후 CAI 시스템의 기초가 되었다.

1960~1970년대의 CAI의 호스팅은 대학교에서 제공하여 극소수만 사용할 수 있었다. 또한 과목의 목적과 관련된 맞춤형 학습에 한계가 있으며, 미리 정해 놓은 학습 내용과 순서에 따라 동일하게 적용되었다. 더구나 학생 개개인의 성과와 잘못 인식된 개념, 흥미를 무시한 잠재적인 교육의 한계를 보여주었다.

⑤ **CAI와 인공지능**

존 셀프(John Self)나 윌리엄 클랜시(William Clancey)와 같은 연구자들은 CAI의 한계를 AI로 극복하고자 하였다. CAI에 AI를 구현한 시스템을 최초로 제안한 제이미 카보넬(Jaime Carbonell)은 그의 논문에서 AI를 활용한 정보 구조 지향(ISO : Information-Structure-Oriented) CAI 시스템을 소개하였다.

ISO CAI 시스템은 추론과 일반화를 도출하기 위한 데이터 베이스 항목을 활용한다. 컴퓨터와 자연어 간의 커뮤니케이션은 지식을 적절히 표현하고 지능적으로 활용하기 위해 구문과 의미론이 중요한 접근 방식이다. 이는 질문-응답 시스템을 지원할 수 있다. ISO CAI 시스템은 교사가 질문 등에 대한 세부 사항에만 의존하지 않고, 예상치 못한 답변을 분석할 수 있는 기능을 제공하기 위해 진단 기능을 갖추어야 한다고 하였다. 학생이 질문할 수 있도록 하여, 전반적인 맥락, 특정 맥락, 이전 질문을 알아야 하지만, ISO CAI 시스템을 구축하기 위해서는 더 강력한 컴퓨팅 시설이 필요하다고 하였다. ISO CAI에 적합한 교육은 심도 있는 토론이 필요하며, 학생이 주도권을 가지는 학습 방식에 적합하다(Jaime R. Carbonell). 학생들이 적극적으로 참여하고 자신의 의견을 표현할 수 있는 환경이 조성된다면, 더 깊은 이해와 창의적인 사고를 촉진할 수 있다.

2) 인공지능 교육의 사례

(1) 지능형 튜터링 시스템

지능형 튜터링 시스템(ITS : Intelligent Tutoring System)은 교육 분야에서 인공지능(AI)을 활용하여 학습과 평가를 지원한다. ITS는 40년 이상의 가장 오래 연구된 시스템으로, 학생 맞춤형으로 잘 정의된 지식 구조를 가진 교육의 단계별 학습으로 설계된 시스템이다.

ITS는 수학이나 물리와 같은 구조화된 과목을 각 학생에게 개별화된 단계로 튜토리얼을 제공한다. 주제와 교수법에 대한 전문가의 지식으로 개별 학생의 오개념을 수정하고, 학습 성취를 돕는 방식이다. 교재와 학습 활동 등이 최적의 단계별 학습 경로를 결정한다. 이를 통해 학생의 수준별 단계를 진행하고, 힌트와 지침으로 학생들이 주어진 주제를 효과적으로 배울 수 있다. ITS는 도메인(Domain) 모델, 교수(Pedogoogy) 모델, 학습자(Learner) 모델을 기반으로 한다.

도메인 모델은 학습해야 할 내용적 지식으로 학생들이 학습하는 것을 돕고자 하는 주체에 대한 지식을 표현한다.

교수 모델은 가르치는 데 있어서 효과적인 접근법에 대한 지식으로 교수법 전문가와 학습 과학(learning science)의 연구로부터 얻은 교수·학습을 하는 데 효과적인 방법들에 대한 지식을 의미한다. 학습 활동이 시스템에 의해 학습자에게 제공되고, 개인화된 형성 평가를 이용하여 학습에 도움이 될 때마다 피드백으로 학생들에게 제공할 수 있다.

학습자 모델은 학생에 대한 지식으로 학생의 가정된 지식 상태(hypothesized knowledge state)를 표현하는 것이다. CAI와 ITS를 구분하는 가장 큰 특징이 학습자 모델의 유무이다. CAI는 도메인 모델과 교육자 모델은 있지만, 학습자 모델이 없으므로 개인의 수준에 맞춤형 학습을 제공하기 어렵게 된다. 물론 ITS는 학생들의 학습 상태를 확인하고 데이터를 갱신하고 업데이트하며, 학습자 모델을 계속해서 개선해 나가야 한다.

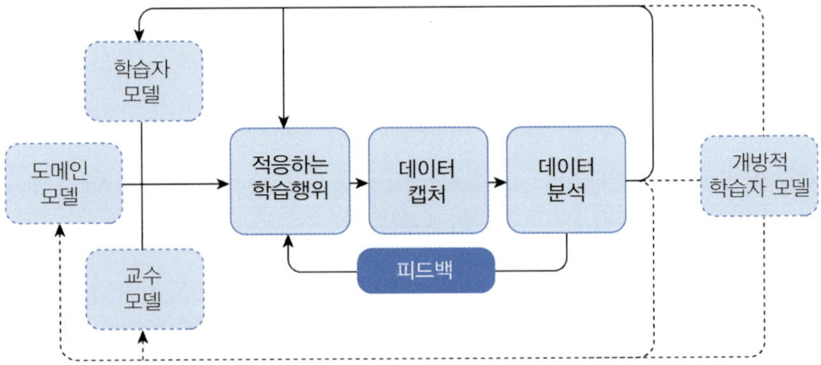

| 그림 8-7 | 개방적 학습자 모델이 적용된 지능형 튜터링 시스템

ITS는 도메인, 교수, 학습자 모델에 맞춰 시스템을 개발하고, 맞춤형 학습 활동을 제공한다. 이후 학습자의 활동 데이터를 수집하고, 이 데이터를 분석하여 활용하는 모델들을 갱신하는 과정을 거치게 된다. 특히 ITS를 통해 메타인지(meta-cognition)를 길러줄 수 있는 것이 중요한데, 이는 학습자가 자신의 학습 과정을 이해하고 조절할 수 있도록 돕기 때문이다. 교육은 주체는 항상 사람이며, 기계는 그 과정을 보조하는 역할이라는 점을 잊지 말아야 한다. 이러한 균형이 이루어져야 효과적인 학습이 가능할 것이다.

① 카네기 러닝(Carnegie Learning)의 매시아(MATHia)

매시아(MATHia)는 미국 카네기멜론 대학교(Carnegie Mellon University)의 AI 연구자들이 20여 년에 걸쳐 문항반응이론(IRT : Item Response Theory)과 인지 모델링(Cognitive Modeling)을 바탕으로 개발한 중·고등학생용 수학 지능형 시스템이다. 2019년 세계 주요 에듀테크 기업을 선발해 발표하는 에드테크 어워드(EduTech Awards)에서 '최고의 인공지능 솔루션'을 수상하였다.

매시아는 학습자가 문제해결 과정에서 보이는 오류를 진단하고, 인지과정에서 오개념이 발생하지 않도록 피드백을 제공한다. '지식 진단(Knowledge Tracing)' 기술을 활용해 학습자의 학습 정도와 지식수준을 파악하고, 그에 따른 맞춤형 학습을 제시한다. 학습자가 스스로 오류를 발견하고 수정하도록 유도하는 방식은 자기주도 학습을 향상시킨다. 1:1 코칭, 학생별 진행 상황을 담은 보고서, 효과적인 학습을 위한 교수 보고서 등을 제공하여 학습 관리에 필요한 성장 정도를 파악하고 예측할 수 있다. 라이브랩(LiveLab) 도구로 학생 상태를 즉각적으로 파악하는 기능은 교사에게 유용한 정보를 제공하여 학습 지원에 크게 기여한다. 현재는 수학뿐만 아니라 세계 언어 및 리터러시 교육까지 영역을 확장했다(https://www.carnegielearning.com/solutions/math/mathia).

ClearMath ClearLanguages ClearLiteracy

출처 : 카네기 러닝 주식회사.

② 알렉스(ALEKS)

McGrawHill Educatiuon의 알렉스(ALEKS : Assessment and LEarning in Knowledge Spaces)는 개인 맞춤 학습 시스템으로, 수학, 과학, 비즈니스 등 다양한 과목에서 20년 이상 축적된 대학 학습자 데이터를 AI로 분석하여 개인화된 학습 경험을 제공하고, 학생의 지식수준 평가와 지속적인 피드백을 통해 학습을 지원한다. 전 세계 2천 5백만 명이 넘는 학생들의 학습을 지원하고 있으며, 매년 100만 명 이상의 학생이 이를 활용하고 있다.

애리조나 주립대학교(Arizona State University)는 ALEKS를 활용하여 대수학(Algebra) 과정 이수율을 2015년 62%에서 2017년에는 74%로 향상시켰다. 학생들의 수학 점수는 평균 28% 상승했으며, 생물학 과목에서 C학점 미만 학생 수는 22% 감소했다. 한동대학교는 학생들의 기초 학력 증진과 학습적 필요를 충족시키고자 ALEKS를 도입하였다(https://www.aleks.com/about_aleks).

③ 뉴톤의 알타(Alta)

뉴톤(Knewton)의 알타(Alta)는 대학생을 대상으로 수학, 경제학, 화학, 통계학

등 폭넓은 주제를 다룬다. 맞춤형 단계별 지도, 평가, 피드백, 적시 교정을 통한 1:1 교사와 같은 역할을 지원하면서 정형적인 ITS 구조를 갖추고 있다. 교육자료는 공개 자료로 제공하고, 교사가 선택한 학습 목표와 학습 내용 간의 관계를 나타내는 의미망(semantic network)을 포함한다. 목표 관련 질문 데이터베이스를 구축하고, 이전 답변을 토대로 질문 난이도를 조절하는 문항 반응 이론(IRT : Item Response Theory)을 활용한다. 더불어 완전 학습 이론을 적용하여, 이전 학습 목표들을 완전히 숙지해야만 다음 단계로 진행할 수 있다.

④ **드림박스**(Dreambox)

중등학교 수학 교육을 위한 AI 기반 맞춤형 학습 플랫폼 드림박스 러닝(Dreambox Learning)은 학생의 답변과 학습 스타일을 분석하여 실시간 맞춤형 피드백과 지도를 제공한다(https://wikidocs.net/128502, https://dreamboxlearning.zendesk.com/hc/en-us/articles/27281807394963-How-Students-Progress-in-DreamBox-Math).

학습자의 패턴 및 문제 풀이 등 교육 과정에서 생성되는 학습자 데이터는 실시간으로 저장되어 AI 인지 모델의 입력값으로 활용된다. 시스템의 피드백은 학습자에게 맞춤형 교육 순서와 학습 진도 속도, 방식에 대한 정보를 제공한다. 학습자에게는 형성적 피드백(formative feedback)을, 교사에게는 학습자의 진행 상황 데이터를 제공한다(https://support.dreambox.com/s/article/How-Students-Progress-in-DreamBox).

⑤ **클래스팅 AI**

클래스팅은 모바일 애플리케이션과 웹에서 모두 사용할 수 있는 학급 관리 시스템으로 2015 개정 교육과정에 최적화된 핵심 개념별 커리큘럼을 지원한다. AI 기반 학습 자료를 개발, 평가, 결과 분석에 활용되며, 교사가 과제를 배포하면 학생은 답안을 자동으로 채점되고, 이후 학습 리포트를 생성한다. 학습 데이터는 AI로 분석하여 개인화된 학습 콘텐츠를 추천하고 개별 피드백을 제공한다. 여기에는 문항 반응 이론을 적용하여 문제 풀이 데이터를 분석해 성취도를 정확하게 진단하고, 문제의 난이도와 분별력을 실시간으로 조정할 수 있다. 개별 학생의 성취도에 맞는 문제를 동적으로 제공하여 진단 시간은 최소화하고 정확도는 높였다(https://ai.classting.com).

AI 코스웨어의 초기 모델로 학습자는 실시간으로 자신의 학습 진행 상황과 성취도에 대한 피드백을 받을 수 있다. 학습자가 자신의 강점과 약점을 인식하고, 필요한 조치를 할 수 있도록 돕는다.

⑥ 아이스크림 'AI 홈런'

아이스크림 'AI 홈런'은 초등용 스마트 홈러닝 프로그램으로서, 300만 멀티미디어 콘텐츠와 AI 학습 분석을 통한 초개인화 학습을 제공하는 홈러닝 서비스이다. 스마트 홈러닝 프로그램은 초등학생의 학습 및 행동 패턴에 맞춰 설계된 디지털 교과서를 통해 학습 효율을 극대화하는 스마트 학습기에 탑재된다. 멀티미디어 콘텐츠는 학교 교과서에 있는 학습 콘텐츠에 교과 이외의 주제별 특별 학습 콘텐츠를 제공하거나 AR과 VR용 콘텐츠를 구축하여 제공한다. AI 학습 분석은 하루 1,500만 건 이상의 학습 데이터를 분석, 개인 맞춤형 AI 학습 진단 및 처방을 진행하며 학생의 학습 패턴과 성향 분석을 통해 1:1 맞춤 학습 관리를 지원한다.

학습 분석 시스템은 서버에서 데이터 수집, 분석, 디스플레이 기능을 수행하며, 데이터 수집 단계에서는 서버로부터 콘텐츠를 제공받는 학습자의 학습 상태를 판단하기 위해, 미리 설정된 기준에 따라 복수 학습 이벤트를 일(task) 단위로 분석한다. 분석에 필요한 추가 이벤트가 수집되면 메타데이터를 기반으로 일 단위로 분류된 이벤트 및 추가 이벤트를 미리 설정된 형태로 변환하여 데이터 분석부에 전달한다.

AI 기술은 학습자의 학습 활동 데이터를 분석(정확한 학습 맥락 분석)하고, 추론(문제의 정확한 진단)하며, 피드백 및 추천(자기 성찰 유도)을 제공한다. 학습 활동 분석 결과는 학생, 학부모, 교사에게 각기 다른 형태의 맞춤형 정보로 제공된다. 더불어 회사는 다문화 가정 후원, 지방자치단체 및 학교와의 제휴, 학습 센터 운영 등을 통해 사업 영역을 확장하고, 각 학교/기관에 AI 학습 분석 시스템을 제공한다.

⑦ 똑똑! 수학탐험대

'똑똑! 수학탐험대'는 2019년 교육부와 과학창의재단 주관으로 교육과정 및 교과 내용을 토대로 개발되었다. 초등학교 1, 2학년 학생들이 학습한 결과는 AI로 분석 및 예측을 거쳐 학생 수준에 최적화된 학습 콘텐츠와 맞춤형 조언으로 제공된다.

'똑똑! 수학탐험대'는 초등학교 저학년 발달 특성을 고려한 게이미피케이션 기반으로 구성되었다. 개인별 학습 데이터(학습 시간, 평가 결과 등)를 수집, AI 알고리즘으로 분석하여 학습 결손을 예측하고 이를 보완하는 환류 콘텐츠를 제공한다(https://www.toctocmath.kr).

(2) 대화형 튜터링 시스템

대화형 튜터링 시스템(DBTS : Dialogue-Based Tutoring Systems)는 자연어 처리 등 AI 기술을 사용하여 학생들을 학습 주제에 관한 대화로 참여시킨다. 주로 컴퓨터 공학을 주제로 단계별 온라인 작업에서 수행된다. 아이스크림 'AI 홈런'에서는 AI 튜터(아이뚜루)는 학습 모드 전 과정을 함께하며 밀착 관리한다. 학습을 시작할 때 AI 튜터가 오늘의 학습 목표 외치기, 학습 분석 및 내용 분석과 미완료 학습 파악 등을 통해 시작 전 학습 동기를 향상시키고, 흥미를 잃지 않게 해주며, 끝까지 학습을 끝낼 수 있도록 격려한다. 잘못된 학습 습관을 발견하면 알려준다. 콘텐츠 모드에서는 AI 튜터는 백과사전, 인물 검색, 사전 검색, 음성 검색을 할 수 있다.

① 오토튜터(Auto Tutor)

오토튜터(Auto Tutor)(Graesser, A. C., et al., 2000)는 멤피스 대학교(University of Memphis)에서 개발하였고, 컴퓨터 공학, 물리학, 생물학, 비판적 사고 등의 교과에서 학생들이 온라인 과제를 단계적으로 수행하는 대화를 가상으로 구현하였다. 오토튜터는 '잠재 의미 분석(Latent Sematic Analysis)' 통계 기법으로 말과 관련된 교과서들의 큰 말뭉치(corpus)로부터 얻어진 다차원의 개념들의 행렬을 비교한 데이터가 도메인 모델이 된다. 교수 모델은 학생 스스로 문제에 대한 적절한 해결책을 찾도록 유도하는 소크라테스 대화법의 원리와 교실에서의 개인 지도 방법을 사용한다.

오토튜터 수업 대화 5단계를 살펴보면, 첫 번째는 온라인상에서 캐릭터가 나타나 질문이나 문제를 제시한다. 두 번째는 학생은 시스템에 답을 글로 입력하거나 크게 말하여 응답한다. 세 번째 단계는 학생들이 목표 개념을 이해하는 것을 결정하고, 학생들의 답이 얼마나 교과서 말뭉치 표현과 일치하는지를 평가한다. 잠재 의미 분석에서는 구체적인 단어보다는 개념이 맞는지를 기준으로 한다. 네 번째는 학생들이 개념을 충분히 이해하지 못했다면, 답을 확장할 수 있는 피드백을 제공한다. 교정을 위한 설명, 질문, 힌트, 요약 등이 제공된다. 마지막으로 앞의 두 번째 단계부터 네 번째 단계까지 반복하여 학생들이 정확하게 이해하게 한다.

② 에이다(Ada)

에이다(Ada)(Wrinkler, R., & Soellner, M., 2018)는 IBM의 왓슨 대화형 플랫폼을 사용해 영국의 한 커뮤니티 칼리지에서 개발하였다. 다양한 종류의 질문을 응답할 수 있으며, 학생들의 수업, 진도, 목표와 같은 데이터를 이용해 개별화되고, 상황에 맞는 응답을 제공한다.

③ 사라(SARA)

사라(SARA : Socially Aware Robot Assistant)(https://articulab.hcii.cs.cmu.edu/projects/sara/)는 2017년 다보스 세계경제포럼에서 발표된 상대방의 시각적 · 음향적 · 언어적 정보를 해석하고 소통할 수 있는 어시스턴트로, 스크린에 3D 아바타가 나타나 대화하고, 사용자와 음성 인터페이스로 소통과 시각적 비언어적 소통까지 가능한 체화된 대화형 에이전트(Embodied Conversational Agent)이다. 사라는 자연어 이해와 대화 관리, 자연어 생성이 가능하고, 여기에 추론 외에 사회적 상황에 대한 추론을 수행한다. 대화의 요소로는 자기 제시(self-disclosure), 공유경험(refeeing to shared experience), 칭찬(prase), 사회적 경계 넘기(violations of social norms)가 있다. 시각적으로도 시선 처리, 고갯짓, 웃음 등을 파악하고, 음향적으로는 발음의 높낮이와 크기를 통계적으로 분석한다. 자연어 및 비언어적 표현은 대화 전략의 각 요소들로 환원하여 감지한다. 동료 교수자 또는 동료 학습자의 참여로 발생하는 관계 형성 또한 학습동기, 소속감, 효능감, 학업성취도에 영향을 줄 수 있게 해 준다.

(3) 탐구학습 시스템

탐구학습 시스템(Exploratory Learning Environments, 이하 ELE)은 ITS와 DBTS의 단계별 접근 방식 한계의 대안으로 구성주의적(constructivism) 접근 방식을 채택한다. 즉, 학습 환경의 요소를 탐구하고, 기존 배경지식과의 연계를 통해 학습자 스스로 지식을 적극적으로 구성하도록 권장한다. 이러한 방법은 학습자가 잘못된 정보를 받아서 올바르지 않은 학습 결과를 가져올 수 있다. 따라서 잘못된 개념을 잡아줄 수 있도록 안내와 피드백을 제공해야 한다. 따라서 ELE에서는 AI의 역할은 지식추적과 머신러닝을 기반으로 자동화된 지침과 피드백을 제공하여 탐구학습에서 종종 발생할 수 있는 인지 과부하를 최소화한다. 피드백을 제공함으로써 학습에서 발생하는 오개념을 바로잡고, 대안적 접근 방식을 제안한다.

① **프랙션즈 랩**(Fractions Lab)

프랙션즈 랩(https://www.cokogames.com/fractions-lab/)은 EU가 후원하는 연구 프로젝트에서 개발되었으며, 학생들이 분수의 개념적 지식과 기본 원리들을 학습하도록 하였다. 예를 들어, 특정 분수를 물이 들어 있는 비커와 간격이 있는 줄자를 통해서 분수와 분모를 만들 수 있으며, 인지 과부하를 피하고자 학생들이 만든 결과와 밀접한 피드백과 지도를 진행한다. 감정적인 피드백도 포함하여 좌절 또는 지루함과 같은 부정적인 감정 상태인 경우는 긍정적인 감정 상태로 전환할 수 있도록 도와준다. 교실에서 수행된 연구 결과 데이터로 학습된 베이지안 네트워크(Bayesian networks)로 학생 맞춤형 형성 평가를 도출한다. 여기서도 DBTS처럼 소크라테스식의 피드백을 준다. 이를 활용한 독일과 영국 학교에서 프랙션스 랩과 ITS를 결합하여 운영하였다. 단기간 사용임에도 불구하고 긍정적인 학습 성과를 보이기도 하였다.

② 베티의 뇌(Betty's Brain)

베티의 뇌(Betty's Brain)(Leelawong, K., & Biswas, G., 2008)는 강(river)의 생태계(ecosystems)를 과학적이고 개념적으로 이해할 수 있도록 설계된 시스템으로 '베티'라는 가상의 에이전트인 동료 학생을 가르치는 방식이다. '가르치면서 배우는(Learning by Teaching)' 방식으로 이미 배운 내용을 정리하여, 깊이 생각하여 효과적으로 전달하는 전략으로 지식을 구조화한다. 베티를 가르치고, 이해했는지 알기 위해 질문하고, 퀴즈를 내도록 안내하는 등은 개념 지도 편집기(concept map editor)를 중심으로 진행된다. 제공된 자료와 도구로 강의 생태계를 학생이 만들어 지식으로 만든 노드로 의미망(semantic network)을 만든다. 이 부분이 학습자 모델의 핵심이다. 시스템은 도메인 모델과 개념 지도를 사용해 가상의 선생님인 미스터 데이비스(Mr. Davis)는 퀴즈 문제들을 제출하고, 베티가 더 높은 점수를 받을 수 있도록 학생은 도메인 모델을 사용한다. 데이비스는 학습자들이 메타 학습 전략(Metalearning strategies or study skills)을 개발하도록 자료를 사용하도록 유도한다.

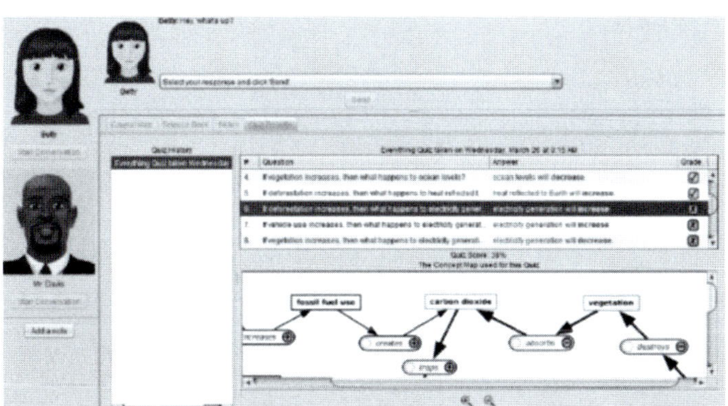

| 그림 8-8 | 베티의 뇌(Betty's Brain)

출처 : Vanderbilt University(2021a). https://wp0.vanderbilt.edu/oele/ecr-bettys-brain-bromp/

③ 에코즈(ECHOES)

에코즈(ECOES)(Bernardini, S., Porayska-Pomsta, K., & Smith, T. J., 2014)는 게이미피게이션 기반으로 자폐 스펙트럼(autism spectrum)을 가진 학생을 돕는 시스템이다. 가상 공간인 마술 정원(magic garden)에서 학생들은 '앤디'와 상호작용하게 된다. 앤디는 학생의 공감적 주의 능력을 향상과 의사소통 역량을 기를 수 있도록 도와준다. 앤디와 학생이 정원의 물체를 만지면 그 물체에 따라 다른 효과가 나오게 된다. 시선 추적 카메라(eye-tracking camera)로 앤디가 아이의 시선을 확인한다. AI 에이전트 아키텍처를 기반으로 하는 파티마(Fatima) 시스템을 기반으로 앤디는 학생의 동료나 교사로 활동하여 사회적 파트너 역할을 하며, 앤디는 자율적, 능동적, 반응적, 사회 정서적으로 유능한 인물로 긍정적인 감성으로 유도한다. 에코즈는 학습 목표 달성을 확인하기 위해 학생과 앤디 사이의 상호작용을 모니터링하는 교수 모델을 사용하여 실시간으로 적절한 피드백을 줄 수 있도록 하고 있다.

④ 코난티(Conati)의 프레임워크 CCK

ELE 교육의 한계를 극복하기 위해 학생 행동 분석을 통해 교정적 지도가 필요한 행동을 찾아내고 변화된 행동의 성과를 확인하는 것을 추가하였다. 기록된 데이터와 학습 성과를 바탕으로 유사한 학습 사용자를 그룹핑하는 방식의 머신러닝 비지도학습을 활용한다.

(4) 자동 서술형 평가

자동 서술형 평가(Automated Writing Evaluation, 이하 AWE)는 컴퓨터로 작업하는 학생들에게 자연어 처리와 의미 처리에 해당하는 AI 기술을 활용하여 서술형 글을 작성할 때 자동 피드백으로 지원한다. 여기서는 과제 제출 전에 점검할 수 있는 '형성평가 형식의 AWE'와 서술형 과제를 자동으로 채점하는 '총괄평가 형태의 AWE'가 있다.

AWE는 대부분 피드백에 관한 평가인 총괄평가 형태의 AWE로 사용되고 있으며, 평가 비용 절감을 위해 설계되었다. 토플(Tofel)을 시행하는 이레이터(E-rater) 기계는 약 20초에 16,000개의 에세이를 채점할 수 있다고 한다. 하지만 AWE의 시작을 알린 듀크 대학교(Duke University)의 엘리스 페이지(Ellis Page)가 개발한 PEG(Project Eaasy Grade)(Shermis, M. D., 2014)는 기술의 간접적 척도(indirect measures)인 문장의 개수와 문장 부호, 문법 같은 표면적인 초점에 맞추어 평가하면서 문장의 의미, 글의 스타일, 글쓴이 주장에 대한 단계적 표현법에 대한 채점은 제대로 하지 못했다. 서술형 과제의 문맥보다는 문장 길이와 같은 표면적인 특징으로 점수를 매긴다는 비판과 함께, 창의적인 글에 대한 평가를 할 수 없는 한계는 있다. 하지만 형성평가 형식 AWE의 기능은 학생의 작문 능력을 향상할 수 있고, 사고의 확장과 개인 생각을 정리하여 논리적인 접근이 가능하다. 이를 위해 '지능형 에세이 평가(IEA)'는 잠재 의미 분석을 사용하여 단어와 문장에서 발견되는 맥락을 고려해 그 의미를 추론하고, 훈련 말뭉치의 의미상 연관성을 계산할 수 있다.

① 라이트투런(WriteToLearn)

국제적인 교육회사인 피어슨(Pearson)이 라이트투런(Foltz, P. W., & Rosenstein, M., 2013) 제품을 통합하였다. 상세한 AWE을 위해 광범위하게 AI를 활용하였다. 인간이 채점한 약 300개 대표적인 에세이 훈련세트를 포함하는 머신러닝 지도학습(supervised learning) 방법으로 하나 이상의 평가 기준(rubric)으로 평가한다. 평가 지표는 초점, 아이디어의 발전, 구성, 언어 및 스타일, 표현, 문장의 정확성, 문장 유창성 등을 포함하였다. 이를 통해 문장의 서술, 설명, 묘사, 설득적인 부분에 구체적인 개선 사항을 제안한다.

미국의 한 주 전체에서 라이트투런을 사용하여 2만 명 이상의 학생의 7만 개의 에세지 과제를 분석하였다. 학생들은 평균적으로 4개의 수정된 초안을 받을 수 있어서, 작문 능력을 향상시킬 수 있었고, 창의적 아이디어나 표현의 능력도 함께 향상하는 효과를 보았다(Foltz, P. W., & Rosenstein, M., 2013).

② 커넥트(Connects)

에스티유니타스는 아마존웹서비스(AWS) 글로벌 교육 컴퍼런스에 AI으로 '커넥트 Q&A' 서비스의 성공사례를 소개하였다. 커넥트는 뚜렷한 고객층을 대상으로 실시간으로 질문과 답변을 빠르게 제공하는 애플리케이션이다(5초 이내). 질문과 답변의 연장선상으로 채팅을 통한 1:1 과외도 가능하며, 15초 영상 답변을 통해 전문가들의 생생한 노하우도 확인할 수 있다.

③ **Bakpax**

Bakpax(하민수, 2016)는 학생 답안(선다형 및 단문의 서답형)을 채점하고 분석하는 프로그램으로 활용하여 평가 결과를 교수자에게 제공하는 플랫폼이다.

- **Find Questions** : 관련 분야에 관한 기본 개념들이 수록되어 있어 해당 개념과 관련된 평가 질문을 설정한다.
- **Upload Data** : 학생 답안 자료를 업로드한다.

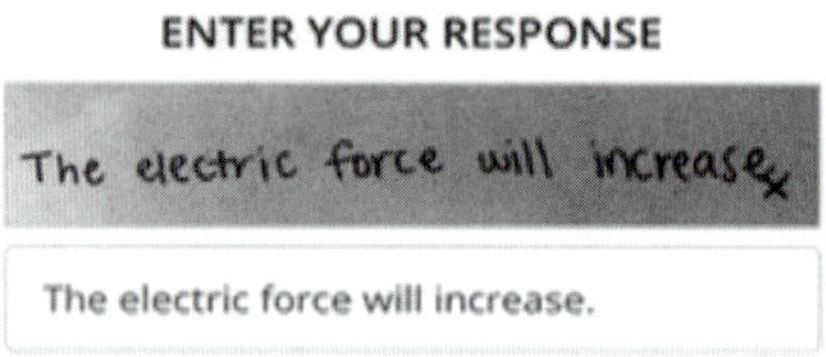

플랫폼에 탑재된 사진 정보에서 답안을 인식하고 미리 설정한 답안과 비교하여 채점

해당 플랫폼으로 교수자는 학생 답안에 대한 채점, 각종 정보를 확인한 후 교육적 처방

- **Review** : 학생 답안 자료가 분석되어 다양한 표현 방식으로 도출된다.

서답형 문항 평가에 대한 유사한 프로젝트로는 BEYOND MULTIPLE CHOICE가 있다. AACR(Automated Analysis of Constructed Responses) 연구 그룹에서 진행하는 프로젝트로, 대학의 STEM(Science, Technology, Engineering, Math) 분야 강의에서 주로 짧은 서답형 문항의 평가를 돕는 컴퓨터 모델이다.

④ **WA3I**(Web-based Automoated Assessment with Artificial Intelligence)

'인공지능을 활용한 웹기반 자동평가'의 약자인 WA3I는 교육부와 한국과학창의재단의 지원으로 개발된 서술형 평가 자동채점 프로그램이다(http://wai.best). 단순히 교사가 학생들의 서술형 응답을 자동 채점하기 위한 목적 넘어 학생들이 현상에 대해 '왜?'라는 의문을 논리적으로 설명할 수 있도록 학원 지원 도구를 개발하고자 하였다.

서술형 평가 문항에 대한 학생들의 응답과 인간이 채점한 결과 데이터를 도출하고, 이를 학습시켜 개발하였다. 2015 개정 과학과 교육과정의 내용 체계표 중 중학교 수준으로 연계되는 초등학교 수준의 내용 요소를 선별하고 관련 과학 개념을 도출하였다.

(5) AI 기반 독해와 언어 학습

AI 기반 독해와 언어 학습(AI-supported reading and language learning)은 음성 인식과 함께 ITS 기반 학습경로 개인화로 사용되기도 한다. 음성 인식 기술로 학생들의 언어 발음 향상을 위한 피드백으로 사용하여 학생의 음성과 원어민 샘플 녹음을 비교하여 연습할 수 있게 한다. 자동 번역은 학생들이 다른 언어로 된 학습 자료를 활용할 수 있도록 즉각적으로 문맥에 맞게 번역해 주고, 다른 문화권 학생들과 상호작용할 수 있도록 지원한다. 학생들의 독해 능력을 감지하고 분석하여 개별적 피드백을 제공해 준다.

스마트폰 '온디바이스(On-Device) AI' 기능으로 실시간 번역이 가능해졌으며, 통역 서비스에도 구글 번역으로 실시간으로 홈페이지 내용을 번역으로 볼 수 있고, 딥엘(DeepL) 번역 서비스로는 맥락적 번역을 할 수 있다.

① 바벨(Babbel)

독일의 구독 기반 언어 학습인 바벨(Babbel)은 ITS의 개별화 알고리즘으로 학습자의 학습 패턴을 분석하고, 반복 학습이 필요한 부분을 집중적으로 학습할 수 있도록 해준다. 바벨은 단어를 인식하는 것과 발음을 평가하는 중요한 단계가 있다. 단어 인식에서는 주위의 소음을 제거하고 걸러내고, 다양한 사람들의 다른 진동수와 속도의 목소리를 고려하여 단어를 인식한다. 이 데이터와 음성 샘플을 비교해 준다.

② 듀오링고(Duolingo)

듀오링고(Duolingo) 앱은 ITS를 개인화에 맞추어 학습자의 학습 패턴을 이해하고 데이터를 기반으로 학습 경로를 제시하는 등의 개인 맞춤형 학습을 제공한다. 듀오링고는 학습 과학(learning science)의 원칙인 간격 효과(spacing effect)와 지체 효과(lag effect)를 사용한다. 즉, 학생들에게 연습을 위한 단어를 전달하기 가장 좋은 시간을 예측하여 제시한다.

AI의 실시간 피드백을 활용한 로제타 스톤(Rosetta Stone)의 음성인식 도구 TRUACCENT®는 학습자의 발음(억양, 강세, 리듬 등)을 분석하고 잘못된 발음을 교정하며 학습자가 문맥 속에서 언어를 자연스럽게 배울 수 있도록 도와준다. 플리카(Replika)와 같은 AI 챗봇은 학습자와 실시간으로 대화를 나눌 수 있게 해준다. 이처럼 AI 기반의 학습에는 시스템과 학습자 간의 중요한 상호작용에 따라 서비스되는 사용자 인터페이스는 결정되고, 편리하게 제공되기 위해서 설계된다.

〈표 8-4〉 AI 기반 독해와 언어 학습

Duolingo	Rosetta Stone	Babbel	Replika
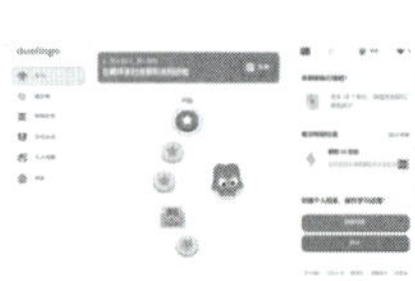 출처 : https://www.duolingo.coml	 출처 : https://www.rosettakorea.com/	 출처 : https://www.babbel.com	 출처 : https://replika.com/
게임처럼 영어를 배우고, 학습자별 분석으로 맞춤형 학습을 제공한다.	발음 교정이 강점으로 AI 기반 음성 인식 기술을 통해 발음을 실시간으로 분석하고 교정해 준다.	학습자 패턴을 분석하여 반복 학습할 수 있게 해준다.	AI 챗봇으로 실시간 대화를 통해 영어 학습 능력을 향상시킬 수 있다.

(6) 교육용 VR/AR

교육용 가상/증강현실(educational virtual and augmented reality)은 가상현실(VR : Virtual Reality)과 증강현실(AR : Augmented Reality) 등을 사용하여 몰입감 높고, 증강된 경험을 제공하는 기술에 AI를 접목하여 VR 천문학, 생물학, 지질학을 포함한 K-12 이상의 여러 과목에 사용되고 있다. VR은 머리에 쓰는 HMD로 모든 시각적 정보는 가상으로 제공하는 것으로, 천문학에서 화성의 표면, 화산 내부의 모습을 안에서 직접 보는 듯한 경험을 제공하여 높은 몰입감을 제공하고, 생물학과 지질학에서 인간이 들어가서 관찰할 수 없는 부분까지 관찰하도록 해줄 수 있다. 또한 위험한 실험까지 가능하게 해준다. 여기에 AI 기술로 디지털 휴먼으로 제작된 튜터로 학습에 도움을 얻을 수 있다. AR 디바이스로 보는 영역만 X-ray처럼 안을 볼 수 있도록 구현하여 인간의 장기나 장치 내부 설계를 볼 수 있다.

① 루밀로(Lumilo)

AR이 VR과 다른 점은 현실 세계에 디지털 정보를 추가해서 보여주는 것으로, 루밀로(Lumilo)는 학생의 ITS 성과에 대한 정보를 머리 위에 보이도록 할 수 있다. 교사는 루밀로의 스마트 안경을 사용하는 동안 학생들에 대해 원하는 정보와 상황을 발견할 수 있어서 학생들이 손을 들지 않더라도 즉시 학생들이 필요한 부분을 알 수 있다. 학생을 보면서, 손에 들고 있는 스위치를 누르거나 특정한 손동작을 하면 학생들의 화면을 볼 수 있다.

② 버츄얼 스피치(Virtual speech)

버츄얼 스피치(Virtual speech)(https://virtualspeech.com)에서 개발한 가상교실(Virtual Classroom)은 프레젠테이션 연습 프로그램으로 인지 역량 지원에서 확장하여 비인지 영역인 사회성서 역량을 강화하고자 하였다. 사람들 앞에서는 불안하지만, VR로 스트레스를 받지 않는 환경에서 연습을 할 수 있다. 의도적인 일시 정지와 심호흡 등을 통해서 커뮤니케이션 능력을 습득할 수 있다. 가상 발표 상황은 청중의 인원을 설정할 수 있고, 프레젠테이션의 결과는 음성으로 분석되어 AI 기반 데이터 통신으로 학습 분석과 함께 적용된다. 이를 통해 개별화 학습을 통한 수업 활동의 결과를 기반으로 맞춤형 피드백을 제공한다.

③ 실시간 양방향 상호작용

실시간 화상 스튜디오(Virtual Studio)(https://www.rumii.net)를 통한 수업으로 실시간 화상수업 또는 방송형 수업으로 상호작용할 수 있도록 변화하고 있다.

2017년 교육부에서 시범사업으로 운영된 소인수 심화 학습을 위한 온라인 고등교육과정을 실시간 양방향 상호작용이 가능한 화상수업 플랫폼을 활용하여 진행하고 있다.

(7) AI 기반 협력 학습

AI 기반 협력 학습(AI-enabled collaborative learning)은 학생들이 함께 문제를 해결하기 위한 것으로 효과적인 협업 달성을 지원한다. AI 기반 도구로 학습자를 원격으로 연결하거나, 특정 협업 작업에 가장 적합한 학생을 식별하고 그에 따른 그룹화 작업을 수행한다. 가상 에이전트로서 그룹 토론에 적극적으로 기여할 수 있다.

학습 네트워크 오케스트레이터(LNOs : Learning Network Orchestrators)는 학생과 교사 네트워크가 학습에 참여하고 학습 활동을 구성할 수 있도록 하는 도구이다. 일반적으로 가용성과 주제 영역 및 전문지식을 기반으로 참가자를 매칭하고 협력과 협업을 도와준다. 'Third Space Learning'은 수학 학습에 어려움을 겪는 영국 학생들을 다른 나라 수학 교사와 연결해 준다. 'Smart Learning Partner'는 학생들이 데이터 앱처럼 휴대폰 앱을 통해 과외 선생님을 선택하고 1:1 학습을 지원받는다.

챗봇(Chatbots)은 학습자의 학습을 지원하고 새로운 지식과 통찰력을 가질 수 있도록 지원한다. 첫 번째 프로그램은 ELLZA가 있다. 이후 50년간의 개발 과정을 거쳐서 아마존의 Alexa, 애플의 Siri, 구글의 Assistant, 마이크로소프트의

Corrana 등의 챗봇들이 상용화되었다. OpenAI가 GPT-4를 발표하면서 보여준 데모에서 칸아카데미(Khan Academy) 창업자 살만 칸(Salman Khan)은 GPT-4에 '자신의 아들에게 사인 값을 구하는 방법'을 설명하도록 하였는데, 삼각형을 그려진 화면을 함께 보며 칸의 아들과 대화를 주고받으면서 사인값을 이해할 수 있도록 도와주었다.

영화 〈AI〉 데이비드와 같은 지능과 감정을 갖는 인공지능이 AGI로, 강인공지능이다. 미래학자 레이 커즈와일(Raymond Ray Kurzweil)은 2045년이 되면 인공지능은 인간의 두뇌와 같이 학습 능력, 문제해결 능력, 감정 등이 가능한 강인공지능이 될 것으로 예측하고 있다. AI 발전에 인간의 참여 사이의 적절한 균형에 대해 끊임없이 고민해야 한다. 이를 위해 교수자들은 AI 기능과 한계를 이해하고 있어야 하고, 이를 바탕으로 어떻게 활용해야 하는지 연구해야 한다. 이는 교수자의 역할이 학습자의 학습 방향과 함께 학습 호흡을 같이하면서 긍정적 결과로 유도할 수 있는 중요한 '키'가 될 것으로 보인다.

09
CHAPTER

생성형 AI와 교육

1. 생성형 AI의 개념 및 원리
2. 교수자를 위한 생성형 AI의 교육적 활용
3. 학습자를 위한 생성형 AI의 교육적 활용

09
CHAPTER

생성형 AI와 교육

디지털 혁신이 가속화되면서 인공지능(AI)은 현대 사회의 다양한 분야에서 핵심적인 역할을 맡고 있다. 그중에서도 생성형 AI(Generative AI)는 학습 알고리즘과 데이터를 바탕으로 새로운 콘텐츠를 창출하는 AI 기술로, 텍스트 생성, 이미지 생성, 음성 합성 등 다양한 창작 영역에서 혁신을 이끌고 있다. 이러한 기술은 단순히 데이터를 분석하거나 패턴을 식별하는 것을 넘어, 인간처럼 창의적이고 의미 있는 결과물을 생성해 낼 수 있다는 점에서 주목받고 있다.

교육 분야에서도 생성형 AI는 기존의 학습 및 교육 방식을 혁신할 잠재력을 지니고 있다. 개인화된 학습 콘텐츠 제작, 실시간 피드백 제공, 교육 자료 자동 생성, 복잡한 문제 해결 지원 등 다양한 방식으로 교육 현장을 변화시키고 있다. 생성형 AI를 활용하면 학습자는 자신만의 학습 스타일과 속도에 맞춘 맞춤형 교육 경험을 제공받을 수 있으며, 교육자는 보다 창의적이고 효율적인 교수법을 개발할 수 있다.

이 장에서는 생성형 AI의 기술적 특징과 작동 원리를 살펴보고, 이를 교육 분야에 적용했을 때 기대할 수 있는 가능성과 도전 과제를 탐구한다. 또한 생성형 AI가 학습자와 교육자 모두에게 어떤 영향을 미치고 있는지 구체적인 사례를 통해 설명하며, 이러한 기술이 미래의 교육 환경을 어떻게 재정의할 수 있을지 논의한다. 생성형 AI와 교육의 융합은 단순한 기술 활용을 넘어, 학습과 창의성의 새로운 가능성을 열어가는 중요한 전환점이 될 것이다.

1. 생성형 AI의 개념 및 원리

1) 생성형 AI의 개념

생성형 AI(Generative AI)는 인공지능의 한 분야로, 기존의 데이터를 학습하여 새로운 데이터를 생성할 수 있는 모델을 설계하는 기술을 의미한다. 이는 단순히 기존 데이터를 분류하거나 예측하는 전통적인 AI와 달리, 데이터로부터 학습한 패턴과 특성을 바탕으로 새로운 텍스트, 이미지, 오디오, 동영상 등을 창조할 수 있는 능력을 갖추고 있다. 생성형 AI는 주로 딥러닝(deep learning) 기술에 기반하며, 자연어 처리(NLP), 컴퓨터 비전, 음성 합성 등의 분야에서 폭넓게 활용된다.

생성형 AI의 가장 대표적인 사례는 언어 생성 모델인 OpenAI의 GPT 시리즈와 이미지 생성 모델인 DALL-E이다. 이 모델들은 방대한 양의 데이터를 학습하여, 사용자의 입력에 따라 의미 있고 창의적인 결과를 생성한다. 예를 들어, GPT 모델은 주어진 텍스트 입력을 기반으로 자연스럽고 맥락에 맞는 문장을 생성할 수 있으며, DALL-E는 간단한 텍스트 설명만으로도 해당 설명에 부합하는 이미지를 만들어 낸다.

2) 생성형 AI의 주요 기술적 원리

생성형 AI는 주로 딥러닝 기술을 기반으로 작동하며, 다음과 같은 알고리즘과 모델 구조를 사용한다.

(1) 생성적 적대 신경망(GAN : Generative Adversarial Network)

GAN은 생성형 AI의 대표적인 기술 중 하나로, 두 개의 신경망(생성자와 판별자)이 경쟁적으로 학습하며 새로운 데이터를 생성하는 방식으로 작동한다.

- **생성자**(Generator) : 기존 데이터를 바탕으로 새로운 데이터를 생성한다. 예

를 들어, 랜덤 노이즈를 입력받아 가짜 이미지를 생성하는 역할을 한다.

- **판별자**(Discriminator) : 생성자가 만든 데이터가 진짜 데이터인지 가짜 데이터인지 구별한다. 판별자의 역할은 생성자가 더욱 현실적인 데이터를 생성하도록 학습을 유도하는 것이다.

이 두 신경망은 상호작용하며 반복적으로 학습하여 점점 더 실제와 유사한 데이터를 생성하게 된다. GAN은 주로 이미지 생성, 동영상 합성, 음성 데이터 생성 등에 활용된다.

(2) 트랜스포머(Transformer) 모델

트랜스포머는 생성형 AI에서 자연어 처리와 텍스트 생성에 사용되는 핵심 모델 구조이다. 이 모델은 병렬 처리가 가능하며, 방대한 양의 데이터를 학습하여 문맥을 이해하고 예측할 수 있다. 트랜스포머의 주요 구성 요소는 어텐션 메커니즘(Self-Attention)이다. 이는 입력된 데이터 내의 각 요소가 서로 어떻게 연관되는지를 계산하여, 맥락을 이해하고 자연스러운 문장을 생성할 수 있도록 돕는다. GPT(Generative Pre-trained Transformer)와 같은 언어 모델은 트랜스포머를 기반으로 하며, 학습된 데이터를 바탕으로 언어적 맥락을 이해하고 새로운 텍스트를 생성한다.

(3) 확률적 생성 모델(Probabilistic Generative Models)

확률적 모델은 데이터의 분포를 이해하고, 이 분포를 기반으로 새로운 데이터를 샘플링하여 생성하는 방식이다. 대표적인 예로 변분 오토인코더(VAE)와 같은 모델이 있다. 이 모델은 데이터의 잠재 공간(latent space)을 학습하여, 그 공간에서 샘플을 생성함으로써 새로운 데이터를 만든다.

(4) 강화 학습(Reinforcement Learning)

강화 학습은 생성형 AI의 성능을 개선하는 데 사용된다. 특히 텍스트 생성 모델에서는 강화 학습을 통해 생성된 텍스트의 품질을 향상시킬 수 있다. 예를 들어, 사용자의 피드백을 학습에 반영하여 더 나은 결과를 생성할 수 있다.

3) 생성형 AI의 작동 과정

생성형 AI는 데이터를 기반으로 학습하고, 입력에 따라 새로운 데이터를 생성하며, 지속적으로 개선되는 순환 과정을 통해 작동한다. 이 과정은 데이터 수집에서 시작하여 학습, 훈련, 결과 생성, 피드백 활용에 이르기까지 여러 단계를 거치며 이루어진다.

(1) 데이터 수집 및 학습

생성형 AI의 첫 번째 단계는 데이터를 수집하고 이를 학습하는 과정이다. 모델은 텍스트, 이미지, 오디오 등 다양한 형태의 데이터를 분석하며, 이를 통해 데이터 내의 패턴과 구조를 이해한다. 이 과정은 일반적으로 지도 학습(Supervised Learning) 또는 비지도 학습(Unsupervised Learning) 방식으로 진행된다.

- **지도 학습** : 레이블이 지정된 데이터를 사용하여 모델을 학습한다. 예를 들어, 이미지와 해당 설명(예 "이것은 고양이다")이 함께 제공되면, 모델은 이미지를 인식하고 유사한 설명을 생성하는 방법을 학습한다.
- **비지도 학습** : 레이블이 없는 데이터를 사용하여 모델이 스스로 패턴을 찾고 구조를 이해하도록 한다. 예를 들어, 텍스트 데이터에서 문장의 구문 구조나 맥락을 학습하여 자연스러운 텍스트를 생성할 수 있는 기반을 마련한다.

이 단계에서 사용하는 데이터는 대규모로 수집되며, 다양성과 품질이 모델의 성능에 큰 영향을 미친다. 예를 들어, GPT 모델은 수백 기가바이트에 달하는 텍스트 데이터를 학습하여 자연어 처리 능력을 갖추게 되었다. 이미지 생성 모델인 DALL-E는 다양한 그림과 사진을 학습하여, 텍스트 입력에 따라 창의적이고 복잡한 이미지를 생성할 수 있다.

(2) 모델 훈련

데이터 수집 후, 생성형 AI 모델은 새로운 데이터를 생성할 수 있도록 훈련된다. 훈련 과정은 데이터를 반복적으로 입력하며 모델의 성능을 개선하는 작업을 포함한다. 이 단계에서 생성형 AI는 데이터 내의 패턴을 학습하고, 이를 기반으로 입력 데이터를 해석하며, 현실적이고 자연스러운 결과를 생성할 수 있는 능력을 갖추게 된다.

- **손실 함수**(Loss Function) : 모델은 예측된 출력과 실제 출력 간의 차이를 계산하는 손실 함수를 사용하여 학습의 정확도를 평가한다. 모델은 손실을 최소화하도록 가중치를 조정하며, 이 과정을 반복하여 성능을 점진적으로 향상시킨다.
- **반복 훈련** : 생성형 AI는 데이터를 반복적으로 학습하여 결과물의 품질을 개선한다. 예를 들어, GAN(Generative Adversarial Network) 구조에서는 생성자(Generator)와 판별자(Discriminator)가 경쟁적으로 학습하여, 생성자는 점점 더 실제와 유사한 데이터를 생성하게 된다.
- **트랜스포머 모델**(Transformer Model) : 텍스트 생성 모델에서는 어텐션 메커니즘(Self-Attention)을 활용해 입력된 데이터 간의 관계를 이해하고, 문맥에 맞는 결과를 생성할 수 있는 능력을 배운다.

훈련 과정은 수천 번에서 수백만 번의 반복을 통해 이루어지며, 이 과정에서 모델은 점차 데이터의 구조와 의미를 깊이 이해하게 된다.

(3) 입력 처리와 데이터 생성

훈련된 모델은 사용자의 입력 데이터를 처리하여 새로운 결과를 생성한다. 이 단계에서 생성형 AI는 학습한 데이터를 기반으로 입력과 연관된 새로운 텍스트, 이미지, 음성 등을 생성한다.

- **텍스트 생성** : 사용자가 "학교에서의 학습 동기를 높이는 방법"이라는 주제를 입력하면, 생성형 AI는 주제와 관련된 텍스트를 생성한다. 이 텍스트는

기존 데이터에서 학습한 패턴과 맥락을 기반으로 작성되며, 사용자가 필요로 하는 정보를 자연스럽게 제공한다.

- **이미지 생성** : 사용자가 "겨울 풍경 속 눈 덮인 산 아래 오두막"이라는 설명을 입력하면, 이미지 생성 모델은 학습한 데이터를 바탕으로 상세하고 창의적인 이미지를 만들어 낸다.
- **오디오 및 비디오 생성** : 입력된 텍스트를 기반으로 자연스러운 음성을 생성하거나, 간단한 설명만으로 애니메이션 동영상을 제작할 수도 있다.

이 과정에서 생성형 AI는 사용자의 요구와 의도를 이해하고, 학습된 패턴을 활용하여 인간이 만든 것처럼 자연스럽고 품질 높은 결과물을 제공한다.

(4) 피드백과 모델 개선

생성된 결과에 대한 사용자 피드백은 생성형 AI 모델의 성능을 개선하는 데 중요한 역할을 한다. 피드백은 모델이 새로운 데이터를 학습하고 기존 성능을 향상시키는 데 활용된다.

- **강화 학습**(Reinforcement Learning) : 생성된 결과에 대한 사용자 평가를 기반으로, 보상(reward)을 제공하여 모델이 올바른 결과를 생성하도록 유도한다. 예를 들어, 사용자가 텍스트 생성 결과에 대해 긍정적 피드백을 제공하면, 모델은 해당 유형의 텍스트를 더욱 정교하게 생성할 수 있도록 학습한다.
- **전이 학습**(Transfer Learning) : 기존 모델에 새로운 데이터셋을 추가 학습시켜, 특정 분야(예 의료, 교육)에 특화된 결과를 생성할 수 있도록 모델을 개선한다.

이 과정은 생성형 AI가 시간이 지남에 따라 더욱 정교하고, 사용자의 요구를 잘 반영하는 결과를 생성할 수 있도록 만든다.

4) 생성형 AI의 특징

생성형 AI는 단순히 데이터를 분석하거나 패턴을 예측하는 기존의 인공지능(AI)과 달리, 데이터를 기반으로 완전히 새로운 콘텐츠를 생성할 수 있는 고유한 능력을 가지고 있다. 이러한 기술은 인간의 창의적 사고를 모방하며, 다양한 산업과 학문 분야에서 혁신적인 변화를 이끌고 있다. 생성형 AI가 가지는 주요 특징은 다음과 같다.

(1) 창의적이고 새로운 데이터 생성

생성형 AI의 가장 두드러진 특징은 기존 데이터에서 학습한 패턴과 구조를 바탕으로 완전히 새로운 데이터를 생성할 수 있다는 점이다. 이는 기존 AI가 입력 데이터를 분류하거나 분석하는 데 초점을 맞췄던 접근 방식과는 근본적으로 다르다.

예를 들어, 텍스트 기반 생성형 AI는 방대한 양의 문서를 학습한 뒤 새로운 이야기를 작성하거나 논문의 초안을 생성할 수 있다. 이미지 생성 AI는 사용자가 입력한 간단한 텍스트 설명을 바탕으로 복잡하고 창의적인 그림을 만들어 낸다. 이러한 능력은 예술, 디자인, 교육과 같은 창의적인 분야에서 특히 유용하다. 예를 들어, 예술 교육에서는 학생들이 생성형 AI가 만든 작품을 분석하며 창의성을 탐구할 수 있고, 디자인 분야에서는 다양한 스타일의 이미지를 실시간으로 생성해 아이디어를 시각화하는 데 활용할 수 있다.

(2) 범용성

생성형 AI는 텍스트, 이미지, 오디오, 동영상 등 다양한 데이터 유형을 처리하고 생성할 수 있는 강력한 범용성을 가지고 있다. 이는 하나의 기술이 여러 도메인에서 활용될 수 있음을 의미하며, 다양한 산업과 교육 분야에 걸쳐 응용 가능성을 크게 확장시킨다.

예를 들어, 언어 모델은 교육 분야에서 학생들에게 맞춤형 피드백을 제공하거나 학습 자료를 요약하는 데 사용될 수 있다. 동시에, 기업에서는 자동으로 이메일 초안을 작성하거나, 보고서를 정리하는 등 비즈니스 업무를 지원한다. 이미지 생성 AI는 광고와 마케팅에서 활용할 시각적 콘텐츠를 제작하거나, 의료 분야에서는 방사선 이미지를 생성하여 진단을 보조하는 데 사용된다. 이처럼 생성형 AI는 데이터 유형에 구애받지 않고 여러 분야에서 창의적이고 실용적인 솔루션을 제공한다.

(3) 맥락 이해와 자연스러운 결과 생성

생성형 AI는 입력된 데이터의 맥락을 분석하고 이해하여, 인간이 작성한 것처럼 자연스럽고 논리적인 결과를 생성할 수 있다. 이는 텍스트 생성에서뿐만 아니라, 이미지와 오디오 생성에서도 유사하게 나타나는 특징이다.

예를 들어, 언어 생성 모델은 사용자가 입력한 질문의 의도를 파악한 뒤 관련된 정보를 조합하여 유창하고 일관된 문장을 만들어 낸다. "겨울에 눈 덮인 산과 나무를 배경으로 한 작은 오두막"이라는 입력을 받은 이미지 생성 모델은 각 요소의 맥락적 배치를 고려하여 현실적이고 세부적인 이미지를 제작할 수 있다.

교육 분야에서는 이러한 맥락 이해 능력이 더욱 빛을 발한다. 학습자가 질문을 입력하면, 생성형 AI는 질문의 의도를 파악하고, 적합한 학습 자료를 생성하거나 심화된 해설을 제공한다. 이는 학습자와의 상호작용을 풍부하게 만들며, 보다 효과적인 학습 환경을 조성하는 데 기여한다.

(4) 고도화된 개인화 기능

생성형 AI는 학습자의 성향, 학업 성취도, 학습 기록 등 개인 데이터를 분석하여 맞춤형 학습 콘텐츠를 생성할 수 있다. 이는 학습자가 각자의 학습 속도와 스타일에 맞춰 학습할 수 있도록 지원하는 데 중요한 역할을 한다.

예를 들어, 학습자의 수준에 따라 적합한 난이도의 문제를 자동으로 생성하거나, 학습자가 선호하는 학습 방식(예 시각적 자료, 텍스트 기반 자료 등)에 맞춘 콘텐츠를 추천할 수 있다. 이러한 개인화 기능은 학습자의 학업 성과를 극대화하고 몰입도를 높이며, 장기적으로 학습에 대한 동기를 강화한다. 교육 현장에서 생성형 AI를 활용하면 학습자 개개인에게 최적화된 학습 경험을 제공할 수 있어, 포괄적이고 효과적인 교육을 실현할 수 있다.

(5) 지속적인 학습과 성능 향상

생성형 AI는 사용자로부터 받은 피드백을 기반으로 지속적으로 성능을 개선할 수 있는 능력을 가지고 있다. 이 과정은 강화 학습(Reinforcement Learning)을 통해 이루어지며, 모델은 사용자 피드백을 바탕으로 더 나은 결과를 생성하도록 학습한다.

예를 들어, 사용자가 생성된 텍스트나 이미지를 평가하면, 이 피드백은 모델 훈련 데이터에 반영되어 모델의 향후 성과를 향상시키는 데 사용된다. 이렇게 학습과 개선을 반복하는 과정은 생성형 AI가 시간이 지날수록 더 정교하고 인간의 요구에 부합하는 결과물을 생성할 수 있도록 만든다. 이는 교육, 연구, 콘텐츠 제작 등 다양한 분야에서 더욱 효과적인 활용을 가능하게 한다.

생성형 AI는 새로운 데이터를 생성하고, 맥락을 이해하며, 고도로 개인화된 학습 경험을 제공하는 능력을 통해 기존의 AI 기술과는 차별화된 가치를 제공한다. 텍스트, 이미지, 오디오 등 다양한 데이터를 처리하고 창출할 수 있는 범용성은 생성형 AI가 다방면에서 혁신을 이끌 수 있는 가능성을 보여준다. 또한 지속적인 학습을 통해 성능을 향상시키는 특징은 이 기술이 시간이 지날수록 더 발전하며, 인간의 요구와 기대를 충족시키는 데 기여할 수 있음을 의미한다. 생성형 AI는 교육을 포함한 여러 산업에서 미래를 선도할 기술로 자리 잡고 있으며, 특히 창의성과 데이터 분석 능력이 요구되는 영역에서 새로운 가능성을 열어가고 있다.

2. 교수자를 위한 생성형 AI의 교육적 활용

1) 수업계획 및 준비를 위한 생성형 AI의 활용

(1) 교육계획 및 콘텐츠 자동화

생성형 AI는 교육 현장에서 교사들이 효과적인 교육계획을 수립하고, 이를 구현하기 위해 필요한 학습 자료와 콘텐츠를 자동으로 생성하는 데 활용될 수 있다. 이는 교육자의 시간과 노력을 절약하는 동시에, 창의적이고 효율적인 교수 설계를 가능하게 만들어 준다. 특히 학생 개개인의 학습 성향과 성취도를 고려한 데이터 기반 접근은 더욱 개인화된 교육 환경을 조성하는 데 기여한다.

(2) 학습 계획 수립을 위한 데이터 기반 분석

생성형 AI는 학습자 데이터를 심층적으로 분석하여 각 학생의 성취도, 학습 스타일, 관심사 등을 기반으로 맞춤형 학습 계획을 수립할 수 있다. 기존의 학습 설계가 교사의 직관이나 표준화된 방법론에 의존했던 것과 달리, 생성형 AI는 데이터 중심의 접근 방식을 통해 더욱 정밀하고 효과적인 학습 계획을 제공한다.

- **개별 학생 맞춤형 학습 계획** : AI는 학생들의 시험 성적, 과제 수행 데이터, 출석률, 학습 활동 기록 등을 분석하여 각 학생의 강점과 약점을 도출한다. 예를 들어, 한 학생이 수학의 기본 개념에는 능숙하지만, 문제 응용 능력에서 약점을 보인다면, AI는 해당 학생을 위해 문제해결 능력을 키우는 추가 학습 자료와 연습 문제를 제안한다.
- **학습 속도를 고려한 단계별 학습 설계** : AI는 학생의 학습 속도를 분석하여, 개인의 이해도와 흥미에 따라 학습 단계를 조정할 수 있다. 이해 속도가 빠른 학생에게는 심화 학습 자료를 제공하고, 느린 학생에게는 기초 개념을 강화하는 학습 자료와 추가 예제를 제안한다. 예를 들어, AI는 고등학교 물

리 수업에서 학생의 시험 결과를 기반으로, 전자기학 개념이 약한 학생에게는 해당 주제의 복습 콘텐츠를 제공하고, 심화 학습이 가능한 학생에게는 고급 문제를 추천할 수 있다.

- **학습 목표와 경로 제안** : 생성형 AI는 학습자의 현재 성취 수준과 목표를 분석하여 최적화된 학습 경로를 제안한다. 예를 들어, 과학 수업에서 "원소 주기율표의 이해"라는 목표를 설정했을 때, AI는 학생의 기존 이해도를 평가하고, 이에 따라 단계적으로 학습해야 할 자료와 활동을 제공하여 목표를 달성할 수 있도록 돕는다.

이러한 데이터 기반 분석은 학습자가 자신의 학습 과정을 더 잘 이해하고, 목표를 효과적으로 달성할 수 있도록 돕는 동시에, 교사가 학습자 개인의 필요에 맞는 계획을 수립하는 데 중요한 역할을 한다.

(3) 학습 자료와 교재 자동 생성

생성형 AI는 방대한 양의 데이터를 학습하여, 이를 기반으로 학습 자료와 교재를 자동으로 생성할 수 있는 능력을 갖추고 있다. 이는 교사가 단순히 수업 주제나 목표를 입력하는 것만으로도 수업에 필요한 자료를 빠르고 쉽게 준비할 수 있도록 도와준다. 생성형 AI는 텍스트, 이미지, 그래프 등 다양한 형식의 자료를 생성하며, 이를 통해 교사는 수업 준비 시간을 크게 단축할 수 있다.

- **주제별 학습 자료 생성** : 생성형 AI는 입력된 주제를 바탕으로 최신 학습 자료를 생성할 수 있다. 예를 들어, 중학교 과학 수업에서 "기후 변화"라는 주제를 입력하면, AI는 기후 변화의 정의, 원인, 영향, 해결 방안 등 주요 내용을 요약한 텍스트를 제공하고, 이를 시각적으로 보완하기 위한 다이어그램과 차트를 함께 생성한다. 이러한 자료는 학생의 이해를 돕고, 수업을 보다 풍부하게 만드는 데 기여한다.
- **연령과 수준에 맞는 교재 작성** : AI는 학생의 연령과 학습 수준을 고려하여 적합한 난이도의 교재를 자동으로 생성할 수 있다. 초등학생을 위한 교재는

단순한 문장과 그림 중심으로, 고등학생을 위한 교재는 복잡한 그래프와 심화된 내용을 포함하여 제작된다. 예를 들어, AI는 초등학교 4학년 학생들을 위해 환경 문제를 다룬 쉬운 문장과 삽화를 포함한 자료를 제공할 수 있고, 고등학교 지리 수업에서는 기후 변화에 대한 과학적 데이터를 기반으로 한 심층 분석 자료를 제공할 수 있다.

- **시각 자료와 멀티미디어 콘텐츠 통합** : 생성형 AI는 학습 자료를 더욱 흥미롭고 직관적으로 만들기 위해 다이어그램, 인포그래픽, 3D 모델, 동영상 등 다양한 시각 자료를 생성할 수 있다. 예를 들어, 화학 수업에서 "화학 반응식의 구성 요소"를 설명하는 강의 자료를 준비할 때, AI는 화학 반응 과정을 시각적으로 보여주는 애니메이션과 반응식의 구조를 나타내는 다이어그램을 생성하여 학생들이 개념을 더 쉽게 이해할 수 있도록 한다.
- **교재 업데이트와 커스터마이징** : AI는 최신 데이터를 활용하여 교재를 업데이트하거나, 특정 수업 목표에 맞게 커스터마이징할 수 있다. 예를 들어, 역사 수업에서 "산업 혁명"을 다루는 교재가 있다면, AI는 최신 연구 결과를 바탕으로 관련된 새로운 사례를 추가하거나, 각국의 산업화 과정에 대한 지역별 분석을 교재에 통합할 수 있다.

(4) 수업 지원

생성형 AI는 교사와 학습자 간의 상호작용을 강화하고, 수업을 보다 효과적이고 흥미롭게 만드는 데 중요한 역할을 한다. AI는 실시간으로 학생들의 질문에 답변하고, 학습 상황을 분석하여 맞춤형 피드백을 제공하며, 시각적 자료와 멀티미디어 콘텐츠를 통해 복잡한 개념을 명확히 설명할 수 있다. 이는 특히 대규모 학습 환경이나 비대면 수업에서 학습자의 참여를 유도하고 학습 동기를 유지하는 데 큰 도움을 준다.

① 실시간 질문 응답 및 학습 피드백 제공

생성형 AI는 학생들이 수업 중 제기하는 질문에 실시간으로 답변할 수 있는 능력을 가지고 있다. 이 기능은 교사가 동시에 여러 학생의 요구를 충족시킬 수 있도록 지원하며, 학생들에게 즉각적인 학습 피드백을 제공함으로써 학습의 질을 높인다.

- **실시간 질문 응답** : 예를 들어, 수학 수업에서 학생이 "삼각형의 내각의 합은 항상 일정한가요?"라는 질문을 한다면, AI는 즉시 이에 대한 원리와 증명 과정을 설명하는 답변을 제공할 수 있다. AI는 이러한 질문에 대해 단순히 정답만 제공하는 것이 아니라, 관련된 개념과 추가 설명을 함께 제시하여 학습자가 문제의 원리를 깊이 이해할 수 있도록 돕는다.
  또 다른 예로, 과학 수업에서 "광합성의 과정은 어떻게 이루어지나요?"라는 질문이 나오면, AI는 광합성의 단계별 과정(예 빛 에너지 흡수, 탄소 고정 등)을 그래픽과 함께 설명하며, 학습자에게 명확하고 풍부한 정보를 제공한다.
- **학습 상태 분석 및 맞춤형 피드백 제공** : 생성형 AI는 학생들의 학습 반응과 데이터(예 학습 속도, 정답률)를 실시간으로 분석하여, 학습자가 특정 개념을 이해하지 못하고 있는 부분을 파악할 수 있다. 예를 들어, 학생들이 동일한 질문을 반복적으로 제기하거나 비슷한 유형의 문제에서 틀린 답을 내는 경우, AI는 이를 감지하고 추가 설명이나 심화 자료를 제공한다.
  또한 학생의 강점과 약점을 분석하여 맞춤형 피드백을 제공할 수 있다. 예를 들어, AI는 "당신은 기초 개념을 잘 이해했지만 응용 문제에서는 어려움을 겪고 있습니다. 다음 연습 문제를 풀어보세요"와 같은 개인화된 피드백을 제안할 수 있다.
- **대규모 학습 환경에서의 효율적 지원** : 대규모 수업에서는 모든 학생의 질문에 즉각적으로 답변하거나 개별적으로 피드백을 제공하는 것이 어려울 수 있다. 생성형 AI는 이러한 환경에서 특히 유용하다. 학생 개개인이 AI와 상호작용하며 필요한 답변과 피드백을 받을 수 있으므로, 교사는 수업의 전체적인 흐름과 핵심 주제 전달에 집중할 수 있다.

② 시각 자료 및 멀티미디어 자료 제작

시각 자료와 멀티미디어 콘텐츠는 학생들의 이해를 돕고 학습 동기를 자극하는 데 중요한 도구이다. 생성형 AI는 복잡한 개념을 명확하고 흥미롭게 전달할 수 있도록 다양한 유형의 자료를 자동으로 생성한다.

- **다이어그램 및 차트 생성** : 생성형 AI는 입력된 주제에 맞는 다이어그램, 차트, 그래프 등을 생성하여 학습자에게 시각적 정보를 제공한다. 예를 들어, 생물학 수업에서 "DNA 복제 과정"이라는 주제를 입력하면, AI는 DNA 복제의 단계(개시, 신장, 종결)를 시각적으로 설명하는 다이어그램을 자동으로 제작할 수 있다. 경제학 수업에서 "수요와 공급의 균형"을 설명할 때는 수요와 공급 곡선을 시각화한 그래프를 생성하여, 학생들이 개념을 직관적으로 이해할 수 있도록 돕는다.
- **애니메이션 및 시뮬레이션 생성** : 생성형 AI는 복잡한 과정을 역동적으로 보여줄 수 있는 애니메이션과 시뮬레이션을 생성할 수 있다. 예를 들어, 물리학 수업에서 "뉴턴의 운동 법칙"을 다룰 때, AI는 힘, 질량, 가속도의 관계를 보여주는 애니메이션을 생성하여 학생들이 실시간으로 시뮬레이션을 관찰할 수 있도록 한다. 역사 수업에서 "산업 혁명"이라는 주제를 입력하면, AI는 산업 혁명 당시의 주요 사건들을 타임라인 형태로 시각화하거나, 공장 시스템이 변화하는 과정을 애니메이션으로 제작하여 수업의 생동감을 더할 수 있다.
- **멀티미디어 콘텐츠의 통합** : 생성형 AI는 텍스트와 이미지뿐만 아니라, 동영상과 오디오 자료를 포함하는 멀티미디어 콘텐츠를 제작할 수 있다. 예를 들어, 영어 수업에서 "미국 독립선언문"이라는 주제를 입력하면, AI는 선언문의 배경과 주요 내용을 설명하는 내레이션이 포함된 동영상을 제작할 수 있다. 이러한 자료는 학습자에게 보다 몰입감 있는 학습 경험을 제공하며, 특히 시청각적 학습 스타일을 선호하는 학생들에게 효과적이다.
- **복잡한 개념의 단순화** : 생성형 AI는 난해하거나 추상적인 개념을 단순하고 명확하게 설명하는 시각 자료를 생성할 수 있다. 예를 들어, 기하학 수업에

서 "4차원 공간의 구조"를 다룰 때, AI는 이를 3차원으로 투영한 시각적 자료를 제공하여 학생들이 개념을 더 쉽게 이해할 수 있도록 도와준다.

생성형 AI는 실시간 질문 응답, 학습 상태 분석, 시각 자료 및 멀티미디어 콘텐츠 제작을 통해 수업 지원의 모든 단계를 혁신적으로 변화시키고 있다. 이러한 기술은 교사와 학습자 간의 상호작용을 강화하며, 특히 대규모 수업이나 비대면 학습 환경에서 효과적으로 활용될 수 있다. 복잡한 개념을 시각화하고, 학생 개개인의 요구를 실시간으로 충족시키며, 학습 동기를 자극하는 자료를 제공함으로써 생성형 AI는 현대 교육의 핵심 도구로 자리 잡고 있다. 이를 통해 학생들은 보다 흥미롭고 심층적인 학습 경험을 누릴 수 있으며, 교사는 더욱 창의적이고 효율적으로 수업을 설계하고 운영할 수 있다.

③ 평가 및 분석

평가는 학생들의 학습 진행 상황과 성취도를 파악하고, 학습 효과를 지속적으로 향상시키는 데 필수적인 단계이다. 생성형 AI는 교사가 수행해야 하는 다양한 평가 업무를 자동화하여, 효율성을 높이는 동시에 학습자의 필요에 맞는 맞춤형 지원을 제공한다. 시험 문제 생성, 자동 채점, 성취도 분석과 같은 기능을 통해 AI는 교사의 업무 부담을 줄이고, 평가의 정밀성과 공정성을 강화한다.

㉠ 시험 문제 자동 생성 및 채점 시스템

생성형 AI는 교사가 입력한 학습 목표와 주제를 바탕으로 시험 문제를 자동으로 생성할 수 있다. 이 과정에서 AI는 다양한 난이도와 형식을 가진 문제를 설계하여 학습자의 학습 수준과 목표에 맞는 평가를 제공한다. 또한 AI는 생성된 문제를 기반으로 자동 채점 기능을 수행하고, 정답과 오답을 분석하여 학습자에게 상세한 피드백을 제공한다.

- **주제별 시험 문제 자동 생성** : 생성형 AI는 교사가 설정한 특정 학습 목표와 주제에 따라 문제를 생성한다. 예를 들어, 고등학교 영어 수업에서 "수동태"라는 주제를 입력하면, AI는 문법 문제, 빈칸 채우기, 문

장 재구성, 오류 수정과 같은 다양한 유형의 문제를 생성할 수 있다. 이러한 문제는 학생들의 개별 학습 수준에 맞게 난이도가 조정될 수 있으며, 기초 개념 이해부터 심화된 응용 능력까지 평가할 수 있는 다양한 범위를 포함한다.

과학 수업에서는 "화학 반응식"을 주제로 AI가 복합적인 계산 문제, 반응식 작성 문제, 그리고 실험과 관련된 분석 문제를 생성할 수 있다.

- **자동 채점 기능** : 생성형 AI는 시험 문제의 정답을 미리 학습한 데이터를 바탕으로 자동으로 설정하고, 학생들의 답변을 실시간으로 채점할 수 있다. 이는 객관식 문제뿐만 아니라 주관식 답변이나 서술형 문제까지 포함된다. 예를 들어, 수학 시험에서 학생이 제출한 계산 문제의 답을 채점할 때, AI는 단순히 결과를 평가하는 것에 그치지 않고, 풀이 과정의 논리성과 정확성까지 평가할 수 있다. AI는 학생이 실수한 지점을 단계별로 분석하여, "이 단계에서 계산 오류가 발생했습니다. 여기에서 숫자를 다시 확인하세요"와 같은 구체적인 피드백을 제공할 수 있다. 영어 수업에서는 서술형 답변에 대해 문법 오류, 문장 구조, 어휘 선택 등을 평가하며, 학생들에게 수정 방향을 제안한다.
- **평가 결과를 기반으로 한 학습 자료 제공** : 채점 후, AI는 학생이 부족한 부분을 보완할 수 있도록 관련 학습 자료를 자동으로 추천한다. 예를 들어, 역사 수업에서 "산업 혁명의 경제적 영향"에 대한 서술형 답변에서 점수가 낮은 학생에게는 관련 강의 자료와 연습 문제를 제안할 수 있다. 이러한 기능은 학생이 자신의 약점을 스스로 보완할 수 있도록 도와준다.

㉡ 성취도 분석 및 맞춤형 피드백 제공

생성형 AI는 시험 결과와 학습 활동 데이터를 심층적으로 분석하여 학생의 성취도를 종합적으로 평가하고, 이를 바탕으로 맞춤형 피드백을 제공한다. AI가 제공하는 피드백은 학생이 구체적으로 어떤 부분에서 어려움을 겪고 있는지, 향후 학습에서 어떤 점을 보완해야 하는지를 명확히 제시한다.

- **데이터 기반 성취도 분석** : AI는 학생들의 시험 점수, 과제 제출 상태, 학습 활동 데이터를 결합하여 학업 성취도를 평가한다. 이 과정에서 AI는 학습자의 강점과 약점을 시각화된 데이터로 보여준다. 예를 들어, AI는 학생의 점수를 기준으로 특정 과목에서의 성취 수준(예 우수, 보통, 보충 필요)을 분류하고, 개별 학습 영역에서의 문제점을 상세히 설명할 수 있다. 예를 들어, 과학 수업에서 학생의 화학 반응식 계산 성적이 낮다면, AI는 이 학생이 주기율표의 기초 개념을 이해하지 못하고 있음을 분석하여 추가 학습이 필요한 영역으로 제시할 수 있다.
- **학습 진행 상황에 따른 목표 설정** : AI는 학생이 설정된 학습 목표를 얼마나 달성했는지, 그리고 추가적인 목표 달성을 위해 필요한 단계를 제안한다. 예를 들어, AI는 "현재까지 당신은 기본 개념을 85% 이해했지만, 고급 응용 문제에서는 60%의 정확도를 보였습니다. 다음으로 이 연습 문제를 풀어보세요"와 같은 구체적인 목표와 실행 방안을 제공한다.
- **맞춤형 피드백 제공** : AI는 각 학생의 데이터에 기반하여 상세한 피드백을 제공한다. 이 피드백은 학생이 학습 과정에서 어떤 부분을 잘 수행했는지와 개선이 필요한 부분을 명확히 알려준다. 예를 들어, 영어 수업에서 학생의 작문 결과를 분석한 AI는 "문법적으로는 정확하지만, 어휘의 다양성이 부족합니다. 다음 작문 연습에서는 새로운 단어를 추가로 사용해 보세요"와 같은 피드백을 제공할 수 있다. 수학 수업에서는 "당신은 기본 공식 적용에는 능숙하지만, 문제의 조건을 해석하는 데 어려움을 겪고 있습니다. 추가 연습 문제를 제공합니다"와 같은 피드백을 제시하여 학생의 학습 경험을 향상시킬 수 있다.

④ 교육적 활용과 교사의 역할 보완

생성형 AI는 학생들에게 개인화된 학습 경험을 제공하는 동시에 교사의 역할을 보완한다. AI가 제공하는 자동화된 평가와 피드백은 교사가 보다 창의적이고 심층적인 교수 활동에 집중할 수 있도록 도와준다. 예를 들어, 교사는 AI가 생성한 평가 데이터를 바탕으로 학생 그룹별 학습 전략을 설계하거나, 수업 내용을 보다 효과적으로 조정할 수 있다.

생성형 AI는 평가와 분석의 과정을 자동화함으로써 학습자의 성취도를 보다 정확히 파악하고, 맞춤형 피드백을 제공할 수 있는 강력한 도구이다. 시험 문제 생성, 자동 채점, 성취도 분석과 같은 기능은 학생 개개인의 학습 여정을 세밀히 관리하며, 학습 효과를 극대화할 수 있도록 돕는다. 교사는 AI를 활용하여 평가 업무에 소요되는 시간을 줄이고, 학생의 학습 과정에 더욱 적극적으로 개입하여 교육의 질을 향상시킬 수 있다. AI 기반의 평가와 분석은 현대 교육에서 개인화와 효율화를 실현하는 중요한 전환점이 될 것이다.

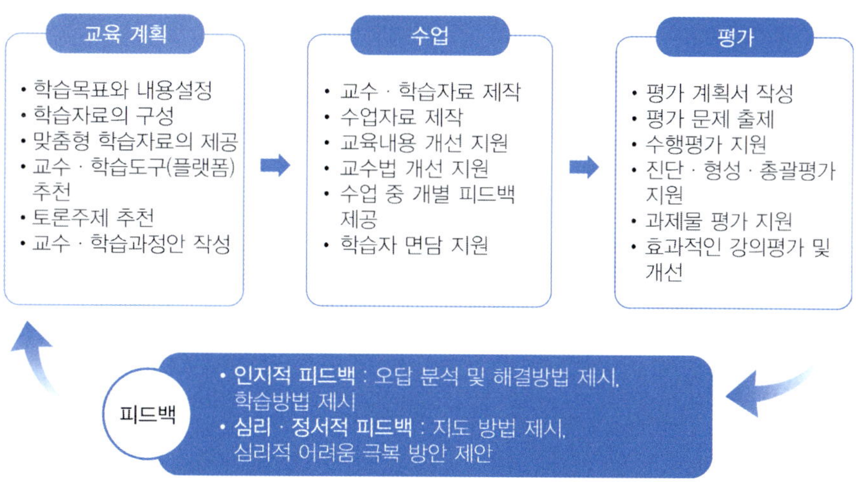

| 그림 9-1 | 생성형 AI의 교육적 활용 과정

2) 학생상담 및 생활지도를 위한 생성형 AI의 활용

생성형 AI는 학습자 개인의 학업적, 정서적, 생활적 요구를 심층적으로 이해하고 이에 대한 맞춤형 지원을 제공할 수 있는 강력한 도구이다. 학습자의 심리와 정서 상태를 분석하여 상담 자료를 생성하거나, 학생의 행동 및 생활 패턴 데이터를 활용해 생활지도를 체계적으로 지원하는 등 다양한 방식으로 활용된다. 이는 교사와 상담자가 학생 개개인의 필요에 보다 정확하게 대응할 수 있도록 돕고, 학생의 전인적 성장과 발달을 촉진하는 데 기여한다.

(1) 학습자 심리 및 정서 상태 분석

생성형 AI는 학생의 학습 데이터를 바탕으로 정서 상태를 정밀히 분석하여, 학업과 생활에서 직면하는 어려움을 조기에 파악할 수 있다. 학습자의 행동 패턴, 설문 응답, 감정 분석 데이터를 종합적으로 활용해, 심리적 안정과 학업 성취를 돕는 데 중점을 둔다. 이러한 분석은 교사와 상담자가 학습자의 현재 상태를 명확히 이해하고, 그에 따른 개별 맞춤형 전략을 세우는 데 필수적인 정보를 제공한다.

(2) 심리적 상태 모니터링

생성형 AI는 학습자가 디지털 학습 플랫폼에서 남긴 데이터를 분석하여 학습자의 정서 상태를 추정한다. 로그 데이터(학습 시간, 콘텐츠 활용 빈도, 학습 중단 패턴 등)는 학습자가 집중력이 떨어지고 있는지, 혹은 스트레스나 동기 부족 상태에 있는지 파악할 수 있는 귀중한 단서를 제공한다.

- **사례 1** : 학생이 일정 기간 동안 학습 시간과 과제 제출 횟수가 급격히 줄어들거나, 학습 중단 횟수가 증가하는 경우, AI는 이러한 변화를 학습 동기 저하 또는 스트레스 상태로 분석할 수 있다. 이를 바탕으로 교사나 상담자는 학생에게 적절한 격려와 도움을 제공할 수 있다.

- **사례 2** : 학생이 제출한 에세이 또는 설문조사에 나타난 텍스트 데이터를 분석하여, 우울, 불안, 스트레스를 암시하는 단어 사용 빈도를 감지할 수 있다. 예를 들어, "피곤하다", "스트레스를 받는다", "할 수 없을 것 같다"와 같은 표현이 반복적으로 나타난다면, AI는 해당 학생이 심리적 개입이 필요한 상태일 수 있다고 알림을 보낸다.

(3) 조기 경고 시스템

AI는 학생의 행동 데이터를 종합적으로 분석하여, 학업 성취도가 떨어지거나 정서적 문제가 발생할 가능성이 높은 학생을 조기에 식별한다. 이는 학생의 학업적, 정서적 어려움이 악화되기 전에 필요한 개입과 지원을 가능하게 한다.

- **데이터 기반 위험군 식별** : AI는 출석률 저하, 과제 미제출 증가, 학업 성적 하락 등 학습 데이터를 기반으로 위험군 학생을 선별한다. 예를 들어, 한 학생이 매주 출석률이 떨어지고, 과제 제출이 연속적으로 늦어진다면, AI는 이 데이터를 통해 해당 학생이 스트레스나 학업 포기에 직면할 가능성이 높다고 경고를 보낸다.
  - **사례 1** : 고등학교 수학 수업에서 특정 학생의 점수가 지속적으로 하락하는 경우, AI는 이 학생이 특정 개념(예 이차 방정식)을 이해하지 못했을 가능성이 높다고 판단하고, 추가 학습 자료를 제공하거나, 교사와 상담자가 이 문제에 개입할 수 있도록 알림을 보낸다.
  - **사례 2** : 학생의 출석률, LMS 활동 로그, 과제 제출 패턴을 분석해, AI는 학업 스트레스나 개인적 문제로 인해 학습 참여도가 감소하고 있음을 교사에게 알릴 수 있다. 이를 통해 교사는 학생의 상황을 조기에 파악하고, 적절한 상담이나 지원 프로그램을 제공할 수 있다.

(4) 맞춤형 상담 자료 제공

생성형 AI는 학생 개인의 심리적 상태와 학업적 필요를 반영하여 상담자가 활용할 수 있는 맞춤형 자료를 자동으로 생성한다. 이는 교사나 상담자가 학생 개개인의 상황에 맞는 대화를 설계하고, 효과적인 상담을 진행하는 데 유용하다.

① 개인별 상담 전략 추천

AI는 학습자의 정서적, 학업적 상태를 분석하여, 학생의 상황에 적합한 상담 전략과 행동 계획을 추천한다. 이는 상담자가 학생에게 적절한 조언과 솔루션을 제공하는 데 중요한 역할을 한다.

- **학습 동기 부여 전략** : 학습 동기가 부족한 학생에게 AI는 작은 목표 설정, 보상 체계 도입, 재미 요소가 가미된 학습 자료 추천 등 동기를 끌어올릴 수 있는 방안을 제안한다. 예를 들어, “매일 30분 동안 특정 과목에 집중한 후 좋아하는 활동을 하세요”와 같은 구체적 전략을 제공할 수 있다.
- **심리적 안정 기법** : 스트레스를 많이 받는 학생에게는 AI가 심리 안정 기법을 추천할 수 있다. 예를 들어, “5분 동안 심호흡 연습을 하세요”, “명상 앱을 활용해 자기 전에 마음을 안정시켜 보세요”와 같은 간단한 행동 지침을 제공한다. 이러한 맞춤형 자료는 상담자가 학생의 상황에 적합한 대화를 설계하고, 효과적인 상담을 진행하는 데 유용하다.

② 부모 및 교사를 위한 지원 자료

AI는 학생의 심리적 상태와 학업 기록을 바탕으로 부모와 교사가 참고할 수 있는 자료를 자동으로 생성할 수 있다. 이 자료는 학생을 지원하기 위한 실질적인 방안을 제안하며, 가정과 학교가 협력하여 학생을 도울 수 있는 기회를 제공한다.

- **사례 1** : “학생이 최근 학습 성과가 저하되고 있으며, 학업 스트레스가 증가한 것으로 보입니다. 이를 완화하기 위해 가정에서는 학습 환경을 조정하고, 학교에서는 추가 학습 지도를 제공할 수 있습니다”와 같은 맞춤형 보고서를 제공하여, 부모와 교사가 학생의 상태를 이해하고 적절히 대응할 수 있도록 돕는다.
- **사례 2** : 특정 학생이 사회적 상호작용에 어려움을 겪는 경우, AI는 “학생이

학교 생활에서 고립감을 느끼고 있을 수 있습니다. 이를 해결하기 위해 그룹 활동 참여를 독려하고, 교사와의 개별 상담 시간을 추가로 배정하세요"와 같은 자료를 제공한다. 이는 부모와 교사가 학생을 지원하는 데 구체적이고 실질적인 가이드를 제공할 수 있다.

생성형 AI는 학생의 심리적 상태와 학업적 상황을 심층적으로 분석하고, 이를 기반으로 맞춤형 상담 자료를 제공하여 상담자와 교사가 학생의 문제를 효과적으로 지원할 수 있도록 돕는다. 심리적 상태 모니터링과 조기 경고 시스템은 학생의 어려움을 조기에 발견하여 적절한 개입이 이루어지도록 하며, 맞춤형 상담 자료는 학생과 부모, 교사가 협력하여 문제를 해결할 수 있는 기반을 제공한다. 이러한 기술은 학습자 중심의 교육과 상담 환경을 조성하는 데 중요한 역할을 하며, 학생의 전인적 성장을 지원하는 핵심 도구로 자리 잡을 것이다.

3) 행정업무를 효율화하기 위한 생성형 AI의 활용

생성형 AI는 학교 행정 업무를 자동화하고 효율화하는 데 있어 중요한 도구로 자리 잡고 있다. 특히 학사 관리, 문서 작성, 데이터 통합과 같은 반복적이고 시간 소모적인 업무를 자동화하여 교사와 행정 담당자가 보다 핵심적인 업무에 집중할 수 있도록 지원한다. 이는 학교의 운영 효율성을 높이는 동시에 학생과 교직원 모두에게 더 나은 학습과 근무 환경을 제공하는 데 기여한다.

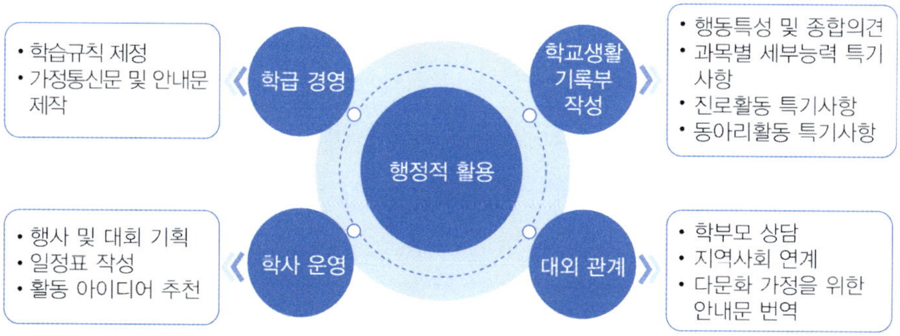

| 그림 9-2 | 행정업무를 효율화하기 위한 생성형 AI의 활용영역 예시

(1) 학사 관리 자동화

① 출석 관리 및 학습 기록 자동화

생성형 AI는 학생들의 출석 데이터를 자동으로 기록하고, 학습 플랫폼에서의 활동을 분석하여 학습 기록을 체계적으로 관리할 수 있다. 이러한 자동화는 교사가 수작업으로 출석이나 학습 기록을 관리하는 데 드는 시간을 줄여주며, 보다 정확하고 신뢰할 수 있는 데이터를 제공한다.

- **출석 관리 자동화** : AI는 학생들이 강의실에 입실할 때의 얼굴 인식 기술 또는 학습관리시스템(LMS)의 로그인 데이터를 활용하여 출석을 자동으로 확인하고 기록한다. 예를 들어, 학생이 강의실에 들어오면 AI가 출석 상태를 자동으로 업데이트하거나, 온라인 수업에 참석한 시간과 활동 데이터를 기록할 수 있다. 이를 통해 교사는 실시간 출석 현황을 쉽게 파악할 수 있으며, 학부모에게도 학생의 출석 정보를 자동으로 공유할 수 있다.
- **학습 기록 관리** : AI는 학생이 학습 관리 시스템에서 실행한 모든 활동을 기록하고 분석하여 학습 참여도를 평가한다. 예를 들어, 학습 자료 열람 빈도, 과제 제출 현황, 퀴즈 참여 기록 등을 자동으로 수집하고, 이를 토대로 학생의 학습 상태를 교사와 상담자에게 제공한다. 이러한 자동화는 학습 데이터가 누락되는 것을 방지하며, 학생 개인의 학습 패턴을 명확히 이해할 수 있는 기초 자료를 제공한다.

② 학업 이력 및 성적 기록 통합

생성형 AI는 학생의 성적, 과제 제출 현황, 시험 점수 등을 통합하여 체계적인 학업 이력 관리 시스템을 제공한다. 이러한 기능은 학생의 과거 학업 성과를 한눈에 파악하고, 맞춤형 학습 지원 전략을 수립하는 데 유용하다.

- **데이터 통합** : AI는 학생의 시험 성적, 과제 점수, 출석률 등을 하나의 통합된 데이터베이스에 정리하여 학업 이력을 체계적으로 관리한다. 예를 들어, AI는 한 학생의 초등학교부터 고등학교까지의 학업 성과를 분석하여, 특정 과목에서의 강점과 약점을 시각화된 보고서로 생성할 수 있다.

- **성적 분석 및 추적** : AI는 각 학생의 학업 성취도를 시간의 흐름에 따라 분석하고, 성적 변화 패턴을 추적한다. 예를 들어, 특정 학생이 수학 과목에서 지속적으로 높은 성적을 유지했지만, 과학 성적은 하락하는 추세를 보인다면, AI는 이를 교사와 학부모에게 알리고, 추가 학습 자료나 보충 수업을 제안할 수 있다.

(2) 문서 및 기록 작성

① 학교생활기록부 및 보고서 자동 작성

생성형 AI는 학생의 학업 이력, 행동 패턴, 성취도를 분석하여 학교생활기록부와 같은 문서를 자동으로 작성할 수 있다. 이는 교사의 업무 부담을 줄이고, 기록 작성의 일관성과 정확성을 높이는 데 기여한다.

- **학교생활기록부 자동 작성** : AI는 학생의 학업 성취, 특별활동, 봉사활동, 진로 희망 등을 포함한 다양한 데이터를 분석하여, 학교생활기록부 초안을 자동으로 생성한다. 예를 들어, AI는 "이 학생은 수학에서 우수한 성적을 기록했으며, 과학 프로젝트에서 적극적인 참여를 보였습니다"와 같은 문장을 작성할 수 있다. 이를 통해 교사는 자동 생성된 초안을 검토하고 수정하는 데 필요한 시간만 투자하면 되므로, 문서 작성에 소요되는 시간을 크게 절약할 수 있다.
- **맞춤형 보고서 작성** : AI는 학급별, 학년별, 학교 전체의 학업 성과와 출석 데이터를 종합하여, 교사와 관리자에게 필요한 보고서를 자동으로 작성할 수 있다. 예를 들어, "2학년 전체 학생의 평균 성적은 85점이며, 과학 과목에서 가장 높은 성과를 보였습니다"와 같은 내용을 포함한 보고서를 생성할 수 있다. 이러한 보고서는 학부모 회의, 교직원 회의 등 다양한 상황에서 유용하게 활용될 수 있다.

② 대외 협력 관련 서류 자동 생성

AI는 학교가 대외 기관과 협력할 때 필요한 문서를 자동으로 생성하여, 행정

업무를 간소화한다.

- **장학금 및 추천서 작성** : 학생의 학업 성취, 봉사활동 기록, 진로 희망 등을 분석하여 장학금 추천서 또는 대학 입학 지원서에 필요한 자료를 자동으로 작성한다. 예를 들어, AI는 "학생은 학업에 대한 열정이 뛰어나며, 과학 프로젝트에서 뛰어난 성과를 보였습니다. 또한 지역 봉사활동에서 적극적으로 참여하여 리더십을 발휘했습니다"와 같은 내용을 포함한 추천서를 작성할 수 있다.
- **대외 발표 및 통계 자료 작성** : 학교가 외부 평가나 발표를 준비할 때, AI는 학생 성과, 교사 활동, 학교 프로그램 운영 결과 등을 종합한 통계 자료와 프레젠테이션을 자동으로 생성한다. 예를 들어, AI는 "지난 3년 동안 우리 학교의 졸업생 90%가 4년제 대학에 진학했으며, 이 중 30%는 과학 및 기술 분야에 진출했습니다"와 같은 데이터를 포함한 자료를 생성할 수 있다.

생성형 AI는 학교 행정 업무를 자동화하여, 교사와 행정 담당자가 반복적이고 시간이 많이 소요되는 업무에서 벗어나 보다 중요한 교육 활동에 집중할 수 있도록 지원한다. 출석 관리, 학습 기록 관리, 학교생활기록부 작성, 보고서 생성, 대외 협력 자료 작성 등 다양한 행정적 활용 사례를 통해 AI는 업무의 효율성과 정확성을 크게 향상시킨다. 이러한 기술은 학교 운영의 디지털 전환을 가속화하며, 학생, 교사, 관리자가 모두 혜택을 누릴 수 있는 교육 환경을 조성하는 데 중요한 역할을 할 것이다.

4) 교육 연구를 위한 생성형 AI의 활용

생성형 AI는 연구 과정에서 학습 및 데이터 분석, 보고서 작성, 실험 설계 등 다양한 단계를 자동화하거나 지원함으로써 연구의 효율성을 크게 향상시킨다. 특히 선행연구 데이터 분석과 요약, 데이터 시각화, 실험 설계 및 시뮬레이션을 통한 고등교육 연구 지원 등은 AI의 강력한 도구로서의 잠재력을 보여준다. 이를 통해 연구자는 반복적이고 시간이 많이 소요되는 작업에서 벗어나 창의적이고 고차원적인 연구 활동에 집중할 수 있다.

(1) 연구 계획 및 데이터 분석

① 선행연구 데이터 분석 및 요약 자동화

교육 연구를 시작하기 전에 선행연구를 철저히 검토하는 것은 필수적이다. 생성형 AI는 방대한 연구 데이터베이스를 검색하고 관련 논문 및 보고서를 분석하여 주요 내용을 요약하는 데 활용된다. 이는 연구자가 방대한 자료를 효율적으로 처리하고, 필요한 정보에 빠르게 접근할 수 있도록 돕는다.

- **관련 논문 검색 및 요약** : 생성형 AI는 연구자가 입력한 주제나 키워드(예 "기계 학습을 활용한 의료 진단")를 기반으로 관련 논문을 검색하고, 논문의 주요 내용을 자동으로 요약한다. 예를 들어, AI는 "본 논문은 딥러닝 알고리즘을 사용하여 X-ray 이미지를 분석한 결과, 기존 기술 대비 진단 정확도가 20% 향상되었음을 보여줍니다"와 같은 요약문을 생성할 수 있다. 이는 연구자가 논문의 주요 아이디어를 빠르게 파악하고, 관련 연구의 흐름을 이해하는 데 유용하다.
- **선행연구 간 비교 및 상관관계 도출** : AI는 여러 선행연구를 비교 분석하여 연구 간 유사점과 차이점을 식별하고, 연구 주제와 관련된 중요한 통찰을 제공한다. 예를 들어, "두 논문 모두 AI 기반 이미지 분석의 성능 향상 가능성을 논의하지만, 사용된 데이터셋의 유형과 크기는 크게 다릅니다"와 같은 분석을 제공할 수 있다. 이를 통해 연구자는 선행연구의 공백이나 새로운 연구 방향을 발견할 수 있다.

② 연구 보고서 초안 생성

생성형 AI는 연구 계획 단계에서 연구자가 작성해야 하는 보고서 초안을 자동으로 생성하여, 연구 준비 시간을 단축하고 문서 작성의 효율성을 높인다.

- **연구 목적 및 배경 작성** : AI는 입력된 연구 주제를 기반으로 연구의 필요성과 목적, 배경 정보를 작성할 수 있다. 예를 들어, "본 연구는 인공지능 기반 의료 진단 시스템의 정확도를 평가하고, 이를 통해 의료 현장에서의 효율성을 높이는 데 목적이 있습니다"와 같은 초안을 생성할 수 있다.

- **문헌 검토 자동화** : AI는 선행연구에서 수집한 데이터를 바탕으로 문헌 검토 섹션을 작성할 수 있다. 예를 들어, "기계 학습 기술은 지난 10년 동안 의료 이미지 분석에 광범위하게 활용되어 왔으며, 특히 딥러닝 알고리즘은 진단의 정확도와 속도를 향상시키는 데 중요한 역할을 하고 있습니다"와 같은 내용을 포함할 수 있다.
- **연구 질문 및 방법론 제안** : AI는 선행연구 분석을 기반으로 새로운 연구 질문을 제안하고, 연구 방법론을 구체적으로 설명할 수 있다. 예를 들어, "본 연구는 딥러닝 모델과 전통적인 기계 학습 알고리즘의 성능을 비교하기 위해 XYZ 데이터셋을 사용하며, 실험 환경은 Python과 TensorFlow로 설정됩니다"와 같은 내용을 자동으로 작성할 수 있다.

(2) 고등교육 연구 지원

① 데이터 시각화를 통한 연구 인사이트 도출

생성형 AI는 연구 데이터를 분석하고 시각적으로 표현하여, 연구자가 데이터를 더 직관적으로 이해하고 중요한 인사이트를 도출할 수 있도록 돕는다. 이는 연구 결과의 신뢰성을 높이고, 데이터를 기반으로 한 의사결정을 더욱 효율적으로 할 수 있게 한다.

- **시각적 데이터 분석** : AI는 복잡한 데이터를 다양한 그래프와 차트로 변환하여, 데이터의 패턴과 관계를 명확히 보여준다. 예를 들어, 설문조사 결과를 분석하여 연령대별 선호도를 막대그래프로 나타내거나, 딥러닝 모델의 정확도 변화를 라인 그래프로 시각화할 수 있다. 이러한 시각화 자료는 연구자뿐만 아니라 비전문가에게도 결과를 쉽게 전달할 수 있는 도구로 활용될 수 있다.
- **데이터 이상치 및 패턴 분석** : AI는 대규모 데이터셋에서 이상치를 자동으로 탐지하고, 이를 시각적으로 표시하여 연구자가 데이터 정제 과정을 효율적으로 수행할 수 있도록 한다. 예를 들어, 연구자가 사용하는 금융 데이터에서 예외적으로 높은 거래 금액을 AI가 탐지하고, 이를 시각적으로 강조함으로써 문제점을 빠르게 확인할 수 있다.

② **AI 기반 실험 설계 및 데이터 시뮬레이션**

생성형 AI는 연구자가 실험을 설계하고, 시뮬레이션을 통해 실험 결과를 예측하는 과정을 지원한다. 이는 연구 비용을 절감하고, 실험의 성공 가능성을 높이는 데 중요한 역할을 한다.

- **실험 설계 자동화** : AI는 연구자의 목표에 따라 최적의 실험 설계 방안을 제안할 수 있다. 예를 들어, "다양한 기계 학습 모델을 비교하기 위해 데이터셋을 70:30 비율로 훈련 세트와 테스트 세트로 나누고, 각 모델의 성능을 평가합니다"와 같은 실험 설계 초안을 작성할 수 있다. 이는 연구자가 실험 과정에서 오류를 줄이고, 일관된 절차를 따를 수 있도록 도와준다.
- **시뮬레이션 기반 결과 예측** : AI는 입력된 초기 데이터를 기반으로 실험 결과를 시뮬레이션하여, 연구자가 실험이 진행될 경우 예상할 수 있는 결과를 미리 확인할 수 있도록 지원한다. 예를 들어, "XYZ 알고리즘은 소규모 데이터셋에서 85%의 정확도를 보일 것으로 예상되며, 데이터 크기가 커질수록 성능이 90%로 향상될 것으로 보입니다"와 같은 결과를 제시할 수 있다. 이를 통해 연구자는 예상치 못한 문제를 사전에 발견하고, 실험 조건을 최적화할 수 있다.

3. 학습자를 위한 생성형 AI의 교육적 활용

생성형 AI는 학습자의 학습 목표 설정부터 학습 계획 수립, 학습 진행, 평가 및 피드백에 이르기까지 전 과정을 지원하며, 개별 학습자 맞춤형 학습 환경을 조성하는 데 중요한 역할을 한다. 특히 생성형 AI는 학습 튜터이자 개인 튜터로서 학습자와 지속적으로 상호작용하며 학습 진행을 안내하고, 학습자의 필요와 수준에 맞는 맞춤형 학습 자료와 피드백을 제공한다. 이러한 기능은 학습자가 스스로 학습의 주도권을 가지고 능동적으로 학습 과정을 관리할 수 있도록 돕는 동시에, 학습 효과를 극대화하는 데 기여한다.

학습코치로서 생성형 AI는 학습자의 현재 수준과 목표를 기반으로 최적의 학습 경로를 설계하고, 학습과정에서의 질문에 실시간으로 응답하며, 부족한 부분을 보완할 수 있는 추가 자료를 제공한다. 또한 개인 튜터로서 AI는 학습자의 데이터와 패턴을 분석해 정교한 맞춤형 학습 계획과 평가를 제안하여 학습자가 체계적으로 학습 목표를 달성할 수 있도록 돕는다. 이를 통해 생성형 AI는 학습 지원의 질을 높이고, 학습자가 더욱 몰입하고 효과적으로 학습할 수 있는 환경을 조성한다.

학습자를 위한 생성형 AI의 교육적 활용 방안을 구체적으로 살펴보면, 학습 목표 설정, 학습 계획 수립, 학습 진행, 평가 및 피드백의 네 가지 단계로 나눌 수 있다. 각 단계에서 생성형 AI는 학습자의 개별적인 요구를 충족시키는 맞춤형 지원을 제공하며, 이는 자기주도적 학습 역량을 강화하고 학습 경험을 개선하는 데 크게 기여한다.

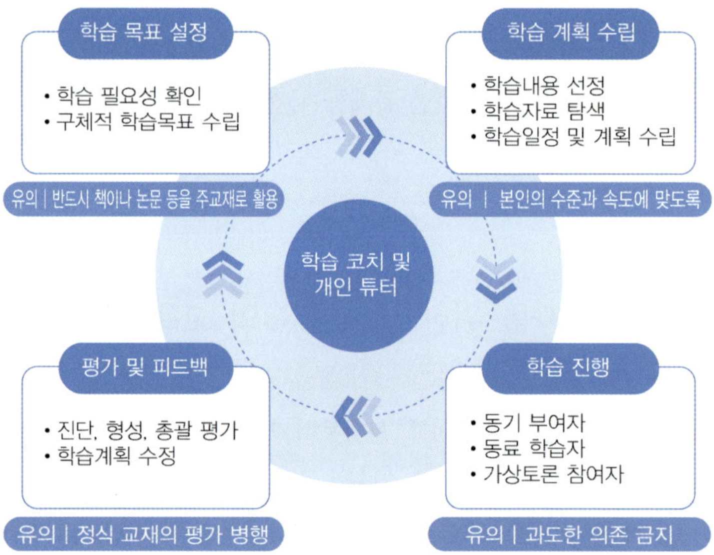

| 그림 9-3 | 학습코치 및 개인튜터로서의 생성형 AI의 활용

1) 학습 목표 설정

학습 목표 설정은 학습자가 학습 과정의 방향성을 명확히 하고, 동기를 부여받는 중요한 단계이다. 생성형 AI는 학습자의 기존 학습 데이터와 성과를 분석하여 학습 목표를 제안하고, 이를 구체적이고 실현 가능한 형태로 제공한다.

(1) 학습 필요성 확인

AI는 학습자가 특정 주제나 기술을 왜 학습해야 하는지, 이를 통해 어떤 가치를 얻을 수 있는지를 명확히 인식하도록 돕는다. 이를 위해 AI는 학습자의 기존 데이터를 분석하고, 현재 학습에서 부족한 점이나 향후 필요성을 설명한다.

- **예시 1** : "현재 영어 작문에서 수동태 사용 빈도가 5%에 불과합니다. 수동태 사용을 늘리면 문장 표현의 다양성이 증가하고, 시험에서 더 높은 점수를 받을 가능성이 높아집니다." 이러한 분석은 학습자가 학습 목표를 설정하는 데 있어 명확한 동기를 제공한다.
- **예시 2** : 수학 수업에서, AI는 "당신은 이차 방정식 풀이 능력이 부족하지만, 이를 학습하면 시험에서 20점 이상 더 받을 수 있습니다"와 같은 데이터를 제시하여 학습자가 자신의 필요성을 이해할 수 있도록 한다.

(2) 구체적 학습 목표 수립

AI는 학습자의 현재 수준과 학습 성향을 기반으로 실현 가능한 목표를 제안한다. 이는 학습자가 무리하지 않으면서도 성취감을 느낄 수 있는 목표를 설정하는 데 도움을 준다.

- **예시 1** : "한 달 안에 기본 수동태 문장을 정확히 작성하는 능력을 갖추세요. 이를 위해 매주 10개의 문법 문제를 풀이하고, 5개의 작문을 작성하세요." 이러한 구체적 목표는 학습자가 계획을 체계적으로 수행할 수 있도록 돕는다.
- **예시 2** : 역사 수업에서, AI는 "산업 혁명의 주요 사건 3가지를 다음 주까지

요약하고, 각 사건의 역사적 영향을 200자 이내로 작성하세요"와 같은 구체적 과제를 제안할 수 있다.

2) 학습 계획 수립

학습 계획은 목표를 달성하기 위한 구체적이고 실행 가능한 로드맵이다. 생성형 AI는 학습 목표를 기반으로 학습 내용을 선정하고 자료를 탐색하며, 일정과 세부 계획을 수립하여 학습자가 계획적으로 학습을 진행할 수 있도록 지원한다.

(1) 학습내용 선정

AI는 학습 목표와 학습자의 수준에 맞는 학습 자료를 선별하여 추천한다. 추천 자료는 학습자의 수준, 흥미, 필요에 맞게 다양하게 제공된다.

- **예시** : 영어 학습을 목표로 하는 학생에게 AI는 "초보자를 위한 영어 문법 기초 강의", "수동태 문제 풀이 모음", "영어 작문 사례 모음" 등을 추천할 수 있다. 이를 통해 학습자는 자신에게 가장 적합한 자료를 선택할 수 있다.

(2) 학습자료 탐색

AI는 인터넷, 데이터베이스, 학습 플랫폼 등을 활용하여 적합한 자료를 자동으로 탐색한다.

- **예시 1** : AI는 "수동태 기초 강의 동영상"을 찾아 학습자에게 제공하거나, "수학 확률 문제의 심화 문제집"을 추천할 수 있다.
- **예시 2** : AI는 학습자가 선호하는 학습 스타일(예 시청각 자료, 텍스트 자료)에 따라 "그래프를 사용한 설명 자료" 또는 "문자 중심의 강의 슬라이드"를 제공할 수 있다.

(3) 학습일정 및 계획 수립

AI는 학습자가 목표를 달성할 수 있도록 학습 일정을 세부적으로 설계한다. 이는 학습자의 속도와 학습 가능 시간을 고려하여 맞춤형으로 제공된다.

- **예시** : "매일 오후 6시부터 30분 동안 문법 문제를 풀이하고, 주말에는 작문 연습 2개를 완료하세요. 한 달 후에는 총 40개의 문제를 풀이하고, 10개의 작문을 작성할 것입니다." 이를 통해 학습자는 체계적으로 학습을 진행할 수 있다.

3) 학습 진행

학습 진행 단계에서는 생성형 AI가 학습자의 몰입을 높이고, 학습 효과를 극대화할 수 있도록 다양한 방식으로 지원한다.

(1) 동기 부여자 역할

AI는 학습자의 진행 상황을 실시간으로 추적하며 격려와 보상을 제공한다.

- **예시** : "오늘의 학습 목표를 모두 달성했습니다! 훌륭합니다. 다음 목표를 위해 계속 노력해 보세요." 이러한 긍정적인 피드백은 학습자의 동기를 유지하고, 학습을 지속하도록 도와준다.

(2) 동료 학습 지원

AI는 가상 동료 역할을 수행하며, 학습자와 상호작용을 통해 학습 내용을 심화시킨다.

- **예시** : 영어 문법 문제를 푸는 학습자에게 AI는 "이 문장을 수동태로 바꿔 보세요. 힌트 : 동사를 바꾸고 주어를 뒤로 옮겨야 합니다"와 같은 지원을 제공한다.

(3) 가상토론 참여자 역할

AI는 학습자가 학습 내용을 토론하거나 논의할 수 있는 환경을 제공한다.

- **예시** : 역사 수업에서 "산업 혁명이 사회에 미친 긍정적 영향과 부정적 영향을 논의하세요"라는 주제를 제공하고, 학습자가 논의한 내용을 요약 및 정리해 주는 역할을 수행한다.

4) 평가 및 피드백

학습이 완료된 후, 생성형 AI는 학습자를 평가하고 피드백을 제공하여 학습자의 강점과 약점을 분석하고 향후 학습 방향을 제시한다.

(1) 진단, 형성, 총괄 평가

AI는 학습 과정에서 달성한 목표와 미달성한 목표를 명확히 제시한다.

- **예시** : "문법 문제 90%를 정확히 풀었지만, 작문에서는 수동태 문장을 2개만 사용했습니다. 다음 단계에서는 작문에서 수동태를 더 활용하세요."

(2) 학습계획 수정

AI는 학습자의 성취도와 부족한 부분을 기반으로 학습 계획을 수정하고 보완한다.

- **예시** : "다음 주에는 작문 연습 시간을 하루 10분 추가하고, 기본 문법 강의를 복습하세요."

(3) 정성 피드백 제공

AI는 학습자를 격려하고 동기를 부여하는 피드백을 제공한다.

- **예시** : "이번 주 학습에서 놀라운 진전을 보였습니다! 다음 단계에서도 성공할 가능성이 매우 높습니다. 계속해서 노력하세요."

생성형 AI는 학습자가 자신의 학습을 능동적으로 관리하고, 학습 과정 전반에서 효율성과 효과를 높이는 데 핵심적인 도구로 작용한다. 학습 목표 설정, 학습 계획 수립, 학습 진행, 평가 및 피드백에 이르는 전 과정에서 AI는 학습자에게 맞춤형 지원을 제공하며, 이를 통해 학습자는 스스로 동기 부여를 받고 체계적인 학습을 진행할 수 있다. AI는 교육의 개인화와 학습 경험의 질적 향상을 실현하는 데 중요한 역할을 하고 있다.

10
CHAPTER

AI 디지털교과서의 이해

1. AI 디지털교과서의 추진 배경
2. AI 코스웨어의 이해

10 CHAPTER AI 디지털교과서의 이해

1. AI 디지털교과서의 추진 배경

학령인구 저하는 앞으로 국가 산업을 지탱할 산업 분야의 인력 부족 사태까지 불러오게 될 것이다. 이는 모든 분야를 잘하는 인재를 키우는 것보다 특정(필요한) 분야의 전문 인재로 성장시키기 위한 교육이 더 적합하다. 이를 위해 학생들의 개인별 차이를 인정하고 한 명 한 명의 맞춤 교육이 적용되어야 한다. 하지만 현재 학교 교육 환경은 수십 명의 학생들로 이루어진 분반으로 맞춤형 교육의 적용이 힘든 상태이고, 평균 학생(중간 수준의 학생)에 맞춘 교육이 주가 되었다. 이러한 문제의 해결 방법으로 빠르게 발전하고 있는 AI와 첨단 기술로 학생의 역량과 특성을 맞는 개인 맞춤형 교육을 제시하고, 학생 스스로 진로를 개척할 수 있게 해야 한다. 학습해야 할 지식이 폭발적으로 증가하고, 지식을 습득할 수 있는 경로가 많아지면서, 지식 습득 위주의 학습보다는 학습한 내용을 바탕으로 삶에 적용하여 복잡한 문제를 해결할 수 있도록 하는 교육이 중요해지고 있다.

'2022 개정 교육과정'은 디지털 전환으로 인한 사회 변화에 적응할 수 있는 인재로 양성하기 위한 교육 체계 구현을 위해 개정되었다. 불확실한 미래 사회가 요구하는 역량을 함양하고 디지털 및 AI 기반의 교육 환경에 맞는 교수·학습을 구축할 필요가 있으며, 이를 위한 평가 방향을 제시할 필요가 있다. 2023년 교육부에서는 '디지털 인재 양성 종합 방안'을 토대로 모든 학생을 인재로 키우기 위해 개별 맞춤 교육과 이를 통해 모든 학생이 자기 삶과 성장을 주도할 수 있도록 교육하는 환경을 구축하고자 하였다. 이에 AI 기반의 교육과 사물 인터넷, 클라우드 컴퓨팅, AR/VR 등의 첨단 기술을 활용하여 자기주도적인 학습을 할 수 있는 교육 환경을 구축하고자 하였다.

1) TRACK 프레임워크

'디지털 대전환 시대'는 디지털 기술을 적극적으로 활용하고, 디지털 기술의 사용이 확산하는 시대로 교육 분야에도 큰 영향을 주었다. 여기에 코로나19 팬데믹은 '디지털 우선(digital first)'으로 가속해, AI, 사물 인터넷, 클라우드 컴퓨팅 등의 신기술을 활용하여 조직 문화와 서비스 등을 넘어 우리의 사고방식과 행동양식, 가치관에 영향을 주었고, 디지털에 대한 습득과 활용은 교육 학습 설계에도 영향을 주었다. 그중에 '테크놀로지 교수 내용 지식(Technological Pedagogical And Content Knowledge, 이하 TPACK)' 프레임워크는 교사가 테크놀로지(Technology), 내용 지식(Content Knowledge), 교육학(Pedagogy)의 통합적인 이해를 바탕으로 효과적인 교수 · 학습을 설계하는 것이다. 이를 위해 교사의 지기 기술 역량, 교과 내용 지식, 교수법을 균형 있게 발전시키고자 한 것으로 21세기 교육 환경에서 교사의 전문성을 평가하고, 향상하는 중요한 도구이다.

TPACK 프레임워크 이전의 '교수 내용 지식(Pedagogical And Content Knowledge, 이하 PCK)' 프레임워크는 내용 지식(Content Knowledge)의 '무엇을 가르칠 것인가'와 교육학(Pedagogy)의 '어떻게 가르칠 것인가'를 분리해서 보는 것은 위험하고, 통합적으로 활용해야 한다고 주장하였다. PCK 프레임워크를 처음 주장한 슐만(Shulman, 1986)은 교사는 지식기반을 가져야 한다고 주장하였으며, 교사의 지식기반은 내용 지식, 일반적 교수 지식, 교과과정 지식, 교수 내용 지식, 학습자와 학습자 특성에 대한 지식, 교육 맥락에 대한 지식 등 교육의 결과와 목적 및 가치와 철학적이고 역사적 근거에 대한 지식이 있어야 한다고 하였다. PCK 프레임워크는 '교사의 교육 내용은 무엇이고, 교육 내용을 학생들에게 어떤 방식으로 표현할 것이며, 교육 내용과 관련하여 학생들에게 어떤 질문을 해야 하고, 학생들이 지닌 잘못된 개념이나 어려운 개념을 어떻게 대처할 것인가?'를 교사 교육 연구의 핵심과제로 여겼다. 따라서 PCK 프레임워크의 핵심 요소를 내용 지식(CK), 교수 지식(PK), 테크놀로지 지식(TK), 학습자 지식(LK), 맥락 지식(CK)으로 제시하였다. 수업 현장에서의 용어는 교과 수업에 대한 지향, 교과 교육과정, 학생의 교과 이해도, 교과 수업 전략과 표상, 교과 평가 등으로, 효과적인 교육을 위해서는 모두 고려해야 할 부분이다.

PCK 프레임워크에 테크놀로지의 활용을 추가 및 강조하여 확장한 것이 TPACK 프레임워크이다. 테크놀로지 지식(Technological Knowledge), 내용 지식(Content Knowledge), 교수 지식(Pedagogical Knowledge)이 통합되면서, 그 안에서 상호작용을 하여 융합하는 것이다. 이는 교사가 특정 교과 내용을 효과적으로 가르치기 위해 적절한 교수 방법과 함께 테크놀로지를 선택하고 활용할 수 있는 능력까지 필요하다는 의미이다. AI 디지털교과서와 같은 새로운 에듀테크 도구가 등장하므로 TPACK 프레임워크를 활용하여 이 시대에 맞는 교수·학습이 이루어져야 한다.

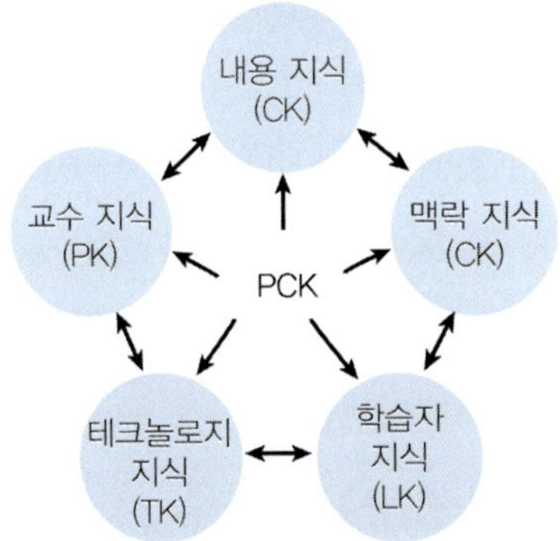

| 그림 10-1 | PCK 프레임워크 펜타곤

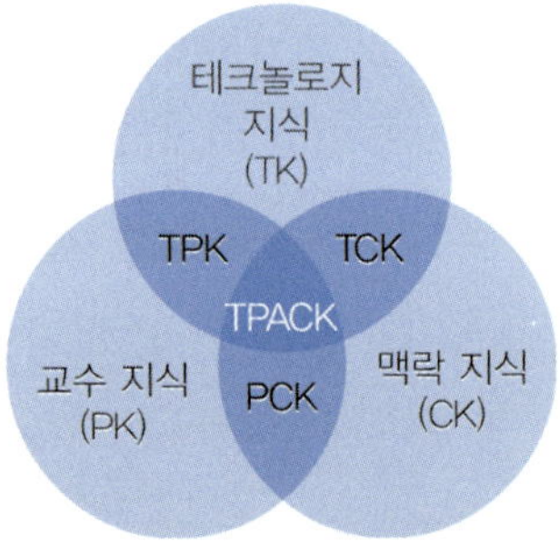

| 그림 10-2 | TPACK 프레임워크 구성요소

- **내용 지식**(CK : Content Knowledge) : 특정 교과 영역에 대한 전문 지식
- **교수 지식**(PK : Pedagogical Knowledge) : 다양한 교수 전략에 대한 지식
- **테크놀로지 지식**(TK : Technological Knowledge) : 다양한 테크놀로지 도구와

관련된 지식

- **학습자 지식**(LK : Learner Knowledge) : 학생들의 학습 스타일, 선호도, 개인 배경, 문화적 특성 등에 대한 이해
- **맥락 지식**(CK : Context Knowledge) : 학교, 지역, 사회, 문화 등 교수가 이루어지는 맥락에 대한 이해

우리나라에서는 디지털 기반 교육 환경을 만드는 디지털 기반 교육혁신(2023)이 발표되었다. 교육부는 디지털 인재 양성 종합 방안을 토대로 모든 학생을 인재로 키우기 위해 개별 맞춤 교육을 통해 모든 학생이 자신의 삶과 성장을 주도해야 한다고 하였다. 이를 위해 AI와 첨단기술을 활용하여 자기주도적 학습을 촉진하는 교육 환경을 만들기 위해, TPACK 프레임워크 기반으로 전문성 개발을 함께 구축하게 되었다. TPACK 프레임워크는 인식, 수용, 적용, 탐색, 발전이라는 5단계로 발달된다. 인식 단계에서는 디지털 기술로 도입하지 못한 것을 인식하고, 수용 단계에서 교사는 디지털 기술을 수업에 적용하는 것에 대해 긍정 또는 부정적 태도를 가진다. 적용 단계에서 디지털 기술을 수업에 채택하거나 거부한다. 탐색 단계는 교사는 능동적으로 디지털 기술을 교수·학습에 도입하여 수업을 진행한다. 발전 단계에서는 교사는 디지털 기술을 수업에서 자유롭게 통합하고 결과를 평가한 후에 새로운 융합한 수업을 진행한다. 특히 AI의 데이터 활용은 학습자를 깊이 이해할 수 있으며, 이를 바탕으로 수업의 목표 달성을 위한 개인별 맞춤형을 가능하게 해준다. 이는 교사들도 역량을 발전시켜야 하며, 세부적으로 AI에 대한 교육적 활용 가능성과 함께 윤리적 문제를 고려하여 효과적인 교수 설계를 모색하고, 효과적인 평가 방법을 개발해야 한다. 이를 통해서 개념 중심과 문제해결 능력을 강화하는 교육의 본질을 회복하는 것이다.

학교 현장 적용을 위해 2023년부터 2024년까지 '디지털 선도학교와 선도교사단(TOUCH 교사단)'으로 시범 사업을 운영하였다. 디지털 기반 교육 전환에 관심이 많고 자발적으로 활동하는 교사를 우선으로 선발하여 연수와 정책 수립과 추진에 적극적으로 참여하도록 하였다. 이를 통해 성공적인 사례를 구축하고,

정부 내의 협업 체계, 17개 시도교육청, 학계, 민간과 파트너십을 구축하고 연계 및 협력으로 효과적인 환경이 구축되도록 하였다. 이를 위한 네 가지 방안은 다음과 같다.

- AI 기술 및 데이터 과학을 활용한 디지털교과서 개발
- 역량을 갖춘 교원 양성을 위한 집중 연수
- 디지털 기술 활용 교수·학습 방법 개발
- 시범교육청 중심 디지털 선도학교 운영

TOUCH 교사단은 디지털 환경에서 효과적인 교수·학습이 이루어지도록 학교급별로 AI 디지털교과서와 함께 디지털 기술을 활용한 개인 맞춤형 교육을 살펴보고, '디지털 교육 지원센터'를 운영하여 현장 적합도가 높은 수업 모델과 가이드라인을 개발하였다. 이와 함께 디지털 기기 과몰입이나 과의존을 방지하기 위하여 올바른 디지털 기기 사용 지도 방법도 교육 연수에 포함해 TPACK 프레임워크 기반의 AI 디지털교과서 구성 방향을 제시하고자 하였다.

2) 하이터치-하이테크(High Touch High Tech)

AI 디지털교과서가 등장한 배경으로는 교육 재정이 증가하고, 학습당 학생 수가 감소하며, 여전히 지식 전달 위주의 평균 수준 맞춤 교육이 이루어지고 있기 때문이다. 이는 기초학력 미달 비율을 심각하게 증가시켜, 학력 저하 현상까지 심화시켰다. 또한 학생들의 학교생활 만족감이 낮고, 국제 학업성취도 비교 평가(PISA)에서의 읽기 성적 저하 등 학업 성적 수준이 전반적으로 낮아지고 있다. 여기에 교사의 연간 수업시수는 OECD 평균에 비해 낮지만, 높은 행정 업무 처리시간으로 교육 연구에 집중하지 못하고 있으며, 교권 침해 등으로 교사의 만족도까지 낮아지고 있다. 이를 극복하는 방법으로 2023년 교육부는 AI 기반의 맞춤 교육을 하고, 수업을 위해 하이터치-하이테크 방식을 도입하고자 하였다.

하이터치-하이테크 교육의 필요성에 대해 정제영은 벤자민 블룸(Benjamin S. Bloom)의 교육목표 체계에서 학교의 근대식 학교는 기억하기(REMEMBER)와 이

해하기(UNDERSTAND)까지 2단계 역할만 하고 있다고 하였다. 현재 학교의 문제를 극복하기 위해는 학교 교육에 '프로젝트'와 '개념 교육'이 이루어지도록, 적용하기(APPLY), 분석하기(ANALYZE), 평가하기(EVALUATE), 창작하기(CREATE)까지 이루어져야 한다고 하였다.

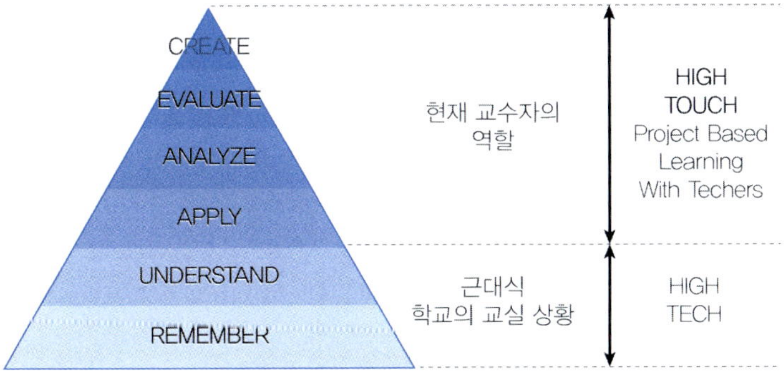

| 그림 10-3 | 하이터치-하이테크 교육

출처 : 정제영 외(2024).

교사는 학생이 학습을 통해 더 많은 '성공 경험'을 할 수 있도록 학생 개인별 학습 경험과 지식수준을 먼저 이해해야 한다. 이를 토대로 '개념 교육'을 실천할 수 있도록 참여형 수업을 설계하고, 학생별 성취에 맞는 개인별 맞춤형 학습(one-to-one tutoring)을 제공해야 한다. 이를 위해서 AI와 첨단 기술로 하이테크(High Tech) 교육을 하여, 학습자가 자신의 수준에 맞는 교육을 할 수 있게 해준다. 즉, 학습자의 학습 스타일, 선행 지식, 학습 속도 등을 실시간으로 분석하여 개인에게 적합한 학습 콘텐츠와 학습 진행 경로를 제시받게 된다. 이를 통해 학습자는 자신의 맞춤형 학습을 진행하고, 부족한 부분에 대한 추가적인 설명이나 과제를 제공받게 된다. 교사는 학생 개개인의 학습 계획과 진도를 모니터링하고, 즉각적인 적정한 피드백을 통해 능동적으로 학습할 수 있도록 하여, 자기주도적 학습을 하는 하이터치(High Touch)의 중요한 역할을 하게 된다. 따라서 교수·학습 과정은 '프로젝트 학습(PBL : Project Based Learning)'이나 '문제 기반 학습(PBL : Problem Based Learning)'과 같이 정해진 진도에 따라 지식을 전달받기보다는 특정 내용이나 주제에 대한 경험을 바탕으로 더 복잡한 의미를 구축할 수 있도록 해야 하며, 프로젝트와 토론 등의 다양한 창의적 활동을 할 수 있도록 해야 한다. 이처럼 하이터치는 학습자의 성과를 끌어낼 수 있는 교육 활동이며, 학습 이후에도 이어갈 수 있도록 전이(transfer) 학습을 가능하게 해준다.

하이터치-하이테크 교수·학습 모델은 기술과 인간 상호작용의 중요성을 강조하여 기술이 단순한 도구 이상의 역할을 하게 된다. 교사와 학생은 첨단 기술의 적절한 기능 상호작용을 통해 새로운 학습 경험을 창출하여 미래 사회에 필요한 핵심 역량을 갖추도록 하는 창의적 학습을 진행하도록 노력해야 한다. 하이터치-하이테크를 구현하기 위해 학교는 기존 '학습관리시스템(LMS)'을 확장하여 ITS 원리를 적용한 'AI 디지털교과서 시스템'을 구성하였다. 교수자는 AI 디지털교과서에서 수업 설계, 교수, 학습, 평가, 기록, 피드백 과정에 각각 도움을 받아 교육 관리가 가능하며, 학생 중심 학습이 이루어지도록 한다. 학생들은 능동적으로 질문하고, 타인의 생각을 적극적으로 소통하는 과정에서 자기 생각을 확장하고, 큰 개념을 이해하고 구성할 수 있도록 한다.

하이터치-하이테크 교육의 성공을 위해서는 교사의 역량이 중요할 수밖에 없다. 교사는 첨단 기술을 교육적으로 활용할 수 있도록 해야 하고, 학생 개인별 개성에 맞추어, 맞춤형 교육이 되도록 노력해야 한다. 따라서 교사 양성과 연수 과정에는 이러한 내용을 포함할 수 있도록 지원해야 하며, 교사들이 소통할 기회를 제공하여 지식과 경험, 사례 등을 통해 다양한 방법을 모색할 수 있도록 해야 한다. 이를 위해 교육부는 AI 기반 학생별 교육으로 AI 디지털교과서 도입, 디지털 선도학교 추진, AI 튜터, AI 보조교사 등의 확대 계획을 세우고, 학생의 흥미와 몰입도를 높여주는 교실 수업의 혁신을 위해 수업과 평가의 혁신과 교원의 학습 디자인 역량 강화 및 질문하는 학교로 운영하고자 하였다.

3) AI 디지털교과서로 확장

'2015 개정 교육과정'에 따라 디지털교과서가 연차적으로 개발·보급되었다.

디지털교과서는 영상자료와 AR · VR과 같은 몰입감 높은 멀티미디어를 활용하여 학습에 흥미와 함께 선생님과의 상호작용 활용 증가, 친구들과의 의사소통 활성화를 통해 '협력'을 증대시키고자 하였다. 하지만 서책형 교과서와의 차별성이 부족하고, 활용도가 낮아서 내용 재구성을 할 필요가 있었다. 2022년 기준 디지털교과서 뷰어에 접속한 학생 비율에서 초등학교 3~6학년은 13.1%, 중학교는 15.2%, 고등학교는 8.7%이었다(KERIS). 또한 동일한 내용으로의 학습은 학생 맞춤형 교육이 불가능하여 학생 개인별 맞춤 콘텐츠를 제공할 필요가 있었다. 여기에 서책형 교과서를 선택하면 자동으로 동일한 발행사의 디지털교과서가 꾸러미(bundle)로 배정되면서 선택권을 다양하게 하여 질적으로 향상할 필요가 있었다.

교육부에서 2023년에 발표한 'AI 디지털교과서 추진 방안'은 학생 맞춤으로 학습 경험을 제공하며(Adaptive Learning, 맞춤 학습), 학생은 흥미를 느끼고 학습에 몰입하게 해주고 하였다(Interesting & Immersion 흥미와 몰입). 학생은 데이터 기반으로 추천된 다양한 학습 콘텐츠를 배우고, 교사는 데이터를 기반으로 수업을 설계하고, AI 보조교사를 활용하여 학생 개인별 지도와 피드백을 제공한다. 학부모는 자녀 활동 정보를 데이터 기반으로 자녀를 이해할 수 있어서 정서적인 지지와 진로를 설계할 수 있어야 한다(Diversity & Data-driven). 이 과정에는 첨단기술을 활용하여 효과적인 학습 콘텐츠를 활용할 수 있다(High Technology). AI 디지털교과서(이하 AIDT)는 교육 주체(교사, 학생, 학부모) 모두를 위한 맞춤 교육을 실현하기 위해 AI 기반의 디지털 환경을 제공하여 교수 · 학습을 실천하고, 교사는 멘토링과 고차원적 역량 함양의 역할로 확대하고자 한다.

AIDT란 학생 개인의 능력과 수준에 맞는 맞춤형 학습 기회를 제공하고자 AI를 포함한 첨단기술을 활용한 다양한 학습 자료와 학습 지원 기능을 탑재한 소프트웨어이다. 기존 디지털교과서와 다른 점은 기존 디지털교과서의 이미지, 영상, VR, AR 콘텐츠를 전국 학교 학습관리시스템(LMS)에 탑재하여 교사가 수업을 효과적으로 운영하도록 돕고, 학생의 학습 관리가 용이하며, AI 튜터가 포함되어 학습자의 정확한 진단 및 피드백을 제공한다.

〈표 10-1〉 AI 디지털교과서의 구성

디지털교과서	LMS	AI
• 상호작용이 가능한 콘텐츠 • 실감형, AR, VR 등 • 눈에 보이지 않는 학습 내용의 가시화 • 복잡하고 위험한 주제의 시뮬레이션 • 편리한 휴대성	• 팬데믹 시기 사용한 플랫폼 • 교사의 자유로운 수업 구성 • 수업 콘텐츠 공유 • 학생의 학습 관리 • 과제 배포 및 취합 용이	• 학습자에게 AI 튜터 • 학습 과정 및 결과 성찰 • 맞춤형 교육 지원 • 교사에서 AI 보조교사 • 학습자 특성 분석 • 즉각적인 피드백 제공 • 과정중심평가 지원

AIDT 서비스는 학생, 교사, 학부모 모두를 위한 공통 서비스와 학생을 위한 서비스, 교사를 위한 서비스로 나누어져 있다.

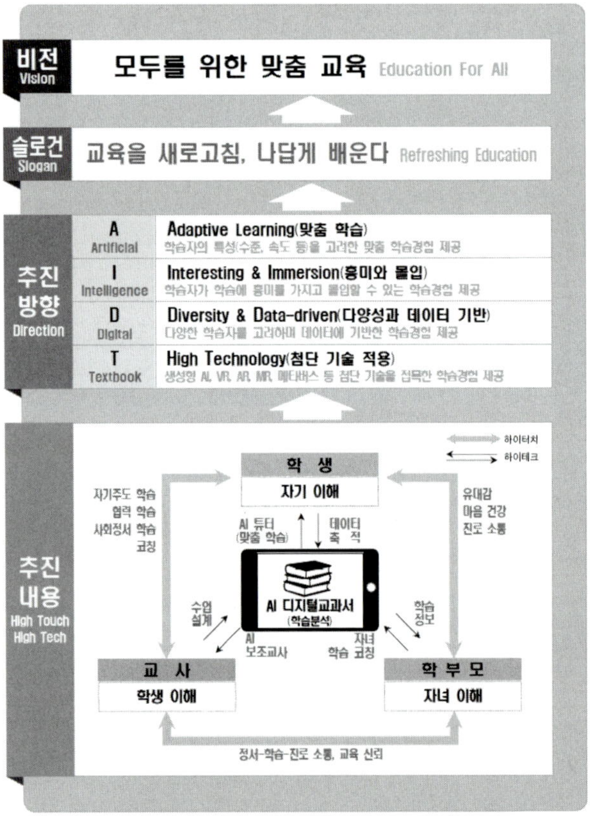

┃그림 10-4┃ AI 디지털교과서 추진 방향과 개념

출처 : 교육부(2023).

학생을 위한 가장 대표적인 특징은 AI 튜터 지원이다. 이를 위해 학생의 학습 수준과 요구 사항 등을 진단한 후 분석을 통해 나온 결과에 따라 필요한 지원을 제공한다. 학생 개인별 적합한 학습경로와 콘텐츠를 추천받을 수 있고, 맞춤형 학습이 가능하다. 이를 통해 학생은 학습 속도에 맞는 학습으로 성공하는 경험을 가지게 된다. 내재적 학습 동기와 자아존중감이 향상되면서 가정과 학교에서 이해받고, 지지받는 '나'로 성장할 수 있다.

AIDT 학생 서비스	• 학습 이해도에 맞는 학습(AI 튜터) • 자아존중감 향상 • 내재적 학습 동기 향상 • 더 많은 학생이 학생 '성공' 경험 • 가정과 학교에서 이해받는 '나'로 소속감 향상학습 신단 및 분석

교사를 위한 서비스로는 AI 보조교사가 있다. AI 보조교사는 교사가 수업을 더 효과적으로 설계하고, 학생들에게 맞춤형 교육을 제공할 수 있도록 학생들의 맞춤 정보를 제공받는다. 교사는 이를 바탕으로 학습 콘텐츠를 구성하여 다양한 수업을 디자인한다. 학생별 학습경로와 지식수준을 이해하고, 참여형 수업(토론, 협력, 프로젝트 학습 등)을 설계하며, AI 보조교사의 활동 분석을 참고하여 평가할 수 있다. 학생별 학습 성취에 맞는 개별학습은 데이터를 기반으로 학생의 성장을 기록하고 지지한다.

AIDT 교사 서비스	• 학습별 학습경로와 지식수준 이해 • 데이터 기반 참여형 수업 설계 • 토론, 협력, 프로젝트 학습 • AI 보조교사의 활동 분석을 참고하여 평가 • 학생별 성취에 맞는 개별학습 제공 • 데이터 기반 학생 성장 기록

학생, 교사, 학부모를 위한 공통 서비스는 대시보드를 통한 학습 데이터 분석이다. 여기에는 학습 진도, 학생 강점, 개선 필요 영역 등을 파악할 수 있도록

데이터 분석 정보를 제시한다. 또한 교육 주체 간 소통할 수 있도록 지원하고 이를 위해 통합 로그인을 통해 접근할 수 있도록 하고, 이를 위한 모두가 편리하고 사용할 수 있는 교육인 보편적 학습 설계(Universal Design fro Learning) 사용자 인터페이스(UI/UX)를 제공한다. 학부모는 자녀의 학습 활동 정보를 풍부하게 제공받아서 자녀가 학습에서 겪는 어려움, 자녀의 강점과 약점 등을 파악하여, 자녀에 대한 깊이 있게 이해하여 학습자 나이에 맞는 정서적 지지와 격려를 할 수 있다. 또한 진로를 탐색하고 설계할 수 있도록 다양한 활동 정보를 제공받을 수 있다.

AIDT 공통(학생, 교사, 학부모) 서비스	• 통합 로그인 • 쉽고 편리한 UI/UX 구성 및 접근성 보장(보편적 학습 설계 : UDL, 다국어 지원 등) • 아이가 학습에서 겪는 어려움과 감정, 약점 파악 • 아이에 대한 깊이 있는 이해 • 내 아이에 맞는 정서적 지지, 격려 • 진로 탐색, 설계에 아이 활동 정보 참고

AIDT는 2022 개정 교육과정에 따라 2025년부터 수학, 영어, 정보, 국어(특수교육)에 우선 도입하고, 국어, 사회, 과학, 기술 · 가정 등의 과목들은 2028년까지 단계적으로 적용된다. 맞춤형 교육은 학습 분석 결과에 따라 보충 학습과 심화 학습을 할 수 있다. AIDT 도입을 위해서 학생과 교사의 디지털 소양을 갖추기 위해 학생들이 디지털 기기 사용법과 디지털 소양이 배우도록 초등 정보 교과서(초등 정보 3 · 4학년 군, 5 · 6학년 군)를 AIDT 전용 교과서로 개발하였다.

〈표 10-2〉 AI 디지털교과서 개발 교과목 및 적용 일정

적용연도		2025	2026	2027	2028
학교급	구 분				
초등학교	특수교육 기본교육과정	국어	국어, 수학	수학	
	공통교육과정	수학, 영어, 정보	수학, 영어, 정보		
			국어, 사회, 과학	국어, 사회, 과학	

<table>
<tr><td rowspan="4">중학교</td><td>특수교육
기본교육과정</td><td></td><td></td><td>생활영어</td><td>정보통신활용</td></tr>
<tr><td rowspan="3">공통교육과정</td><td>수학, 영어,정보</td><td>수학, 영어,정보</td><td>수학, 영어,정보</td><td></td></tr>
<tr><td></td><td>국어, 과학</td><td>국어, 과학</td><td>국어, 과학</td></tr>
<tr><td></td><td>기술 · 가정</td><td>사회, 역사</td><td></td></tr>
<tr><td rowspan="3">고등학교</td><td>특수교육
기본교육과정</td><td></td><td></td><td>생활영어</td><td>정보통신활용</td></tr>
<tr><td rowspan="2">공통교육과정</td><td rowspan="2">공통 수학, 공통 영어, 정보</td><td></td><td></td><td rowspan="2">공통 국어, 통합 사회, 한국사, 통합과학</td></tr>
<tr><td></td><td></td></tr>
</table>

학습 데이터 허브는 국가 수준 학습 수준, 학습 이력 데이터 관리 등을 하게 된다. 공공 AIDT의 활용 학습 과정에서 발생하는 학습 데이터는 국가 단위 학습 분석, 통합 대시보드, 학습 이력 관리, AI 트레이닝 데이터 셋 공유 등으로 운영된다. 학생의 생애주기 전반에 생성된 이러한 학습 데이터는 국가 학업성취도 및 다양한 평가 결과와 연계하여 분석하는 것에 활용된다. 분석된 결과를 국가 교육의 방향과 목표를 설정하는 데 활용할 수 있다.

디지털 기술을 활용한 교수 · 학습 모델 유형은 AI 코스웨어에 적용되어 각 AIDT에 적용하여 개발되었다. 이를 위해서는 학생들의 학습 중에 생성되는 데이터를 학습 데이터 허브에 수집하고 분석하여 학습을 진단하고 처방할 수 있는 자료로 활용하게 된다. AIDT는 공공이 제공하는 AI 디지털교과서 포털 서비스와 민간이 제공하는 교과별 AIDT 형태로 구성한다.

| 그림 10-5 | AI 디지털교과서 서비스 구성도

2022 개정 교육과정에 근거하여 학습 결과를 분석하고 느린 학습자와 빠른 학습자를 구분한다. 느린 학습자는 기본 개념 중심의 학습 콘텐츠를 추천하고, 필요하면 학습 결손을 해소할 수 있는 학습 자료를 제공하는 역할에서 AIDT의 일부 기능으로 제공된다. 빠른 학습자의 경우는 토론이나 논술 등과 같은 심화한 형태의 학습 콘텐츠가 제공된다. 이를 바탕으로 교육부에서는 디지털 기술을 활용한 교수·학습 모델을 기본 모형, 예습 모형, 복습 모형, 집중 관리 모형으로 정하였으며, 이를 AIDT에서 활용하여 AIDT 교수·학습 모형들을 구성하였다.

〈표 10-3〉 디지털 기술을 활용한 교수·학습 모델 유형

<table>
<tr><th>구 분</th><th>내 용</th></tr>
<tr><td>기본
모형</td><td>사전 활동을 통해 학생의 수준을 파악하고 그에 적합한 학생 중심 활동을 부여하여 능동적인 학습을 유도
<table>
<tr><th>사전학습</th><th colspan="2">사전 진단평가 및 보안</th><th>교실수업</th><th>형성평가</th><th>수준별 과제</th></tr>
<tr><td rowspan="3">교사가
제시하는
학습 자료를
활용해
개별학습
진행</td><td>진단평가
사전지식
진단 TEST</td><td rowspan="3">진단결과
전체 또는
개별 학생의
이해 수준
분석 결과를
교사·학생
에게 보고</td><td rowspan="3">학습 수준별
개별, 그룹별
능동적 수업</td><td rowspan="3">학생 이해
수준 점검
및 모니터링
진행</td><td rowspan="3">형성평가
결과에 따라
수준별 개별
과제 부여</td></tr>
<tr><td>↑ ↓</td></tr>
<tr><td>피드백
피드백 및
콘텐츠 추천</td></tr>
</table></td></tr>
<tr><td>예습
모형</td><td>수업 전 진단평가를 진행하여 학생의 수준을 파악해 학습내용을 진단하고 일반적인 수업 평가 방식을 활용해 성취도 평가
<table>
<tr><th colspan="2">사전 진단평가 및 보안</th><th>교실수업</th><th>성취도 평가</th></tr>
<tr><td>진단평가
사전지식 진단 TEST</td><td rowspan="3">진단결과
전체 또는 개별
학생의 이해 수준
분석 결과를
교사·학생에게
보고</td><td rowspan="3">학습 수준별 개별,
그룹별 능동적
수업</td><td rowspan="3">단원별 평가,
중간/기말 평가
등을 통해 학습
이해 수준 평가</td></tr>
<tr><td>↑ ↓</td></tr>
<tr><td>피드백
피드백 및 콘텐츠
추천</td></tr>
</table></td></tr>
<tr><td>복습
모형</td><td>교실 학습 후 진단평가를 통해 학생의 학습 이해 수준을 점검하고 필요시 개별적 또는 교사의 지도하에 복습하여 학습 주제에 대한 완전 학습지원
<table>
<tr><th>교실수업</th><th colspan="2">사후 진단평가 및 보안</th><th>추가학습
(필요시)</th><th>성취도 평가</th></tr>
<tr><td rowspan="3">개별, 그룹별
능동적 수업</td><td>진단평가
사전지식 진단
TEST</td><td rowspan="3">진단결과
전체 또는 개별
학생의 이해
수준 분석
결과를
교사·학생에게
보고</td><td rowspan="3">사후 진단평가
결과를 활용해
온라인 개별
피드백 또는
자율 학습, 추가
교실활동 등
신행</td><td rowspan="3">단원별 평가,
중간/기말 평가
등을 통해 학습
이해 수준 평가</td></tr>
<tr><td>↑ ↓</td></tr>
<tr><td>피드백
피드백 및
콘텐츠 추천</td></tr>
</table></td></tr>
</table>

<table>
<tr>
<td>집중
관리
모형</td>
<td>
학습 부진 학생, 취약계층 학생 등의 학습 수준 진단 후 온라인 보충 학습, 튜터링 등을 제공해 학습 이해도를 제고
<table>
<tr><th colspan="2">사전 진단평가 및 보안</th><th>온라인
보충학습</th><th>튜터링 활용
(필요시)</th><th>성취도 평가</th></tr>
<tr><td>진단평가
사전지식 진단
TEST</td><td rowspan="3">진단결과
전체 또는 개별
학생의 이해
수준 분석
결과를
교사·학생에게
보고</td><td rowspan="3">동영상, 교재
등 학습자료를
활용한
보충학습 활동
진행</td><td rowspan="3">교사, 대학생,
멘토 등에게
학습지원을
요청, 추가학습
진행</td><td rowspan="3">단원별 평가,
중간/기말
평가 등을
통해 학습
이해 수준
평가</td></tr>
<tr><td>↑↓</td></tr>
<tr><td>피드백
피드백 및
콘텐츠 추천</td></tr>
</table>
</td>
</tr>
</table>

4) 통합인증체계와 교과별 지식 맵(Knowledge map)

공공 AIDT 포털은 개발사가 개발한 AIDT를 사용자 친화적으로 서비스하기 위하여 학습데이터 허브를 포함한 AIDT 포털을 구축하고 운영하게 된다. 여기서는 통합 인증으로 사용자 인증 정보를 바탕으로 개발사의 디지털교과서에 접근할 수 있다. 디지털교과서 책장에서는 교과서 채택 정보를 기반으로 개발사의 교과별 AIDT 시간표와 교과서를 조회할 수 있다. 민간 AIDT 포털을 통해 인증된 사용자에게 교과별 AIDT를 제공하고, 맞춤형 학습 지원을 위한 AI 기능과 다양한 콘텐츠를 기반으로 맞춤화된 AIDT 서비스를 제공한다. 개발사별 AI 맞춤형 학습 지원 기능에 맞추어 해당 교과에 특화된 세부적인 학습분석 정보를 제공한다.

통합인증체계를 통해서 AIDT의 여러 개발사의 서비스를 하나의 아이디와 인증 절차로 효율적으로 관리하고, 안전한 인증 환경 속에서 사용자 정보 제공하게 된다. 통합인증체계는 교육디지털원패스와 나이스플러스의 사용자 정보와 부가 정보를 수집하고, 개발사는 통합인증체계와의 연계를 통해 나이스(NEIS)의 사용자 정보를 제공받아 AIDT 서비스가 이루어지도록 하고 있다. 제공 정보는 사용자 식별 정보, 소속 정보(학교급, 학교, 학년, 반, 번호), 부가 정보(학급 구성원, 시

간표, 교과서 채택 정보 등) 등이 있으며, 이를 위해 API 표준 기술문서에 맞추어야 한다.

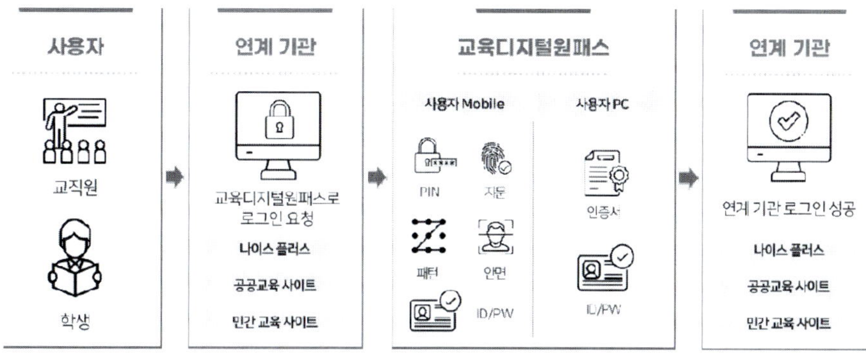

| 그림 10-6 | 교육디지털원패스 서비스 개념

출처 : 교육디지털원패스 서비스(https://edupass.neisplus.kr).

캘리퍼 분석(Caliper Analytics)[1]는 교육용 소프트웨어 등에서 발생하는 학습 데이터를 수집하고 분석과 공유하기 위한 국제 표준 규격으로, IMS 국제 학습 콘소시엄(1EdTech)[2]에서 개발한 규격이다. xAPI(Experience API)[3]는 웹 기반 학습 환경에서 발생하는 학습 활동과 경험을 축적하고 기록하기 위한 표준 규격으로 학생이 수행한 다양한 학습 활동과 상호작용을 기록하고 저장할 수 있어서 학습 데이터의 통합과 공유를 가능하게 해준다.

학습자의 흥미와 수준, 학습 상황을 분석한 후에 학습자에게 적합한 콘텐츠를 추천한다. AIDT를 활용하는 다양한 특성과 요구를 가진 사용자(학생, 교사, 학부모)를 고려해서 이들이 학습 환경에서 낙오되거나 소외되지 않도록 보편적 학습 설계(Universal Design fro Learning, 이하 UDL)를 적용하는 다양한 기능을 제공한다. UDL은 모든 학습자의 요구와 능력을 포용해 학습 과정에서 불필요한 장애물을 없애주는 접근법으로, 다양한 방식으로 정보를 제시하고, 다양한 방식으

1) Caliper Analytics 표준 규격 : https://www.imsglobal.org/activity/caliper

2) 1EdTech : https://www.1edtech.org, 구, IMS Global Learning Consortium

3) xAPI 표준 규격 : https://github.com/adlnet/xAPI-Spec

로 학습에 참여하게 하며, 학생들이 스스로 학습을 다양한 방식으로 보여줄 수 있도록 하는 옵션을 제공하는 유연한 학습 환경을 개발하는 것을 목표로 하고 있다. 이에 따라 학습의 주체인 인간은 각자의 DNA가 다른 것처럼 학습하는 방법이나 학습자의 뇌의 네트워크 구조가 다르듯이 각자 다른 방법으로 학습할 수 있도록 해야 한다. 기본적인 학습 원리는 다음과 같다.

- 원칙 I. 모든 학습자에게 다양한 표상 수단을 제공
- 원칙 Ⅱ. 모든 학습자에게 다양한 행동과 표현의 수단을 제공
- 원칙 III. 모든 학습자에게 다양한 동기부여의 수단을 제공

개발사는 AIDT를 개발하기 위해 교과서의 학습 콘텐츠와 문항을 개발하여 교과별 교육과정의 구성요소를 세분하여 사용하고, 자체적으로 교과별 학습 맵을 개발하게 된다. 이를 국가 교육과정에 맞춰 개발하기 위해 '교육과정 표준체계'를 구성하였다. 교육과정 표준체계란 교육과정 체계의 구성요소를 내용 요소, 개념, 주제, 성취 기준, 내용 요소 간의 연관 관계, 루브릭(평가표) 등을 공통으로 표현하고 활용할 수 있도록 정보 모델로 표준화한 것이다.

교육과정 표준체계 개발에는 CASE(Competencies and Academic Standards Exchange) 표준구조를 이용한다. CASE는 교육과정이나 역량 체계 등의 프레임워크를 구조적으로 표현하고, 프레임워크의 주제, 역량 등의 구성 항목들을 연계하여 관계를 설정하는 에듀테크의 표준이다. CASE 표준을 활용하여 교육과정의 구성요소 데이터에 기계적으로 쉽게 접근하고 이를 활용할 수 있다. 학습성과, 스킬, 역량에 대한 보편적인 식별자를 부여하여 다른 도구나 애플리케이션들을 쉽게 식별하고 공유한다. 이를 통해 학교에서는 다양한 형태로 수행되는 평가의 기준인 루브릭 정보를 교육과정의 성취 기준 식별자와 연계하여 관리하고 공유한다.[4] 교육과정과 성취 기준의 구성 요소들은 논리적인 구조에 따라 집합적으로 표현될 수 있는 패키지 구조이다. 일반적으로 이러한 구성 요소들은 하위 구성 요소들로 나누어지고, CASE 표준은 계층 구조에 대한 데이터

4) CASE 표준 규격 : https://www.imsglobal.org/activity/case

모델을 정의한다. 계층 구조는 서로 연결된 리스트 방식으로 사용한다.

- **최상위 정의 문서**(CFDocument) : 교육과정 문서에서 정의한 일련의 교육과정 내용과 성취 기준 정보를 구성하는 최상위 구조이다.
- **구성 요소 집합**(CFItem) : 교육과정과 성취 기준 정보들을 분해하여 위계와 위치에 따라 배치한 구성 요소들의 묶음이다.
- **루브릭**(CFRubric) : 관련 교육과정과 성취 기준을 어떻게 달성하였는지에 대한 상세한 정의이다. 학교에서 수행하는 다양한 평가 활동에 부여할 수 있는 점수와 기준에 대한 정의가 포함되어 있다.

이를 위해 교과별 교육과정 내용을 분석하여 통합 관리할 수 있는 수준 단위로 세분화하고 각 내용 요소마다 고유한 식별자를 부여하게 된다. 고유한 식별자가 부여된 내용 요소는 기본 단위가 되어 연관되어 있거나 위계에 따라 내용 요소를 연결하여 교육과정을 학습 맵으로 구조화할 수 있다. 여기서 내용 요소별 성취 수준 진단을 위해 성취 기준과 평가 기준도 연계되어야 한다.

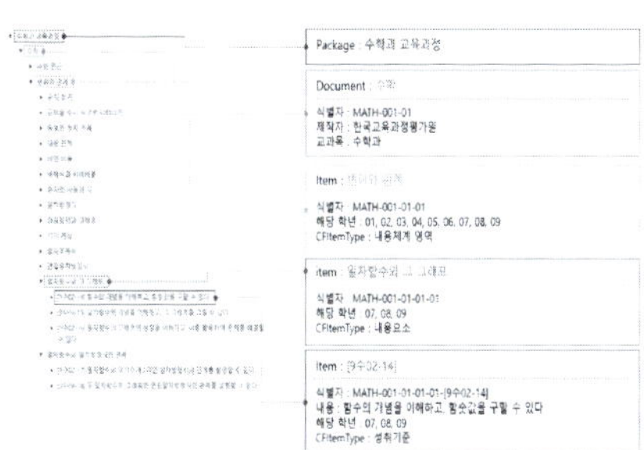

| 그림 10-7 | 내용 요소 세분화

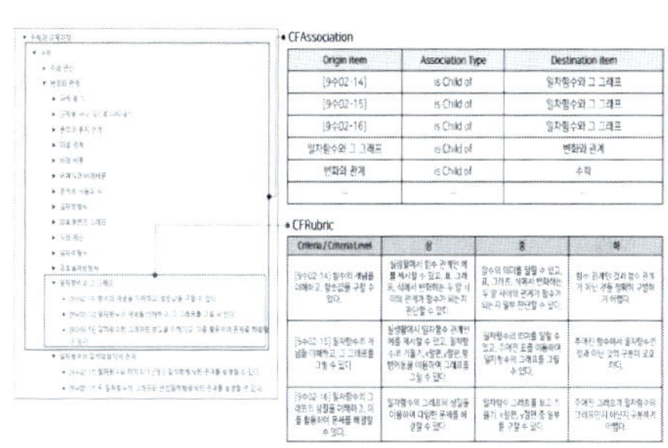

| 그림 10-8 | 성취 기준에 맞는 평가표(루브릭) 구성

다양한 개발사를 통합해서 볼 수 있는 공공은 교육과정 표준체계와 개발사 교육과정 체계를 확인할 수 있어서 비교하고, 연계할 수 있게 해준다.

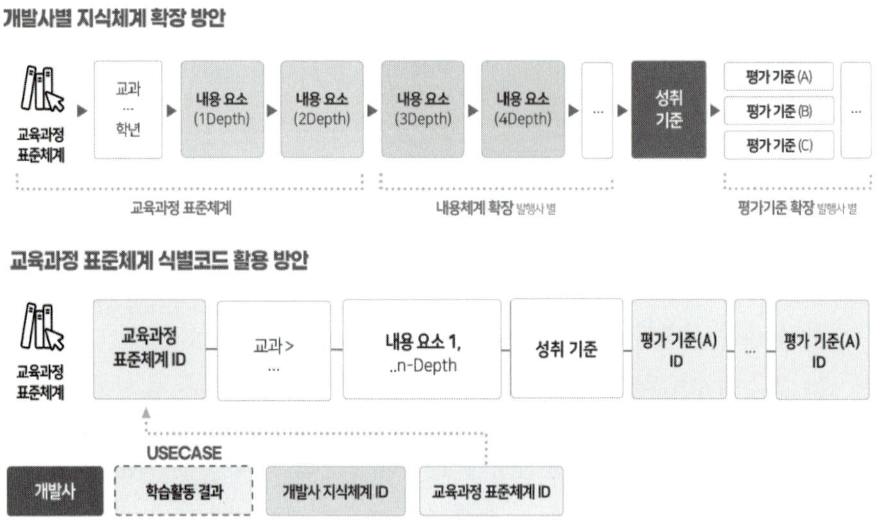

┃그림 10-9┃ 교육과정 표준체계를 활용한 개발사별 학습 맵

개발사들은 내용 요소와 요소 간의 연관 관계, 루브릭 등으로 분해하고 그래프로 시각화한다. 이는 다시 DB로 구축하여 AI 모델화한다.

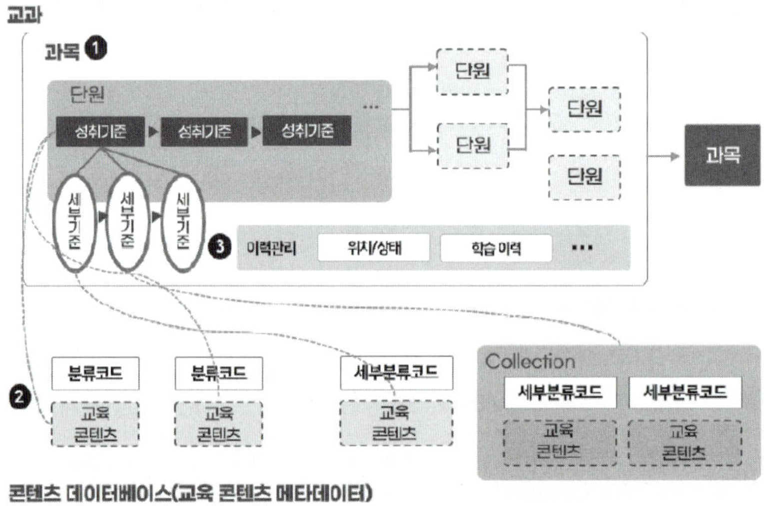

┃그림 10-10┃ 학습 맵 구성 개념도

5) 클라우드 컴퓨팅 서비스

(1) 클라우드 컴퓨팅

컴퓨터의 성능을 올리기 위해서 컴퓨터 1대의 성능을 올리기보다는 여러 대의 컴퓨터를 묶어서 사용할 수 있다. 클러스터링(clustering)이란 컴퓨터를 병렬로 묶는 방법으로, 클러스터 컴퓨터(cluster computer)는 독립된 컴퓨터를 네트워크로 연결하여 하나의 컴퓨터처럼 사용하는 방법이다. 컴퓨터 자원을 효율적으로 사용하기 위해서는 계속해서 사용되어야 하는데, 특정 시간 동안 사용할 수 있는 컴퓨터 자원이 있다면 활용성(utilization)을 높이는 방법으로 중재자(broker)를 이용하여 자원 요청 처리를 하는 방법이 있다. 중재자가 개입되어 내 컴퓨터에 대기 중인 작업의 일부를 내 친구의 컴퓨터로 보내서 처리하여 처리량과 속도를 개선할 수 있다. 여기서 다른 컴퓨터로 보내고 작업하기 위해서는 안정성(stabilization)이 중요하다. 작업이 완료되기 전에 멈추거나 다른 작업을 전송하도록 작업하게 되면 심각한 문제가 생길 수 있다. 이럴 경우는 작업을 분리하여 관리하여 영향을 주지 않도록 중재자를 사용한다. 이러한 물리적 자원(physical source)을 여러 대의 가상 자원(virtual resource)으로 관리하여 중재하는 것을 하이퍼바이저(hypervisor)라고 한다. 하이퍼바이저로 분리된 가상 컴퓨터들은 서로 영향을 주지 않고, 물리적 시스템에도 영향을 주지 않아 시스템의 안정성을 높일 수 있다. 가상화 기반 자원의 효율성을 높이는 대표적인 예가 클라우드 컴퓨팅이다.

클라우드 컴퓨팅(Cloud Computing)이란 직접 또는 공유된 정보통신기기로 정보통신설비, 소프트웨어 등 정보통신 자원을 이용자의 요구나 수요 변화에 따른 정보통신망을 통하여 신축적으로 이용할 수 있는 정보처리 체계이다(국가 클라우드 컴퓨팅 보안 가이드, 2023). 클라우드 컴퓨팅에 대한 글로벌회사의 정의는 다음과 같다.

〈표 10-4〉 클라우드 컴퓨팅 정의

회 사	클라우드 컴퓨팅 정의
Gartner	클라우드 컴퓨팅은 인터넷 기술을 이용하여 IT 기반의 기능들을 확장 가능하고 탄력적인 서비스 형태로 제공하는 방식이다.
Micrsoft	클라우드 컴퓨팅은 인터넷을 통해 서버, 스토리지, 데이터베이스, 네트워크, 소프트웨어, 분석, 지능 등과 같은 컴퓨팅 서비스를 통해 빠른 혁신, 유연한 자원 규모의 경제를 통해 제공하기 위한 것이다.
IBM	클라우드 컴퓨팅은 클라우드 서비스 제공자가 제공하는 데이터 센터의 애플리케이션, 서버, 데이터 스토리지, 개발 도구, 네트워킹 기능과 같은 컴퓨팅 리소스를 온디맨드로 서비스할 수 있는 것이다.
Google	클라우드 컴퓨팅은 독자적으로 데이터 센터를 구축하고 관리하는 대신 클라우드 제공자로부터 IT 자원을 탄력적으로 유틸리티와 같이 서비스로 제공받아 쓰는 것이다. 스토리지, 컴퓨팅, 네트워킹, 데이터 처리, 분석, 애플리케이션 개발, 머신 러닝과 같은 서비스이다.
Amazon	클라우드 컴퓨팅에서 IT 자원을 제공받고 사용한 만큼 지불하는 방식이다. 물리적 데이터 센터와 서버들을 구축하고 소유하는 것 대신으로 아마존과 같은 클라우드 제공자를 통해 필요한 만큼 컴퓨팅 파워, 스토리지, 데이터베이스 등의 기술 서비스를 사용하는 것이다.
Wikipedia	클라우드 컴퓨팅은 데이터 스토리지와 컴퓨팅 파워와 같은 컴퓨터 시스템 자원을 사용자가 직접적으로 관리하지 않고도 온디맨드 방식으로 사용할 수 있는 것이다.
NIST[5)]	클라우드 컴퓨팅은 네트워크, 서버, 스토리지, 애플리케이션, 서비스 등과 같은 컴퓨팅 자원을 설정할 수 있는 공유 풀(shared pool)로 구성하여 서비스 제공자가 제공하면 서비스 제공자의 간섭과 컴퓨팅 자원 관리를 최소화하면서 언제 어디서나 필요에 따라 컴퓨팅 자원을, 네트워크를 통해 편리하게 접근할 수 있는 모델이다.

클라우드 컴퓨팅의 특징으로는 온디맨드 셀프서비스(on-demand self service), 광대역 네트워크 접근(broad network access), 리소스 풀링(resource pooling), 신속한 탄력성(rapid elasticity), 투명한 사용량 측정(measured service) 등이 있다.

- **온디맨드 셀프서비스**(on-demand self service)[6)] : 클라우드 컴퓨팅 사용자는 클라우드 서비스 제공자의 직접적인 관여 없이 컴퓨팅 파워, 네트워크 파워, 네트워크 스토리지와 같은 자원을 제공으로 프로비저닝(provisioning) 할

5) 미국국립표준기술연구소(National Institute of Standards and Technology)

6) 온디맨드 셀프 서비스는 주문형 셀프서비스라고도 한다.

수 있다. 프로비저닝은 서비스를 제공하는 데 필요한 IT 자원을 사전에 준비하여 제공하는 프로세스이다.

- **광대역 네트워크 접근**(broad network access) : 네트워크를 통해 모바일 폰, 노트북, 태블릿과 같은 다양한 기종 클라이언트 플랫폼을 통해 클라우드 컴퓨팅 자원에 접근할 수 있다.
- **리소스 풀링**(resource pooling) : 클라우드 컴퓨팅 서비스 제공자의 컴퓨팅 자원은 풀링되어 서로 다른 사용자가 컴퓨팅 자원을 나눠서 사용하는 '멀티테넌트 모델(melti-tenant model)'[7]이다. 풀링된 물리적 컴퓨팅 자원이나 가상화된 컴퓨팅 자원은 사용자들의 요구에 맞게 제공되고 회수되어 사용자에게 재할당된다.
- **신속한 탄력성**(rapid elasticity) : 클라우드 컴퓨팅 자원을 신속하게 프로비저닝하여 배포할 수 있고, 사용자의 요구량에 따라 자원의 규모를 확장하고 축소하여 사용자에게는 클라우드 컴퓨팅 자원이 언제든지 원하는 만큼 제약 없이 제공되는 것처럼 보인다.
- **사용량 측정**(measured service) : 클라우드 컴퓨팅 자원의 사용량을 측정할 수 있다. 클라우드 컴퓨팅 자원의 모니터링, 제어, 사용량 등이 사용자에게 투명하게 제공된다.

(2) 클라우드 컴퓨팅 서비스

클라우드 컴퓨팅 서비스는 클라우드 컴퓨팅으로 다양한 서비스를 제공하여 이윤을 창출하는 것이다. 서비스는 다음과 같다.

컴퓨터 인프라 제공 서비스(IaaS : Infrastructure as a Service)는 물리적인 머신(physical machine)을 가상머신으로 제공해 주는 서비스이다.

플랫폼 제공 서비스(PaaS : Platform as a Service)는 IaaS 서비스 위에 플랫폼을 만들어 서비스하는 것이다. 소프트웨어 개발 환경을 플랫폼으로 제공하여 모든

7) 다중활용성(multitenancy)라고도 한다. 다중활용성은 다양한 사용자들이 동일한 자원을 공유하여 활용하는 것이다.

개발자가 동일한 환경에서 개발할 수 있는 플랫폼을 제공한다.

소프트웨어 제공 서비스(SaaS : Software as a Service)는 응용 소프트웨어를 별도의 설치 없이 네트워크를 통해 사용하도록 제공하며 애플리케이션을 서비스 형태로 제공한다. 웹 기반의 워드프로세서, 엑셀, 구글의 Gmail 등이 있다. 소프트웨어 구매가 필요 없고 설치와 업데이트를 신경 쓰지 않아도 된다.

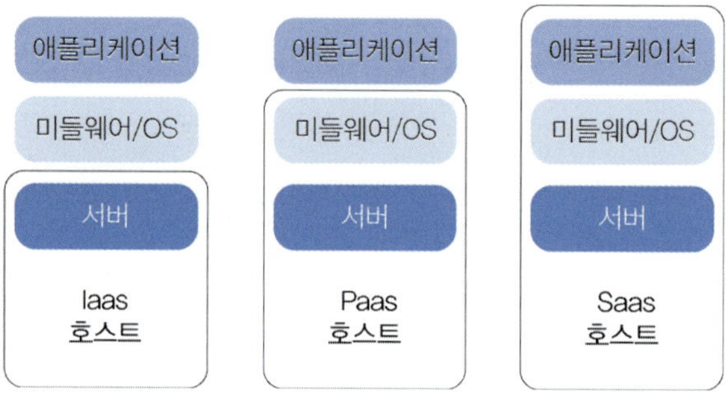

그림 10-11 IaaS, PaaS, SaaS 개념

일반적인 클라우드 컴퓨팅 서비스 제공자는 대시보드를 통해 서비스 상태를 관찰할 수 있어야 하는 등의 서비스를 받는 사용자 관점이다. AIDT 서비스를 위해서는 안정적인 인프라 환경을 구성해야 한다. 기존의 서책형 교과서에 종속된 것(ePub 서비스 방식)이 아닌 독립된 형태(SaaS 기반의 웹 서비스)로 개발되어 개별 학습자에게 맞춤화한 방식으로 제공하고자 한다. 이를 위해 국제표준화문서(ISO/IEC 17788)에서 정의한 클라우드 서비스(SaaS)의 핵심 특성을 만족해야 한다.

〈표 10-5〉 클라우드 서비스(SaaS)의 핵심 특성

구 분	설 명
사용자 중심의 요청 기반 셀프서비스 (On-demand Self-Service)	서비스 이용자가 제공자의 개입 없이 서비스 포털에서 필요한 기능을 선택/변경하고, 이용할 수 있게 함 * B2B 서비스의 경우, 관리자가 이용자의 역할 및 권한 설정 등도 해당
범용 네트워크 접속 (Broad Network Access)	클라우드 서비스를 이용하기 위해 단말기(스마트폰, 노트북, 태블릿 PC)와 관계없이 네트워크를 통해 접속할 수 있게 함

신속한 탄력성 (Rapid Elasticity and Scaling)	시스템 구성을 물리적으로 변경하지 않고, 클라우드 환경을 빠르게 확장/축소할 수 있는 구조여야 함 * 상용 IaaS 이용 시, 오토스케일 및 로드밸런싱 설정 확인
IT 자원의 공동 이용 (Resource Pooling)	IT 자원(DB 등)을 다양한 사용자가 독립적으로 이용할 수 있는 분리 다중 임대 방식인 멀티테넌트 구조로 되어있으며, 이용자 요청에 따라 동적으로 할당/회수할 수 있어야 함 * 서비스(테넌트)가 액세스하는 가상머신, 컨테이너, DB 등의 공동 이용 확인
서비스 측정 (Measured Service)	미터링 기능을 이용하여 자원/테넌트별 사용량 측정과 이에 따른 과금(요금부과) 모니터링 가능해야 함
멀티 테넌시 (Multi-Tenancy)	복수의 테넌트와 데이터를 서로 분리하고, 서로 접근할 수 없도록 하는 방식(물리적 또는 가상적 리소스 할당)으로, 일반적으로 멀티테넌시(다중 활용성) 환경에서 테넌트를 이루는 클라우드 서비스 사용자들은 동일한 클라우드 서비스 고객 조직에 속함

AIDT가 클라우드 환경에서 동작하기 위해서는 과학기술정보통신부의 클라우드 컴퓨팅 서비스 품질 성능에 맞추어 안정적으로 서비스한다.

〈표 10-6〉 AI 디지털교과서 클라우드 컴퓨팅 서비스 품질·성능에 관한 세부 기준[8)]

구 분		설 명
가용성 (Availability)	가용률	정해진 서비스 운영 시간(예정된 가동시간) 대비 클라우드 컴퓨팅 서비스에 접속이 가능한 시간(실제 가동시간)의 비율
응답성 (Responsiveness)	응답 시간	이용자의 조회 또는 요구 시점부터 처리가 완료될 때까지 걸리는 시간
확장성 (Scalability)	확장성	이용자가 증가하거나 서비스 기능이 추가되어 확장이 필요한 경우, 클라우드 컴퓨팅 서비스가 정상적으로 유지될 수 있는 시스템 구조 혹은 확장 요청 처리시간
신뢰성 (Reliability)	서비스 회복 시간	클라우드 컴퓨팅 서비스 중단 시점부터 정상 상태로 회복되기까지 소요된 시간
	백업 주기	정기적으로 수행하는 데이터 백업의 주기
	백업 준수율	계획된 총 백업 건수(정기 및 수시 백업) 중 정상적으로 실시된 백업의 비율
	백업 데이터 보관 기간	백업 데이터를 보호·유지하는 기간

8) 클라우드컴퓨팅서비스 품질·성능 세부 기준(과학기술정보통신부 고시 제2017-7호, 2017. 8. 24. 시행)

서비스 지속성 (Service sustainability)	서비스 제공 능력	• 클라우드 컴퓨팅 서비스를 안정적으로 제공할 수 있는 클라우드 컴퓨팅 서비스 제공자의 재무 상태 또는 기술 보증 등의 제시 • 지속적인 서비스 제공을 위한 전략의 체계적 수립 • 서비스 제공을 위한 조직 및 인력 구성
서비스 지원 (Service supportability)	서비스 지원 체계	기술지원 문서·모니터링 웹사이트 등 이용자 지원, 다양한 단말기·운영체제 지원, 보상 대책 마련 등과 같은 클라우드 컴퓨팅 서비스의 이용 편의성 제공 능력
고객대응 (Customer response)	고객대응 체계	고객 의견을 수렴하기 위한 다양한 방법 제공 및 운영 능력
	고객 불만 처리 체계	고객 불만을 신속하고 정확하게 수집·처리할 수 있는 능력

클라우드 서비스 기반으로 개발되는 AIDT는 학생의 학적 정보가 활용되고, 국가가 구축하는 학습데이터 허브에 학생의 학습데이터가 연계됨에 따라 「클라우드컴퓨팅법」 제20조, 제23조, 제23조의2, 같은 법 시행령 제15조의6에 따라 보안 인증을 받도록 하고 있다.

2. AI 코스웨어의 이해

1) AI 디지털교과서의 흐름

AIDT는 기존의 디지털교과서는 완전히 다른 형태이다. 디지털교과서는 전통적인 서책형 교과서를 디지털 형태로 제공하는 것으로 텍스트, 이미지, 비디오 등을 활용한 실감형 콘텐츠로 제공되었다. 2022 개정 교육과정에 맞춘 AIDT는 AI 기반으로 구성도 디지털 기술을 활용하여 학생의 학업성취도를 분석하여, 그 결과로 학생 관리와 학생 개인 맞춤형 교육을 지원하는 것이다.

AIDT를 비교·선정할 수 있도록 교과서 선정 형태는 '꾸러미형'과 '독립형'으로 구분된다. 꾸러미형은 서책형 교과서를 선택하면 동일한 발행사의 디지털교과서가 자동으로 배정되는 방식이다. 독립형은 서책형 교과서와 디지털교과서를 독립적으로 선정하는 방식이다.

AI 기반의 학생 맞춤형 학습의 흐름은 다음과 같다.

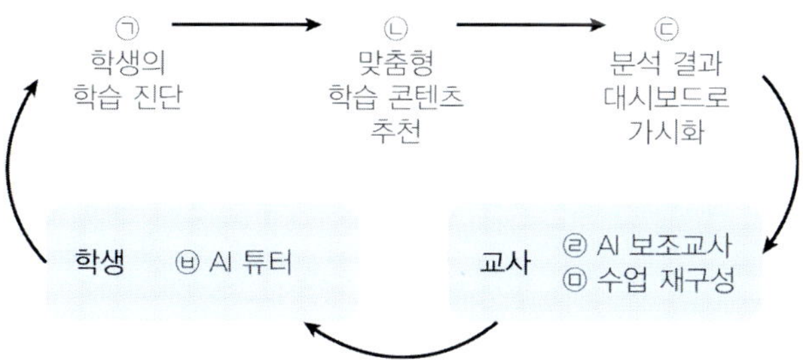

㉠ AI로 학생의 학습을 진단한다.
㉡ 학습 진단 결과에 따라 맞춤형 학습 콘텐츠를 추천한다.
㉢ 학습 진단 데이터의 분석 결과는 대시보드를 통해 학습 상황을 종합적으로 가시화한다.
㉣ AI 보조교사를 활용하여 학생 개별 맞춤형 학생을 제시한다.
㉤ 교사는 학생들의 학습 결과를 살펴보고 수업을 재구성한다.
㉥ 학생들은 AI 튜터와 함께 학습을 진행한다.
㉠~㉥ 과정이 반복적으로 순환한다.

AIDT는 기본 서책형 교과서, 디지털교과서와도 차별성을 가지면서 학생 개인의 능력과 수준에 맞는 다양한 맞춤형 학습 기회를 지원할 수 있도록 AI를 포함한 지능 정보기술을 활용하여 다양한 학습 자료 및 학습 지원 기능 등을 탑재한 교과서이다. 따라서 AI 디지털교과서의 특징은 AI 기반 학습 진단과 분석(Learning Analytics), 개인별 학습 수준과 속도를 반영한 맞춤형 학습(Adaptive Learning), 학생의 관점에서 설계된 학습 코스웨어(Human-centered Design)이다.

(1) AI 기반 학습 진단과 분석(Learning Analytics)

학생 성취 수준 및 학습 현황 등을 진단하고 분석하여 개인화된 맞춤 콘텐츠를 제공한다. 학습 진단을 위해 문항 기반 평가, 학습 현황 데이터 수집 · 분석, AI 모델 등의 기술을 활용한다. 학습 진단은 성취 평가 및 학습 현황 데이터를 수집하고, 성취 수준을 진단하고, 학습 현황을 분석한다.

이를 바탕으로 개인별 분석 결과를 제공하고 추천에 활용하는 흐름을 가지고 있다. 학습 진단 결과에 따라 학습 상황에 적합한 학습경로, 콘텐츠, 문항을 제시하고, 학습 진단 결과를 활용하여 학생의 개별적 학습 과정과 학습 전략 개선에 효율적이고 지속적인 도움을 줄 수 있어야 한다. 이러한 결과를 대시보드 및 AI 튜터 등에서 활용한다.

진단평가	학습 전 성취 수준, 사전지식 및 생각, 학습 곤란의 원인 등	시험, 퀴즈, 자가 진단 등
형성평가	학습 이해도, 학습 진행 상황 등 교수·학습 과정에서의 다각적인 정보 확인을 위한 평가	시험, 퀴즈 등
총괄평가	학습 목표 달성 여부, 학습 성과 등	시험

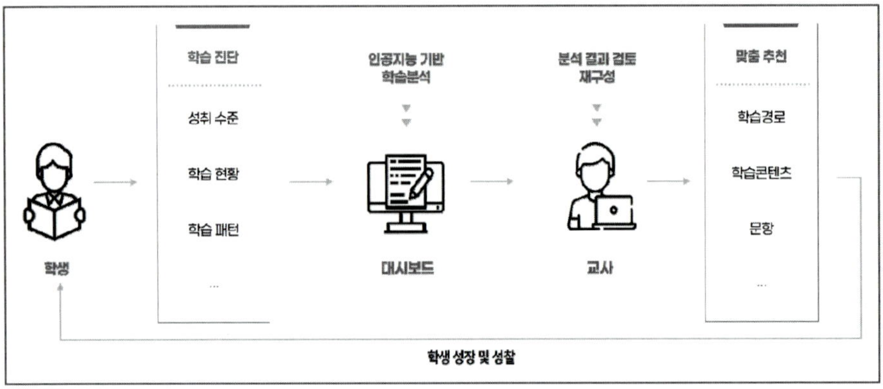

▌그림 10-12▐ 학습 진단 및 추천 개요

(2) 개인별 학습 수준과 속도를 반영한 맞춤형 학습(Adaptive Learning)

각 학생에게 적합한 콘텐츠와 학생의 취약점을 개선하도록 맞춤형 콘텐츠를 제공한다. 학생의 흥미, 수준, 학습 상황 등을 분석하여 학습자에게 적합한 콘텐츠를 제공하고, 평가와 분석을 통해 발견된 학습자의 강·약점을 교육과정 기반으로 면밀하게 분석하고 취약점 개선을 위한 교육콘텐츠를 제공하도록 한다.

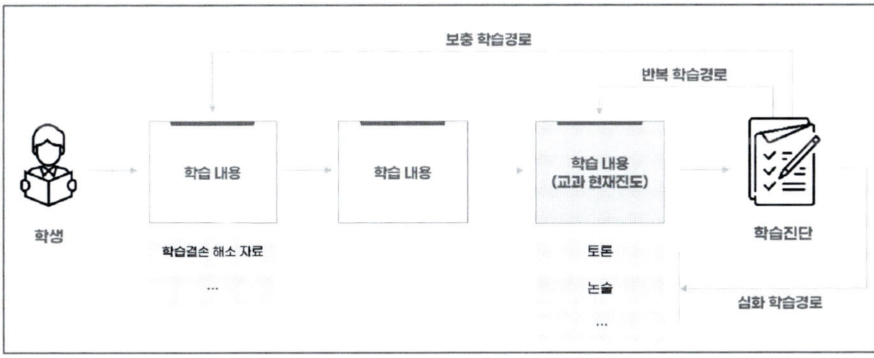

| 그림 10-13 | 학습경로 추천 개념도

수학의 분수 학습에 어려움을 겪고 있는 학생의 세부 취약 영역을 진단 예측하여 학생 수준에 적합한 세부 보충학습 활동을 진행하여 이해도를 상승시키게 한다. 또한 학습 내용 이해 수준을 측정하여 추가적인 문항 추천과 단계적 피드백(처방)을 제시한다.

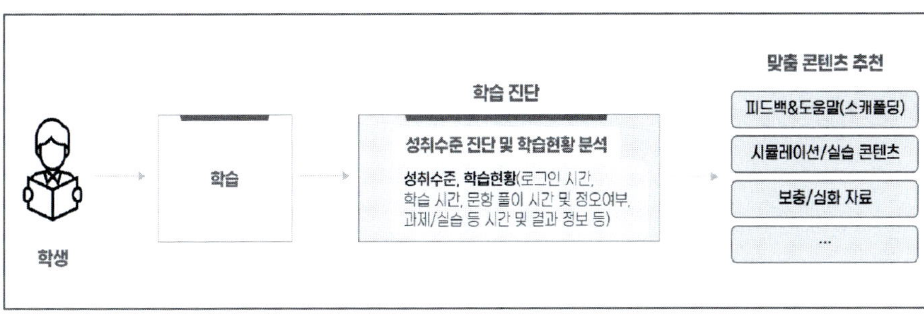

| 그림 10-14 | 콘텐츠 추천 개념도

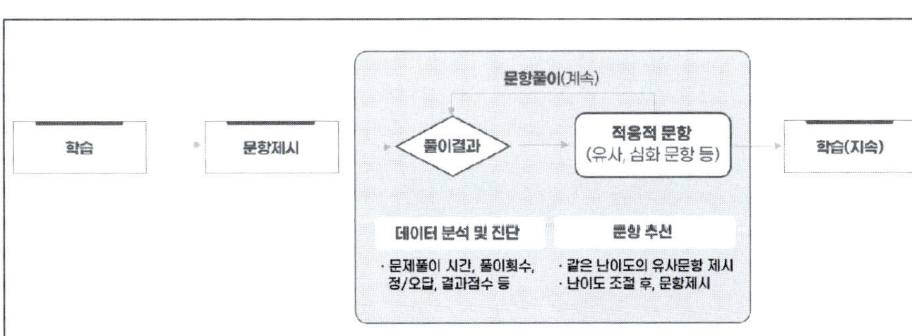

| 그림 10-15 | 문항 추천 개념도

(3) 학생의 관점에서 설계된 학습 코스웨어(Human-centered Design)

학생들이 학습 과정에서 느낄 수 있는 학습의 어려움을 줄이고, 학습 동기와 흥미를 유발할 수 있도록 학생 중심으로 설계된 교육콘텐츠를 제공하고자 한다. 학생 중심 설계는 사용자 경험을 최우선으로 고려한다. 이를 위해 학습 환경을 직관적이고 편리하게 만들어서 학생들이 적극적으로 참여할 수 있도록 유도한다. 적극적 참여를 통해 교육의 효과가 향상되고, 학생들의 학습 과정에서 만족감을 상승시킬 수 있다.

AIDT를 통해 학생들은 자신의 학습 잠재력을 발휘하여, 학습 성과를 올릴 수 있다. 이는 미래 교육에 필요한 역량을 증대시킬 수 있으므로 지속적인 연구와 개선을 통해 교육의 효과를 향상해야 한다.

〈표 10-7〉 AI 디지털교과서 핵심 서비스

교 사	학 생	공통(학생, 교사, 학부모)
• AI 보조교사 : 수업 설계와 맞춤형 구성 도움 • 교과 콘텐츠 재구성 및 추가 • 학생 학습 이력과 스타일 분석 등의 데이터 기반 학습 관리	• 학습 진단 및 분석 • 학생별 최적의 학습경로 및 콘텐츠 추천 • AI 튜터 : 맞춤형 학습지원	• 통합 로그인 • 대시보드를 통한 학생의 학습 데이터 분석 제공 • 교육 주체(교사, 학생, 학부모) 간 소통지원 • 유니버설 디자인 교육(UDL)에 맞추어 누구나 사용하기 편리한 UI/UX, 다국어 지원

교사는 수업 설계와 학생 개인 맞춤형 학습을 위한 추천 제안을 통해 학습 자료를 효과적으로 재구성하고 추가할 수 있으며, 학생 데이터 결과를 통해 학습을 관리해 준다. 학생은 학습 진단 및 분석을 통해 학습 스타일과 수준을 파악할 수 있으며, AI 튜터를 통해 개별 맞춤형 학습을 지원받는다. 교육 주체인 학생과 교사 및 학부모는 대시보드를 통해 학생의 학습 데이터 분석 결과를 제공받는다. 그리고 서로 소통할 수 있으며, 보편적 디자인 교육에 맞추어 사용이 편리한 UI/UX로 구성되어 접근성이 유연하고, 다국어를 지원한다.

2) AI 코스웨어의 핵심 기능

AI 코스웨어는 'AI + Course + Software'의 합성어로 AI 기술을 통합할 수 있는 교육용 소프트웨어이다. AI 코스웨어는 학습자 개개인의 학습 성향, 성취도 등의 데이터를 분석하여 맞춤형 학습을 경험할 수 있도록 하여 AI 디지털교과서에 들어가는 주요 시스템이다. 또한 TRACK 프레임워크를 적용하여 기술, 교수법, 내용 지식을 통합적으로 활용하여 학습자의 이해를 극대화하고, 수업에 대한 긍정적인 학습 태도를 형성하고자 한다. AI 디지털교과서를 활용하기 위해 교수·학습 모델을 이해하고, 수업 및 학습자를 분석하여 교수·학습 모형을 결정하여 교수 전략을 세워 학습 활동을 진행해야 한다. 수업에서는 AI 코스웨어를 어떤 목적과 방법으로 사용할 것이며, 어느 시기에 사용해야 하는지 고민해야 한다.

교육과정은 시간의 흐름에 따라 큰 복잡성(complexity)을 효율적으로 다루도록 해야 한다. 이러한 복잡한 학습경로에 대한 추천은 학생 데이터 분석의 결과로 가능하다. 사용의 편리와 효율성을 올리기 위해 학생에게는 AI 튜터를 지원하고, 교사에게는 AI 보조교사를 지원한다. 또한 모두가 쉽게 이해할 수 있는 대시보드 등을 지원하여 학생과 교사, 학생과 학생, 학생과 콘텐츠, 학생과 시스템, 학생 스스로 학습 과정에서 자기 자신의 학습 활동을 성찰할 수 있도록 다차원적 상호작용이 가능하도록 한다.

(1) 대시보드

교육 주체 대상자별로 학습과 학습 지원에 필요한 정보를 시각적으로 분석하여 제시한다. 학생의 대시보드는 학생의 학습 참여와 학습 성취, 학습 이력과 분석 등을 파악할 수 있어서 자신의 학습을 성찰하고 목표를 설정하여 달성할 수 있도록 지원할 수 있다. 또한 학습자가 학습 중에 활용해야 할 자료를 수집하여 학습자에게 보고하거나, 기본적인 분석의 결과를 제공함으로써 학습자가 의사결정, 비판적 사고, 창의적 사고에 집중할 수 있도록 지원한다.

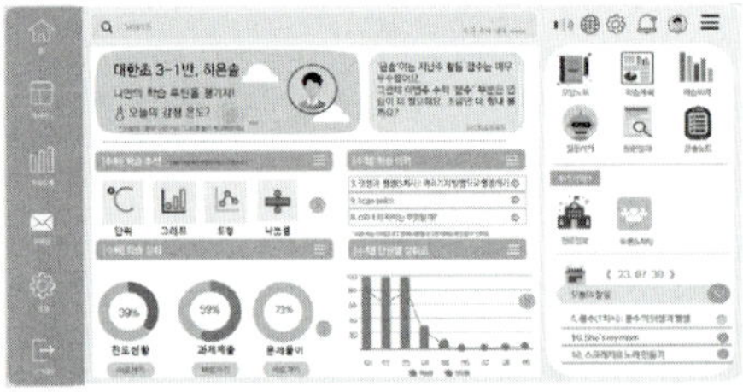

| 그림 10-16 | 초등학생 대시보드 사례

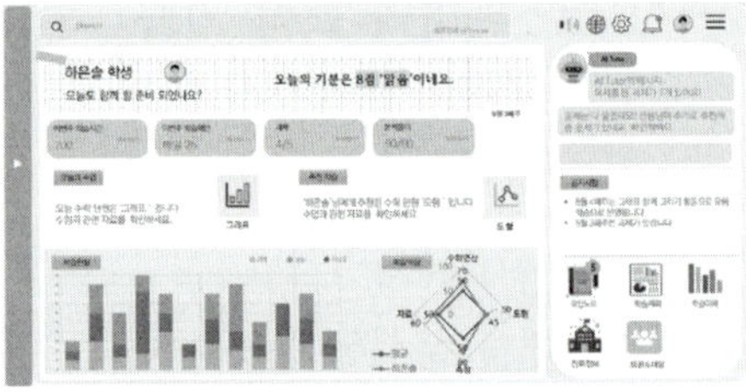

| 그림 10-17 | 중등 학생 대시보드 사례

학습자의 성격 특성, 인지 능력, 학습 유형, 학습 동기, 학습 수준 등을 파악하여 교육과정을 개별화함으로써 학습자 자신의 수준과 방법에 적합한 학습을 할 수 있도록 지원한다. 수학, 영어, 정보 교과는 개발사별 개별화된 맞춤형 학습 서비스가 개발되어 활용되고 있다. Interpolation Learning(보간 학습) 등과 같이 개인의 인지처리 능력 차이를 고려하여 장기 기억을 지원하는 형태의 예도 활용되고 있다. 또한 학습자 특성 정보를 분석하여 적합한 진로를 설계하고 다양한 선택 사항을 제시하는 역할도 한다.

자료의 시각화 등을 AI가 자동으로 수행하기도 한다. 자료의 수집, 기초적 분석, 시각화 등의 작업은 그 활동 자체가 학습의 내용일 때는 학습자에게 의미 있는 활동이다. 하지만 수업의 목표가 자료의 분석을 바탕으로 토의·토론 등을 통해 비판적 사고력, 의사결정력, 창의적 사고력을 신장시키는 데 있다면 노동 집약적인 과정이 된다. 이러한 과정을 AI가 대신 수행하여, 학습자는 고차적인 사고 활동, 실제적인 체험, 가상적 체험, 시뮬레이션, 교수자나 학습자 간 상호작용 등에 더 많은 시간을 투입할 수 있게 된다.

교사의 대시보드 메인은 개별 학생의 교과별 세부 영역에 대한 학습 상황을 한눈에 확인할 수 있고, 맞춤형 설계가 가능하도록 제공한다. AI는 학습자 분석, 학습 내용 분석, 학습 활동 분석, 교수 활동 분석 등의 분석 자료 및 여러 가지 도움 자료와 도구들을 제공한다. 교수자는 이를 통해 학습자 개인, 또는 학습 집단 특성과 교육 내용 특성에 적합한 교수 설계를 할 수 있다. 또한 AI는 교수자의 가르침과 학생의 배움 사이에 발생하는 격차에 대한 분석을 제공함으로써 교수 내용 및 방법의 개선에 도움을 준다.

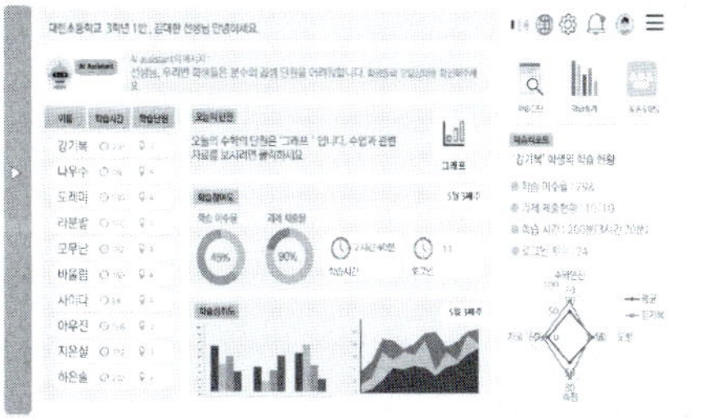

|그림 10-18| 교사 대시보드 메인

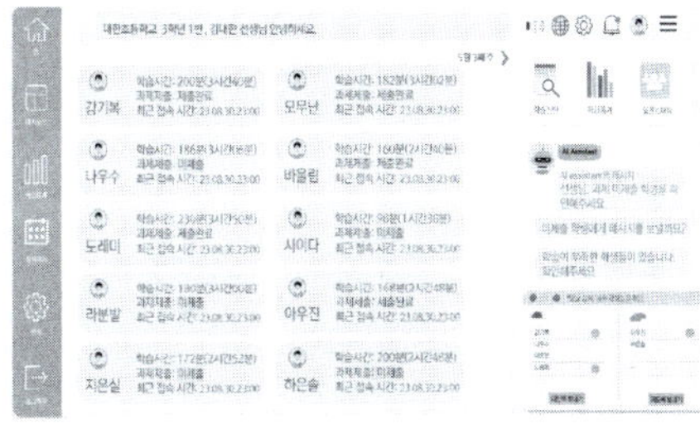

|그림 10-19| 학생 학습 상태

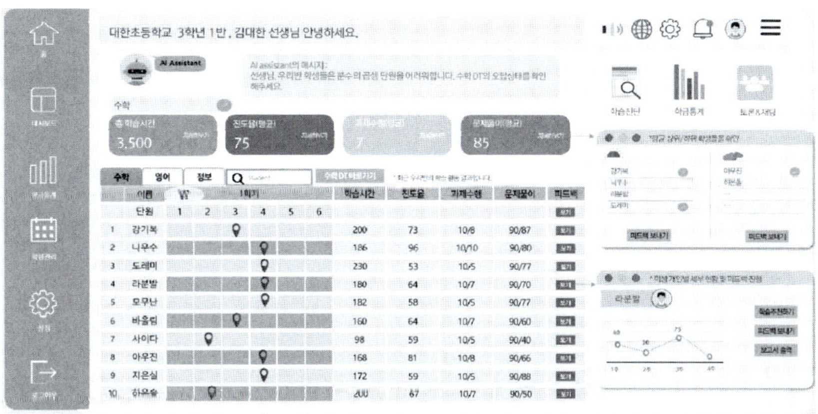

|그림 10-20| 학습 상태 대시보드

학습자들의 학습 활동을 모니터링하고 교수·학습 상황의 다양한 문제와 해결책을 능동적으로 제시하여 학습 성과를 높이는 역할도 한다. 모둠학습, 토의·토론 학습, 프로젝트 학습, 문제 기반 학습, 액션 러닝, 목표 기반 학습 등의 학습자 활동 중심 수업에 있어서 학습자 활동 분석, 학습자 연결 자동화, 교수자와 학생 간의 활동 분석, 학생과 학생 간의 활동 분석을 통해 실시간 현황을 교수자에게 보고하고, 교수자의 개입 장면과 내용을 제시해 주며, 여러 가지 대안들을 제시하여 교수자에게 의사결정을 의뢰함으로써 지원한다. 이 밖에도 교수자의 평가 업무, 과제 관리, 학급 관리를 효과적으로 지원한다. 서술형을 포함한 모든 평가, 과제의 자동 채점, 학습자 오류 분석, 피드백을 자동화함으로써 노동 집약적인 교수자의 학습 관련 업무를 혁신적으로 감소시켜 준다. 또한 학급의 여러 가지 산출 데이터를 바탕으로 학생의 학습 지도, 생활 지도를 지원한다. 다양한 교육 데이터 분석을 통해 교수 설계, 교육과정 운영, 업무 추진 등에 대한 최적 안을 제시하게 되고, 이를 교수자는 학생들의 성향과 이전의 학습 결과에 따라 선택하여 설계할 수 있게 된다. 상담을 진행할 때 상단 맞춤형 정보를 받을 수 있으며, 감정 교류에 집중할 수 있게 해준다. 지식 전달에 집중했던 시간에 창의적인 사고를 할 수 있도록 안내할 수 있다.

학부모의 대시보드는 자녀의 교과별 세부 영역에 대한 상황을 확인하고, 편리하게 피드백을 보낼 수 있도록 구성되어 있다. 자녀의 학습 상태와 패턴, 학습 현황과 역량의 결과를 보여준다. 세부적인 학습을 확인하고, 자녀 지도에 도움을 줄 수 있도록 되어 있다.

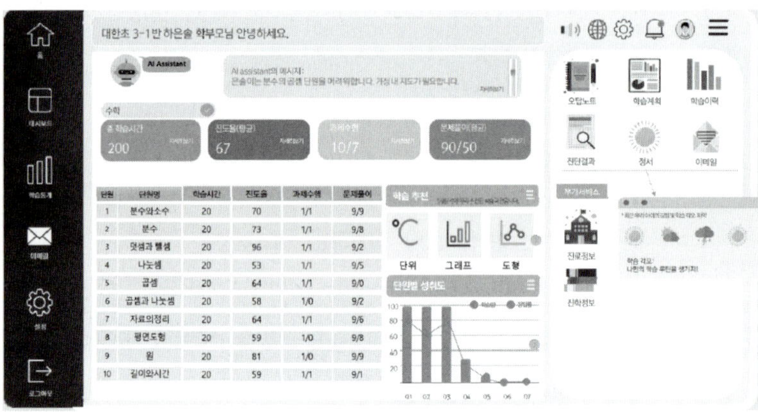

▍그림 10-21▍ 학부모 대시보드 메인

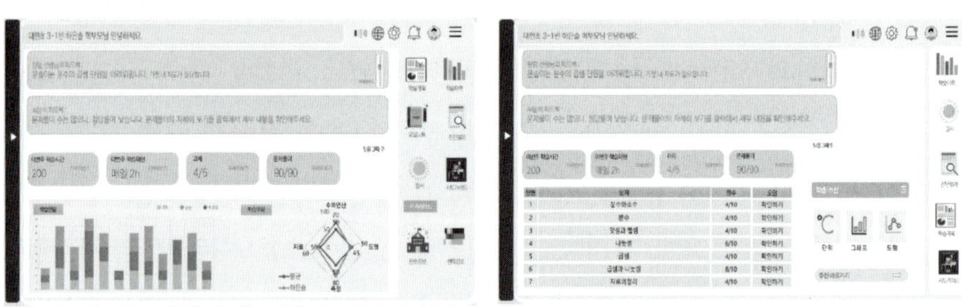

▍그림 10-22▍ 학부모 대시 보드 사례

학생의 데이터로는 사전, 총괄 등 학습에서 이루어지는 평가 점수, 로그인 횟수, 학습 시간 등의 참여 수준, 교과별 진도 수준, 학습 시간, 학습 노트 작성 수, 계획 수립 및 알림 등의 개별 학생 및 학급의 평균 데이터, 학생별 비교 분석 데이터 등이 있다. 이를 통해서 특정 목표를 달성할 확률을 예측하고, 위험에 처한 학생을 식별하여 경보한다. 또한 성적 정보를 활용한 코스 달성 확률 등을 예측하여 교육과정과 학습 전략을 추천하고, 피드백으로는 정서적 영역까지 지원한다. 결과 보고서까지 제공하여 학교의 행정 업무를 축소할 수 있도록 지원한다.

(2) AI 튜터

AI 튜터는 AI를 이용해 학생의 학습 상태를 분석하여 부족한 부분의 원인을 찾아 이를 개선할 수 있는 전략을 실시간으로 조언해 준다. AI 튜터는 챗봇형, 음성 인식형 등의 형태를 가질 수 있다. 학습 시간이 종료되고 난 후 피드백하는 것은 학습자의 몰입도와 적시성 등을 고려해 볼 때 효과가 떨어진다. AI는 학습자의 학습 행위를 본인을 포함한 기존 학습자들의 행위 패턴을 토대로 실시간 분석하고 예측하여 적절한 지원을 함으로써 목표 수행을 더욱 쉽게 한다. AI의 번역, 음성 인식, 영상 인식, 내용 분석, 지능적 검색 등의 능력을 학습에 활용하여 수행 능력을 확장하거나 전문가인 학습 동료로서 추가적인 지원 역할을 한다.

- **질의응답** : AI 튜터에게 궁금한 내용을 질문하면 AI 튜터가 즉각적으로 답변을 제공하는 기능으로, 특히 학생이 특정 개념에 대해 궁금한 점이나 이해하지 못한 부분이 있을 때 언제든지 도움을 받을 수 있는 기능을 제공한다.
- **추가 학습 자료 제공** : 학습 과정에서 이해가 잘 안 되거나 보충 설명이 필요한 내용에 대해 추가로 학습 자료를 제공하는 기능으로, 개념에 대한 부연 설명, 연습 문제, 관련 학습 자료 추천 등을 통해 학습을 보완하는 기능을 제공한다.
- **학습 전략 제안** : 학생의 과목별 맞춤형 학습 지원을 위해 학습 수준과 목표

에 맞게 개별적인 학습 전략을 제안하는 기능으로, 학생의 학습 과정과 결과에서 분석된 데이터를 바탕으로 성취도를 평가하고 강·약점을 식별하여 적절한 학습 전략을 제공한다.

- **학습 지도 모니터링** : 학생의 학습 계획 대비 학습 진도 상황을 모니터링하는 기능으로, 개별학습 과정에서 분석된 학습 수행도, 학습 참여도 등의 주요 학습 활동 지표에서 부족한 부분을 개선하기 위한 정보를 제공한다.
- **피드백 및 성취 평가** : 학습 진도 모니터링 과정마다 분석된 부족한 부분에 대해 시의적절한 피드백과 To do 리스트를 제공하고, 학습 성취 평가 정보를 제공함과 동시에 분석된 데이터를 기반으로 개선이 필요한 항목에 대해 추가적인 학습 방향을 안내한다.

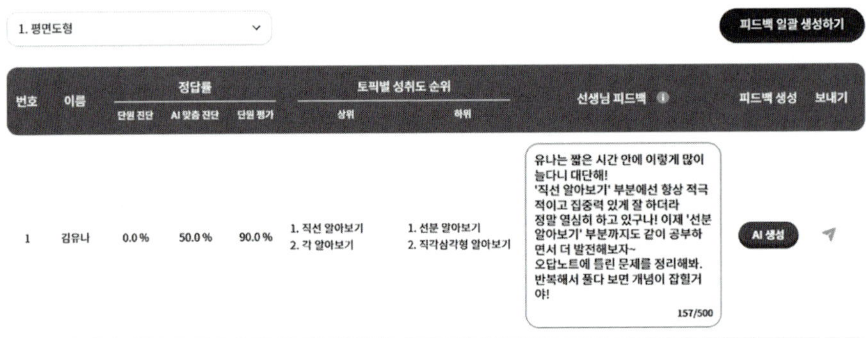

| 그림 10-23 | 초등 수학 선생님 피드백

출처 : 천재교육.

- **오답 노트 제공** : 학생이 풀었던 문제를 함께 분석하고, 틀린 부분에 대한 설명을 제시할 수 있는 기능으로 학습 과정마다 오답 노트가 작성·누적되어 지난 시간에 틀렸던 내용을 다시 확인할 수 있으며, 이를 통해 자신의 부족한 부분을 지속적으로 개선할 수 있는 기능을 제공한다.

  클래스팅 AI 튜터의 경우는 단계적 문제 풀이 가이드를 제공하여 학생들의 자기주도 학습을 지원한다. 또한 과제 안내, 목표 달성, 맞춤 학습 추천 등으로 학습의 효과를 높인다.

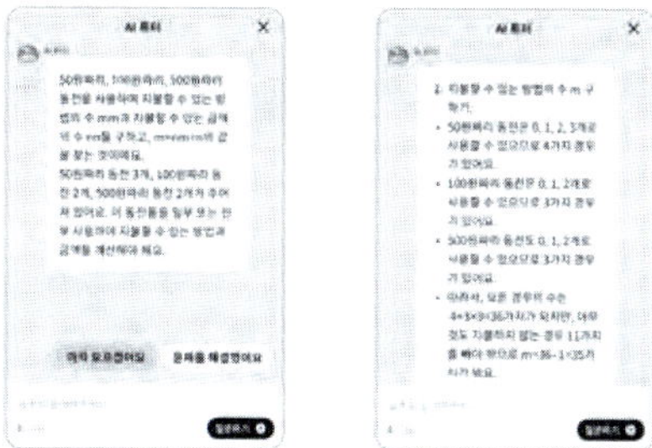

| 그림 10-24 | 클래스팅 AI 튜터

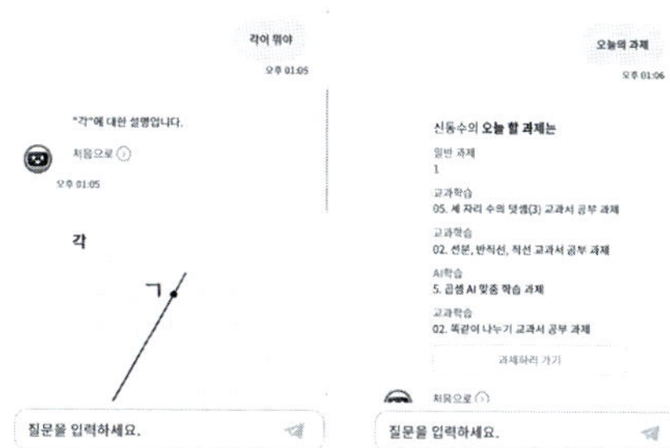

| 그림 10-25 | 천재교육 초등 수학 AI 튜터

(3) AI 보조교사

AI 보조교사는 교사를 대상으로 교사가 AIDT를 활용하여 학생별 맞춤형 학습을 효과적으로 운영할 수 있도록 지원하는 서비스로, 수업 설계, 피드백, 평가, 학생 모니터링 등의 기능을 지원한다. 챗봇형, 음성 인식형 등 다양한 형태를 가질 수 있다. AI는 교수자의 교수 활동, 학습 코칭 활동에 협력 수업의 형태로 관여한다. 마치, Team teaching의 협력 교수자의 역할을 하거나, 학습자의 개인 과외 교수자의 역할을 하는 것이다. 이는 챗봇을 통해 학생들의 탐구 활동을 지원하거나, 수학 학습을 개별적으로 지도하는 예, 그리고 예체능 수업에서 각 개인의 기능을 점검하고 필요한 연습을 안내하는 AI 보조교사의 형태 등으로 구현되고 있다.

- **수업 설계 지원** : 교육과정 내용과 담당 학생들의 성취 기준 달성 정도를 분석하여 개별 학생에게 맞춤화된 수업 설계를 지원하고, 수업에 활용할 수 있는 다양한 콘텐츠 및 문항을 추천한다.
- **피드백 설계 지원** : 학생들의 학습 활동을 분석한 결과를 피드백 문장으로 구성하여 교사에게 제공하고, AI 보조교사가 제시한 피드백을 교사가 재구성할 수 있는 기능을 제공한다.
- **평가 지원** : 학생들의 평가 결과에 대한 채점을 지원하고 교사가 담당 학생들의 평가 결과를 한눈에 볼 수 있도록 정보를 제공한다.

- **학생 모니터링 지원** : 학생들이 AI 디지털교과서를 활용하는 동안 학습을 원활히 잘 진행하고 있는지 모니터링하여 교사에게 알림 등의 정보를 제공한다.

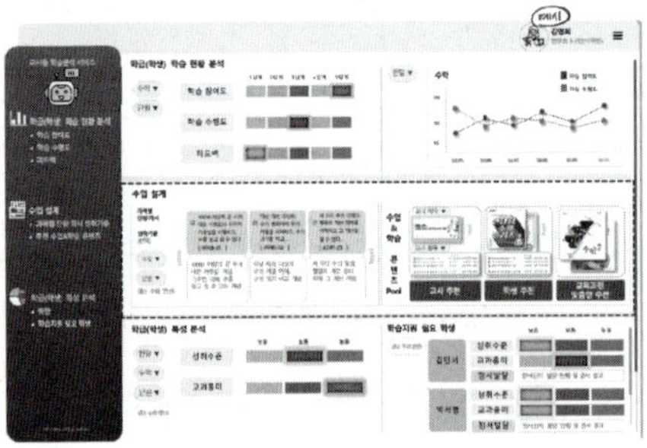

그림 10-26 수업 설계 지원

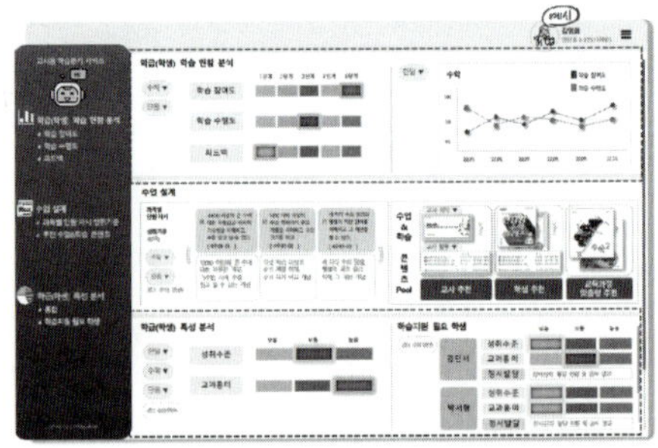

그림 10-27 학생 모니터링 지원

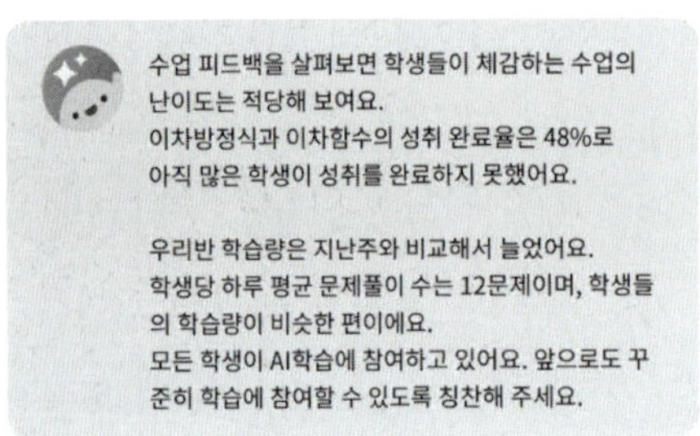

그림 10-28 클래스팅 AI 학습 피드백

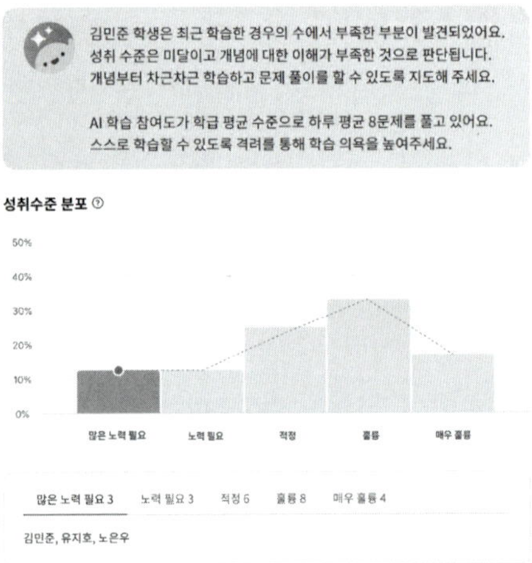

그림 10-29 클래스팅 학생 지도 방안 제시

부록

교직소양 '디지털 교육(인공지능 교육 포함)'의 실천 방안

〈한국교육정보미디어학회, 한국정보교육학회〉

■ 교직소양 '디지털 교육' 논의의 배경

- (교사자격 취득 기준 개정 고시)「유치원 및 초등 · 중등 · 특수학교 등의 교사자격 취득을 위한 세부기준」 일부개정 고시(제2023-14호)에 교직과목 중 교직소양 영역에 '디지털 교육(인공지능 교육 포함)'을 추가*
- (기본 교수 요목) 교사로서 디지털의 특성을 이해할 수 있도록 '디지털의 이해', '디지털 교과 융합 교육', '디지털 활용 교육', '디지털 윤리'를 학습하여 교과목 및 교육방법에 활용하도록 하고 있음.
- (개정의 취지) 재 · 개정이유서에 '디지털 교육' 교과가 '변화하는 미래사회에 대응하여 예비교원의 디지털 · 인공지능(AI)교육 역량을 함양하기 위함'임을 밝히고 있음.

* 2023학년도 입학자부터 교사 자격 취득을 위해 1~2학점 이상의 '디지털 교육' 과목을 필수적으로 이수

■ '디지털 교육'의 개념

- (개념) 인공지능을 포함한 디지털에 관한 이해를 바탕으로 학생들에게 더욱 효과적인 학습환경을 제공하고 컴퓨팅 사고를 통하여 학생 스스로 문제를 해결할 수 있는 능력을 함양하는 교육
- (교원의 디지털 역량) 교원들에게 요구되는 디지털 역량은 '학생들을 디지털 인재로 길러낼 수 역량', '디지털 교육 체계로 변화된 교실에서의 전문성'임. 특히 초등 예비교원의 경우 모두가 이를 갖추어야 함.

■ 교직소양 '디지털 교육'의 성격

- (공통 필수 이수) 모든 예비교원들이 필수적으로 이수해야 하는 교과로 디지털에 대한 이해와 기술을 바탕으로 교육을 변화시키는 역량을 기를 수 있어야 함.
- (시대적 요구를 반영) 교직소양 영역은 학교 현장의 변화를 반영하는 매우 실천적인 특성을 가지고 있음. 예비교사들의 디지털 역량에 대한 수요는 꾸준히 증가하고 있

으므로 '디지털 교육'에서는 시대적 요구를 반영하여 교육 현장의 디지털 정책 실행 역량을 갖춘 예비교사를 양성해야 함.

- (전문성 있는 교수자 필요) 교직소양 영역의 경우 특정 전공 일치에 대한 요구가 제시되어있지 않으며 개정 취지 및 교과 성격 등을 고려하였을 때 전문성을 갖춘 교수가 실제적이고 유용성이 높은 교육 내용을 가르칠 필요가 있음.

■ **교원양성대학에서의 실천 방안**

- (디지털 교육의 학습이론) '디지털 교육'의 바탕이 되는 학습이론은 S. Papert의 구성주의(Constructionism)로 컴퓨터로 조작할 수 있는 대상(computational object)을 통하여 디지털 세계의 문제를 해결하는 과정에서 개념을 습득하고 깊은 사고가 가능하다고 봄.
- (실제적 문제의 해결) 교육의 변화를 반영하는 교직 소양 영역의 특성을 고려하여 '디지털 교육' 또한 실제 학교 현장의 과제로 학습이 이루어져야 함.
- (현장의 변화 반영) 디지털과 인공지능 기술에 대한 이해를 바탕으로 학생의 디지털 역량을 기르고 교수·학습에 이를 활용할 수 있도록 구성되어야 함.
- (통합성 고려) 교양 및 전공과정과의 차별성 및 연계성을 고려하여 '디지털 교육'의 내용을 구성하고 이를 디지털 역량 향상의 출발점으로 인식하도록 해야 함.

[붙임 1]

「디지털 교육」 교과목 강의계획안 (1학점)

과목명	디지털 교육	학점	1학점
과목 개요	본 강의는 사회적, 시대적 요구를 반영한 예비교사의 AI · 디지털 교육에 대한 이해 및 실천역량을 함양하고자 AI · 디지털에 대한 개념과 원리를 학습하고, AI · 디지털 기술의 올바른 사용과 윤리적 실천에 대한 비판적 관점과 논의를 촉진할 것이다. 또한 시대에 부합하는 인재를 양성하고, 교육의 효과성을 높일 수 있는 AI · 디지털 융합 및 활용 교육의 개념을 이해하고 관련 사례를 접함으로써 교육 현장에서의 AI · 디지털 경험 확장에 중점을 두고자 한다.		
수업 목표	예비교사로서 AI · 디지털의 특성을 이해하고 디지털 윤리의식을 고양하며 교과목 및 교육 방법에 AI · 디지털 기술을 효과적으로 활용할 수 있는 기초 소양을 기른다.		

주차별 수업 계획						
주	영역				내용	비고
	이해	융합	활용	윤리		
1	◎			○	**AI · 디지털 대전환 시대의 이해** - 오리엔테이션 - AI · 디지털로 인한 사회 변화	
2	◎	○	○	○	**AI · 디지털 교육정책의 이해** - AI · 디지털 교육정책의 흐름과 교사의 역할	
3	◎		○	○	**모두를 위한 AI · 디지털 리터러시** - 디지털 시민으로서의 AI · 디지털 리터러시	
4	◎		○		**교육 현장을 위한 AI · 디지털 리터러시** - AI · 디지털 기초 사용법 교육	
5	○		○	◎	**AI · 디지털 안전하게 이용하기** - AI · 디지털 윤리의 기초적 이해	
6	○		○	◎	**교육 현장을 위한 AI · 디지털 윤리** - 교육 분야 AI 윤리원칙의 이해	
7	○	○	◎		**에듀테크의 이해와 실제** - 유형별 에듀테크 체험 및 교육 활용 사례	
8					**중간고사**	

주차별 수업 계획						
주	영역				내용	비고
	이해	융합	활용	윤리		
9	◎		○		**AI 교육의 이해와 실제** - AI의 개념, 원리 및 AI 교육 사례	
10	○	◎	○		**생성형 AI와 교육** - 생성형 AI의 체험 및 교육 활용 사례	
11	○	○	◎		**AI 디지털교과서의 이해** - 클라우드 기반 AI 디지털교과서의 이해 및 체험	
12	◎		○		**학습데이터의 이해** - 학습데이터의 수집, 분석 및 해석	
13	○		◎		**학습데이터의 실제** - 학습데이터의 교육 활동 활용 방안	
14	○	○	◎		**AI · 디지털 활용교육의 실제** - AI · 디지털 활용교육의 교수 · 학습설계	
15	○	◎	○		**AI · 디지털 융합교육의 실제** - AI · 디지털 융합교육의 교수 · 학습설계	
16					**기말고사**	

[붙임 2]

「디지털 교육」 교과목 강의계획안 (2학점)

과목명	디지털 교육	학점	2학점
과목 개요	본 강의는 사회적, 시대적 요구를 반영한 예비교사의 AI · 디지털 교육에 대한 이해 및 실천역량을 함양하고자 AI · 디지털에 대한 개념과 원리를 학습하고, AI · 디지털 기술의 올바른 사용과 윤리적 실천에 대한 비판적 관점과 논의를 촉진할 것이다. 또한 시대에 부합하는 인재를 양성하고, 교육의 효과성을 높일 수 있는 AI · 디지털 융합 및 활용 교육의 개념을 이해하고 관련 사례를 접함으로써 교육 현장에서의 AI · 디지털 경험 확장에 중점을 두고자 한다.		
수업 목표	예비교사로서 AI · 디지털의 특성을 이해하고 디지털 윤리의식을 고양하며 교과목 및 교육 방법에 AI · 디지털 기술을 효과적으로 활용할 수 있는 기초 소양을 기른다.		

주차별 수업 계획						
주	영역				내용	비고
	이해	융합	활용	윤리		
1	◎			○	**AI · 디지털 대전환 시대의 이해** - 오리엔테이션 - AI · 디지털로 인한 사회 변화	
2	◎	○	○	○	**AI · 디지털 교육정책의 이해** - AI · 디지털 교육정책의 흐름 - 디지털 대전환과 교사의 역할	
3	◎		○	○	**모두를 위한 AI · 디지털 리터러시** - 디지털 시민성의 이해 - 정보 격차 해소를 위한 AI · 디지털 리터러시	
4	◎		○		**교육 현장을 위한 AI · 디지털 리터러시** - AI · 디지털 도구의 기초적 활용 - AI · 디지털 도구의 활용방안	
5	○		○	◎	**AI · 디지털 안전하게 이용하기** - AI · 디지털 윤리의 기초적 이해 - AI · 디지털의 역기능과 예방	
6	○		○	◎	**교육 현장을 위한 AI · 디지털 윤리** - 교육 분야 AI 윤리원칙의 이해 - AI · 디지털과 저작권	

주차별 수업 계획						
주	영역				내용	비고
	이해	융합	활용	윤리		
7	○	○	◎		**에듀테크의 이해와 실제** - 에듀테크의 개념 및 유형 - 유형별 에듀테크 체험 및 교육 활용 사례	
8					**중간고사**	
9	◎		○		**AI 교육의 이해와 실제** - AI의 개념 및 원리 - AI 교육의 범위 및 사례	
10	○	◎	○		**생성형 AI와 교육** - 생성형 AI의 개념 및 원리 - 생성형 AI의 체험 및 교육 활용 사례	
11	○	○	◎		**AI 디지털교과서의 이해** - 클라우드의 이해 - AI 코스웨어 및 AI 디지털교과서의 체험	
12	◎		○		**학습데이터의 이해** - 데이터 기반 문제해결과정의 이해 - 학습진단 및 추천과정의 이해	
13	○		◎		**학습데이터의 실제** - 학습데이터의 분석 및 해석 - 학습데이터의 교육 활동 활용 방안	
14	○	○	◎		**AI · 디지털 활용교육의 실제** - AI · 디지털 활용교육의 교수 · 학습설계 및 평가	
15	○	◎	○		**AI · 디지털 융합교육의 실제** - AI · 디지털 융합교육 교수 · 학습설계 및 평가	
16					**기말고사**	

참고문헌

계보경 · 백송이 · 고은현 · 허두영 · 윤재희(2022). 에듀테크 활용에 대한 학교와 기업의 인식차이 분석. **디지털융합 연구**, 20(5).

관계부처 합동(2016). 제4차 산업혁명에 대응한 지능정보사회 중장기 종합대책. 세종 : 관계부처 합동. https://www.korea.kr/archive/expDocView.do?docId=37384

____________(2019). 인공지능 국가전략 [National Strategy for Artificial Intelligence]. 대한민국 정부. https://www.korea.kr/news/policyNewsView.do?newsId=148867003

____________(2022). 디지털 인재양성 종합방안 [Comprehensive Plan for Fostering Digital Talent]. 대한민국 정부. https://www.msit.go.kr/bbs/view.do?sCode=user &mId=113&mPid=112&pageIndex=1&bbsSeqNo=93&nttSeqNo=3182455

교육부(2022). 교육분야 코로나-19 대응 백서. 세종 : 교육부. https://www.moe.go.kr/boardCnts/viewRenew.do?boardID=294&boardSeq=91497&lev=0&m=020402&opType=N&page=1&s=moe

______(2023). AI 디지털교과서 추진 방안(안). 교육부.

______(2023). KERIS, AI 디지털교과서 개발 가이드 라인. 한국교육학술정보원.

______(2023). 디지털 기반 교육혁신 방안 [Digital-based Education Innovation Plan]. 교육부. https://www.moe.go.kr/boardCnts/viewRenew.do?boardID=72769&boardSeq=94551&lev=0&m=0315&opType=N&page=1&s=moe&searchType=null&statusYN=W

______(2024). 교사가 이끄는 교실 혁명을 위한 디지털 기반 교육혁신 역량 강화 지원방안. 교육부.

______(2024). 제7차 교육정보화 기본계획(2024-2028). https://www.moe.go.kr/ boardCnts/viewRenew.do?boardID=351&boardSeq=103106&lev=0&m=0310&opType=N&page=1&s=moe&searchType=null&statusYN=W

교육부 · KERIS(2023). AI 디지털교과서 개발 가이드 라인. 한국교육학술정보원.

권정선(2021). 인공지능시대, 데이터 기반 맞춤형 교육에 대한 비판적 고찰. **교육철학연구**, 43(2), 51-76.

김대호(2016). **4차 산업혁명**. 커뮤니케이션북스.

김상훈 · 이혜경(2020). 학습관리시스템을 활용한 학습자의 학습 성과 향상 방안. **한국교육학회지**, 58(3), 71-87.

김일환(2020). 지능정보사회에서 헌법의 역할과 기능. **성균관법학**, 32(3), 37-92.

김현정(2022). **코딩책과 함께 보는 인공지능 개념 사전**. 궁리출판.

김형준(2021. 3. 8). 지능정보화 기본법 개정의 의의와 한계. *KISO journal, 42*. https://journal.kiso.or.kr

김혜숙 · 박미정(2019). 학습관리시스템(LMS)의 교수자와 학습자 간 상호작용 증진 방안. **교육학연구**, 57(2), 203-222.

노서영(2022). 모두를 위한 클라우드 컴퓨팅. 주식회사 제이펍.

노컷뉴스(2025. 6. 6). 에스파 딥페이크 범죄자 · 악플러, 징역 3년 등 유죄 판결. https://www.nocutnews.co.kr/news/6351363

대한민국(2025. 1. 21). 인공지능 발전과 신뢰 기반 조성 등에 관한 기본법 [법률 제20676호; 2026년 1월 22일 시행]. 국가법령정보센터. https://www.law.go.kr

________(2025. 3. 27). 지능정보화 기본법 [법률 제20410호, 2024년 3월 26일 일부개정; 현행]. 국가법령정보센터. https://www.law.go.kr

대한민국국회(2024). 인공지능기본법 의안전문.

대한민국정부(2020). 사람이 중심이 되는 「인공지능(AI) 윤리기준」.

매일경제신문사. AI 비즈니스 트렌드.

법무부(2024). 인공지능(AI) 관련 국내외 법제 동향.

부산광역시교육청(2019). 인공지능 기반교육 가이드북. 도서출판 어가.

서경원 · 진성희 · 유미나 · 이현진 · 이한솔 · 박재원 · 임동관(2022). 인공지능 기반 맞춤형 교육서비스 지원 방안 연구. 서울특별시교육청교육연구정보원.

서근원(2021). 맞춤형 교육의 대안적 해석과 실천 : 그랭이 교육과 실천탐구. 교육인류학연구, 24(4), 1-38.

손영근(2022). 디지털 전환 시대, 5G B2B 분야별 시장 전망 및 유스케이스 분석. 한국콘텐츠학회.

손찬희 · 장혜승 · 김은영 · 김성미 · 이은주 · 조일현 · 정광식(2019). 온라인 학습분석 기반 맞춤형 교육지원 방안 연구. 한국교육개발원.

송경빈(2024). 인공지능 구조원리 교과서. 보누스.

송경진 역(2016). 제4차 산업혁명. (클라우스 슈밥, The Fourth Industrial Revolution). 메가스터디북스.

송미영 · 윤은미(2017). LMS 기반 학습 환경에서 교수자 지원 도구의 활용. 교육정보연구, 16(2), 29-42.

심소연(2024). 규제중심의 유럽연합 인공지능법(EU AI Act). 국회도서관.

오병일(2021). 서비스형 LMS와 오픈소스 LMS의 비교 분석. 한국교육정보학회, 19(1), 15-33.

오선아 · 김선미 · 김연순 · 김진영 · 류정희 · 이현진 · 조익수(2022). 배우기를 The 배우기–디지털 시대의 학습전략. 박영스토리.

유네스코(2012). 인공지능과 교육 : 정책입안자를 위한 지침.

이원태 · 문정욱 · 류현숙(2017). 지능정보사회의 공공정보화 패러다임 변화와 미래정책 연구. 기본연구, 2017(1), 1-261.

이진주 · 박현지 · 이주영 · 박민지(2023). LMS 유형에 따른 교수자 지원기능 비교 · 분석. *Journal of Digital Contents Society, 24*(2), 399-410.

이현경 · 조영환 · 금선영(2022). 학습자 데이터 기반 맞춤형 수업설계에 대한 초등학교 교사의 인식. 교육공학연구, 38(1), 37-67.

상영미(2018). 국내 학습관리시스템의 현황과 교수자 지원 기능 분석. 교육과학연구, 17(4), 31-48.

정제영 · 최정원 · 권순찬 · 김진관 · 유미 · 이종혁 · 전병제 · 황진명(2024). 교사가 이끄는 교실혁명 : AI 디지털교과서 100% 활용하기(중등편). 박영story.

정희엽 · 홍후조(2021). 텍스트 마이닝을 통한 4차 산업혁명시대 '맞춤형 교육' 연구 동향 분석. **교육방법연구**, 33(3), 433-454.

천재교육. AI 디지털교과서 수업 가이드_초등+정보+박선주_활용+가이드.

_______. AI 디지털교과서 수업 가이드_초등수학.

_______. AI 디지털교과서 수업 가이드_초등영어.

최정원 · 정건우 · 최영경 · 허준원 · 장재영 · 최하호(2024). 인공지능을 활용한 웹 취약점 자동화 진단 프레임워크 제안. 한국통신학회.

클래스팅. AI 디지털교과서 소개서_공통수학.

_______. AI 디지털교과서에 기반한 고등 수학 수업 설계 및 활용법.

하민수(2016). 영어기반 컴퓨터자동채점모델과 기계번역을 활용한 서술형 한국어 응답 채점-자연선택개념평가 사례. **한국과학교육학회지**, 36(3), 389-397.

한선관 · 류미영 · 김태령 · 고병철 · 서정원(2021). **놀랍게 쉬운 인공지능의 이해와 실습**. 성안당.

후루카와 히데카즈(2024). **GPT-4, ChatGPT, 라마인덱스, 랭체인을 활용한 인공지능 프로그래밍**. 위키북스.

Alhassan, R., & Yusof, N. M.(2020). A review on the adoption and usage of learning management systems in higher education : A global perspective. *Education and Information Technologies, 25*(6), 4873-4891.

Baran, E.(2014). A review of research on mobile learning in higher education : A meta-analysis. *Educational Technology Research and Development, 62*(2), 175-194.

Bernardini, S., Porayska-Pomsta, K., & Smith, T. J.(2014). ECHOES : An intelligent serious game for fostering social communication in children with autism. *Infomation Sciences, 264*(4), 41-60.

Bray, B., & McClaskey, K.(2013). A Step-by-Step Guide to Personalize Learning. *Learning & Leading with Technology, 40*(7), 12-19.

Chow, A. R.(2025. 8. 26). A new Stanford analysis reveals who's losing jobs to AI. TIME. https://time.com/7312205/ai-jobs-stanford/

Coates, H., James, R., & Baldwin, G.(2005). A critical examination of the effects of learning management systems on university teaching and learning. *Tertiary Education and Management, 11*(1), 19-36.

Crevier, D.(1993). *AI. The Tumultuous History of the Search for Artificial Intelligence*. Basic Books.

EBS_danchooplus_중학_guide_v.1.0_20250228

EPRS(European Parliamentary Research Service)(2019). EU guidelines on ethics in artificial intelligence : Context and implementation.

Foltz. P. W., & Rosenstein. M.(2013). Tracking student learning in an state-wide implementation of automated writong. In NIPS Workshop on data driven.

Graesser, A. C., et al.(2000). Using latent semantic analysis to evaluate the contributions of students in AUtoTutor. *Interactive Learning Enviroments 8*(2), 129-147.

Holland, S.(2024. 3. 29). Vernor Vinge obituary. The Guardian. https://www.theguardian.

com/books/2024/mar/29/vernor-vinge-obituary.

Homes, W., et al.(2018). Technology-Enhanced Personalised Learning. Untangling the Evidence. Robert Bosch Stiftung.

Intelligence.gov.(2020). IC Principles of AI Ethics.

JAIME R. CARBONELL. AI in CAI : An Artificial-Intelligence Approach to Computer-Assisted Instruction.

Kukick, K.(2000). Beyond automed essay scoring. IEEE Interlligent Systems.

Leelawong, K., & Biswas, G.(2008). Designing learning by teaching agents : The Betty's Brain system. *International Journal of Artificial Intelligence in Education, 18*(3), 181-208.

McGill, T., & Klobas, J. E.(2009). A review and analysis of the research on e-learning and the use of learning management systems. *Journal of Educational Technology & Society, 12*(2), 61-69.

OECD(2025). OECD Teaching Compass : Reimagining teachers as agents of curriculum change (Education Policy Perspectives No. 123). OECD Publishing. https://doi.org/10.1787/8297a24a-en

______(2025). Teaching Compass concept note : Section 5 – Teacher competencies for navigating complexities. OECD Publishing. https://www.oecd.org/education/2030-project/teaching-compass-concept-note.pdf

Schwab, K.(2016. 1. 14). The Fourth Industrial Revolution : What it means, how to respond. World Economic Forum. https://www.weforum.org/stories/2016/01/the-fourth-industrial-revolution-what-it-means and how-to-respond/

Shermis, M. D.(2014). State-of-art automated eaasy scoring : competition, results, and future from a United States demonstration. *Assessing Writing, 20*(April), 53-76.

Vinge, V.(1993). The coming technological singularity : How to survive in the post-human era. In Vision-21 : Interdisciplinary science and engineering in the era of cyberspace (NASA Conference Publication 10129). NASA Lewis Research Center. https://ntrs.nasa.gov/citations/19940022856

Vovides, Y., Papanikolaou, K., & Tsirikas, N.(2007). An empirical study of the impact of learning management systems on student achievement. *Computers & Education, 49*(1), 9-28.

Wayne Holmes, Maya Bialik, & Charles Fadel 공저, 정제영 · 이선복 공역(2020). 인공지능 시대의 미래교육. 박영스토리.

Wrinkler, R., & Soellner, M.(2018). Unleashing the potential of chatbots in education : A state-of-the-art analysis. *Academy of managment Proceedings*, (1), 1-17.

[웹사이트]

adondevas.tistory.com/entry/%ED%8B%B0%EC%B9%AD%EB%A8%B8%EC%8B%A0-CAI-%EC%BB%B4%ED%93%A8%ED%84%B0-%EB%B3%B4%EC%A1%B0-%EC%88%98%EC%97%85Computer-Aided-Instruction#google_vignette

ai.classting.com

articulab.hcii.cs.cmu.edu/projects/sara
dreamboxlearning.zendesk.com/hc/en-us/articles/27281807394963-How-Students-Progress-in-DreamBox-Math
mediahub.seoul.go.kr/archives/2004216
support.dreambox.com/s/article/How-Students-Progress-in-DreamBox
velog.io/@sksmslhy/RNN
virtualspeech.com
wai.best
wikidocs.net/128502
wp0.vanderbilt.edu/oele/ecr-bettys-brain-bromp
www.ainet.link/12001
www.aleks.com/about_aleks
www.babbel.com
www.blackboard.com
www.canva.com
www.carnegielearning.com/solutions/math/mathia
www.cokogames.com/fractions-lab
www.duolingo.coml
www.google.com/workspace
www.moodle.org
www.notion.so
www.padlet.com
www.rosettakorea.com
www.rumii.net
www.sakailms.org
www.slack.com
www.talentlms.com
www.toctocmath.kr
www.trello.com
www.youtube.com/watch?v=V1eYniJ0Rnk
www.zoom.us

저/자/약/력

■ **김선미**

전남대학교 사범대학 교육학과에서 학교심리(School Psychology) 전공으로 교육학 박사 학위를 취득하였다. 현재 (사)DX교육데이터협회 부설 DX미래교육연구원장, (주)FOX EDU 본부장, 광주대학교와 호남대학교 유아교육학과 외래교수, 한국심리학회 산하 한국학교심리학회 회원으로 활동하고 있다. 저서로는 ≪디지털 시대의 학습전략≫, ≪교육학의 이해≫, ≪교육심리학 이론과 실제≫, ≪초등학생을 위한 사회정서학습 프로그램≫ 등이 있다.

■ **박성숙**

전남대학교 서양화 전공을 시작으로 홍익대학원 애니메이션 석사 과정을 걸쳐, 서울과학기술대학교의 IT디자인융합의 박사과정까지 미술에서 디자인까지 넓은 분야를 경험하고 연구하였다. 인터랙티브 콘텐츠와 정보 전달 콘텐츠를 제작하였으며, 게임 및 디지털 영상 관련 강의를 장안대학교 게임학과와 상명대학교 디지털콘텐츠학과, 백석예술대학교 영상학부에서 강의하였다. 현재는 한국영상대학교의 전임교수로 실감 콘텐츠 제작 및 강의를 하고 있다. 증강 인간을 위한 디지털 활용 분야의 감성적 인지에 대한 연구를 이어가고 있다.

■ **박주희**

전남대학교 인문대학 철학과에서 학사, 석사학위를 받고 고려대학교 사범대학 교육학과에서 박사학위를 취득하였다. 현재 전남대학교 인문학연구원 hk연구교수로 재직하고 있다. 저서로는 ≪교육철학 및 교육사≫, ≪AI와 게임인문학≫, ≪성인학습 및 상담≫ 등이 있다.

■ **반형걸**

서울대학교에서 법학을 전공하고 사법시험에 합격하여 법무법인 강남에서 변호사로 활동 중이며, 경희대학교에서 문화관광콘텐츠학 석사 및 박사 학위를 취득한 후 동 대학 문화엔터테인먼트학과 겸임교수로 재직하고 있다. 콘텐츠와 법률의 융합 연구를 수행하며, 한국게임정책학회와 한국e스포츠학회에서 법제이사, 한국방송학회에서는 대외협력이사로 활동하고 있다. 또한 서울지방변호사회 국제이사와 재외동포협력센터 자문위원으로서 국내외 문화교류 활동에도 활발히 참여하고 있다.

■ **백송이**

고려대학교 교육공학 박사 수료 후 (주)안드레의 바다 대표로 교육과 기술의 융합을 통해 지속가능한 미래 교육 모델을 연구하고 있다. 한국교육학술정보원(KERIS) 디지털교육정책본부 연구원, 한국교육개발원(KEDI) 디지털교육연구센터 연구위원, 한국방송통신대학교 청소년교육학과 조교를 역임하며 15년간 공공 및 국제개발 교육사업에 참여했다. 나이지리아 스마트스쿨 조성사업, 캄보디아 과학교육환경개선, 인도네시아 콘텐츠 인력양성 사업 타당성 조사, 에티오피아·아디스아바바 디지털교육역량강화사업 등 국제 프로젝트를 수행했다. 교육의 현장성과 기술혁신을 접목한 '스마트러닝', '디지털 리터러시', '교육용 기능성 게임' 분야를 중심으로 연구와 실천을 이어오고 있으며, ≪가상현실과 교육≫, ≪Talk like a CEO≫ 등의 저서를 집필하였다. 현재는 AI기반 교육콘텐츠 개발 및 글로벌 교육 플랫폼 기획에 주력하며, "디지털교육은 기술이 아닌 사람의 성장 이야기"라는 철학으로 현장과 정책을 잇는 연구자이자 실천가로 활동하고 있다.

■ **오승준**

강릉원주대학교 해양생명공학부를 졸업하였다. 상명대학교 뉴미디어정보통신대학원 게임학 석사, 상명대학교 일반대학원 게임학 박사 수료 상태이다. 현재 서일대학교 AI게임융합학과 조교수로 있으면서 게임개발 강의 및 연구를 하고 있다. 현재 1인 게임개발을 하고 있다. 주 관심사는 인디게임, 테이블탑보드게임, TCG, 미니어처게임 등이다.

■ **이수화**

서울대학교 서양사학과(문학사), 인지과학협동과정(이학석박사)을 수학하였다. 현재 서울대학교 빅데이터혁신융합대학 연구교수로 재직 중이다. 저서로는 ≪논리적 사고와 표현≫, ≪퍼즐과 게임! 인생의 조각 맞추기≫, 역서로는 ≪세계역사를 바꾼 100장면≫, ≪Corporate Identity≫, ≪고등교육 분야의 디지털 글쓰기 기술－이론, 연구, 실무≫가 있다.

■ **전수경**

충남대학교에서 교육학을 전공하고 서울대학교에서 교육심리, Institute of Education에서 평생-비교교육 박사를 받았다. 저서로는 ≪성인학습 및 상담≫ 등이 있다.

■ **전신영**

상명대학교 사범대학 교육학과에서 교육공학(Educational Technology) 전공으로 박사학위를 취득하였다. 성균관대학교 에듀테크연구소 팀장급 연구원과 이화여자대학교 교육혁신센터 특임교수를 역임하였으며, 현재 정화예술대학교 교양학부 조교수로 재직 중이다. 또한 교수학습센터장을 맡아 교수-학습 혁신과 교육공학 기반 연구를 수행하고 있다.

■ **조명희**

상명대학교 사범대학 교육학과에서 교육공학(Educational Technology) 전공으로 박사학위를 취득하였다. 현재 상명대학교 사범대학에서 '교육방법 및 교육공학', '디지털교육' 교직과목을 강의하고 있다. 이화여자대학교 교육혁신센터 특임교수를 역임하며 교수학습 혁신과 디지털 전환 기반 수업을 연구하였다. 주요 연구 관심사는 AI · 디지털 교과서, 교수학습 모델 개발, 에듀테크 기반 교수설계이다.

AI 시대 예비 교사를 위한

디지털 교육

|공저자| 김선미 · 박성숙 · 박주희 · 반형걸 · 백송이
오승준 · 이수화 · 전수경 · 전신영 · 조명희

|1판 1쇄| 발행 2026년 1월 30일

|발행인| 김동훈
|발행처| 공동체

|주소| 경기도 고양시 일산동구 호수로 358-39, 동문타워 1차 905호(백석동)
|전화| 031)814-3000(대표)
|팩스| 031)814-3100
|홈페이지| http://www.compub.co.kr
|전자우편| compub@naver.com
|출판등록| 2005년 10월 6일
|등록번호| 제396-2005-36호

|ISBN| 979-11-7554-042-2
정가 21,000원